*Wilhelm Hermann von Blume*

# Die Armee und die Revolution in Frankreich 1789-1793

*Wilhelm Hermann von Blume*

**Die Armee und die Revolution in Frankreich 1789-1793**

*ISBN/EAN: 9783955641276*

*Auflage: 1*

*Erscheinungsjahr: 2013*

*Erscheinungsort: Bremen, Deutschland*

*@ EHV-History in Access Verlag GmbH, Fahrenheitstr. 1, 28359 Bremen. Alle Rechte beim Verlag und bei den jeweiligen Lizenzgebern.*

# Die Armee und die Revolution in Frankreich

## von

## 1789 – 1793.

Von

**W. Blume,**

Premier-Lieutenant im 1. westphälischen Infanterie-Regiment Nr. 13
und Adjutant der 27. Infanterie-Brigade.

---

Brandenburg.
Verlag von J. Wiesike.
1863.

# Vorrede.

Die Geschichtsforschung hat sich in neuerer Zeit mit gesteigertem Interesse der Revolutionszeit zugewandt. Der Einfluß, welchen die Zustände der französischen Armee auf den Gang der Revolution ausgeübt haben, ist allgemein anerkannt. Die größeren historischen Werke über die französische Revolution haben sich der Natur der Sache nach begnügt, im Allgemeinen auf diesen Einfluß hinzuweisen und die wichtigsten Momente der Armee-Geschichte in ihrem Zusammenhange mit den übrigen Ereignissen zu charakterisiren. Die Aufgabe der Militair-Litteratur aber ist es, das dort Gegebene durch Eingehen auf das Detail der militairischen Verhältnisse zu ergänzen.

Das vorliegende Buch soll ein Versuch sein, diese Aufgabe für die ersten Jahre der Revolutionszeit zu lösen. Indem der Verfasser diese Arbeit der Oeffentlichkeit übergiebt, ist er sich vollkommen bewußt, daß er dies nur im Vertrauen auf eine nachsichtige Beurtheilung thun kann, und wird jede Berichtigung oder Ergänzung, die ihm etwa zugehen sollte, mit größtem Danke entgegennehmen.

Düsseldorf, im Mai 1863.

**Der Verfasser.**

# Inhaltsverzeichniß.

|  | Seite |
|---|---|
| Frankreich und die Armee vor der Revolution | 1 |
| Die Revolution und die Zersetzung der Armee | 27 |
| Die Reorganisation der Armee | 83 |
| Frankreich und die Armee im Jahre 1791 | 98 |
| Die französischen Kriegsrüstungen | 143 |
| Innere Zustände des Staates und der Armee von der Eröffnung der ersten gesetzgebenden Versammlung bis zum Ausbruche des Krieges | 160 |
| Kriegs-Erklärung und Eröffnung des Feldzuges | 184 |
| Letzter Kampf des Königthums | 207 |
| Der Feldzug in der Champagne | 235 |
| Kurzer Blick auf die weitere Entwickelung der Revolution und ihrer Armee | 258 |

# Die Armee und die Revolution
## in Frankreich

von

### 1789 bis 1793.

### Frankreich und die Armee vor der Revolution.

Das Königthum war in Frankreich im Kampfe gegen den Feudalstaat Schritt vor Schritt siegreich vorgedrungen. Karl VII und Ludwig XI hatten die der königlichen Gewalt angelegten Fesseln gelöst, indem sie die ersten Steuern erhoben und das erste stehende Heer gründeten. Unter Ludwig XIV erreichte die unumschränkte Monarchie den Gipfelpunkt ihrer Macht; dieser König beugte in unbegrenztem Selbstbewußtsein und mit der rücksichtslosesten Energie jede andere Gewalt im Staate unter sein Scepter. Aber indem er überall seinen Geist und seinen Willen triumphiren sah, verkannte und mißachtete er die höhere Pflicht, dauernde Rechtszustände in seinem Lande heranzubilden. Nicht die königliche Macht kam unter seiner Herrschaft zu unbeschränktem Ansehen, sondern seine königliche Person; um seine ehrgeizigen Pläne durchzuführen, legte er unbedenklich den Grund zu neuen Uebelständen in dem Bewußtsein, daß sie unter seinem Scepter nicht zum Durchbruche kommen könnten. Mit seinem Tode mußte seine Schöpfung zusammenstürzen. Die alten feudalen Partheien, die sich unter Ludwig XIV gebeugt hatten, begannen unter seinem Nachfolger den Kampf gegen die königliche Macht auf's Neue. Ludwig XV, zu schwach, um sie niederzuhalten, versuchte die eine durch die andere zu beherrschen, und wurde beherrscht. Durch das Beispiel des ausschweifendsten Lebenswandels vergiftete er die Sitten seines Volkes. Die Finanznoth des Staates, welche durch die Eroberungssucht seines Vorgängers gegründet war, erreichte durch die Ueppigkeit seines Hoflebens die bedenklichste Höhe. Zu dem ausschweifenden Leben der oberen Klassen der Gesellschaft stand die Armuth und Bedrückung der unteren Volksschichten im grellsten Gegensatz.

Der Grundbesitz war fast ausschließlich in den Händen des Adels, des Klerus und der Geldmacht. Die Besitzer verpachteten ihr Eigenthum in kleinen Parzellen gegen hohe Abgaben, kümmerten sich um die Landwirthschaft wenig, um die Bauern fast nur, wenn es galt, den hohen Pachtzins einzutreiben. Nur in einigen nördlichen Provinzen waren die großen Grundbesitzer für den Ackerbau thätig und fürsorglich für ihre Bauern. In dem bei Weitem größten Theile des Reiches fristeten die Bauern auf ihrem gepachteten kleinen Grundstücke das kümmerlichste Leben; ein ländlicher Mittelstand fehlte ganz, und die Gutsherren kamen nur in den Sommer=Monaten auf ihre Güter, um das Geld zusammenzuraffen, welches sie im Winter in den ausschweifenden Genüssen der Hauptstadt verpraßten. Bei solchen Zuständen war keine geregelte Bewirthschaftung des Grund und Bodens möglich, und der Bauer wurde zu dem erbittertsten Hasse gegen den Gutsherrn getrieben, den er nur als seinen Bedrücker kannte.

In den Städten befanden sich Handel und Gewerbe durch den strengsten Zunftzwang in den Händen weniger Familien; wer zu diesen nicht gehörte, hatte kein Mittel, eine unabhängige Lebensstellung zu erringen; er war verurtheilt, sein Leben mühselig durch Tagelohn zu fristen. Wir finden auch hier nur privilegirten Wohlstand, verbunden mit üppigem Leben, im Gegensatz zu kümmerlicher, hoffnungsloser Existenz.

Das Ansehn der gesetzlichen Gewalten im Reiche war tief erschüttert. Fast alle Aemter, selbst die städtischen, waren entweder zu erblichem Besitze vergeben oder käuflich; für die Besetzung derselben war mehr als alles andere das Interesse der königlichen Kasse maßgebend, und diese war bei der herrschenden Verschwendung und Unordnung in beständiger Verlegenheit. Verwaltung und Rechtspflege lagen schwer danieder. Für die geistige Entwickelung der Nation geschah Nichts, der Unterricht befand sich ausschließlich in den Händen des herrschsüchtigen und großentheils verderbten Klerus. Die drückende Steuerlast war überwiegend auf die Schultern der hülfsbedürftigen Klassen des Volkes gewälzt.

In dieser traurigen Verfassung befand sich die französische Nation, als eine allgemeine geistige Erregung die Gemüther erfaßte. Was die Reformation auf dem Gebiete der Religion vollzogen hatte, das bahnte sich im Laufe des 18. Jahrhunderts auf dem Gebiete des politischen Lebens an. Die Ueberzeugung von der Unhaltbarkeit der bestehenden Verhältnisse fing an das Gemeingut aller Volksklassen zu werden und versetzte die Nation in die lebhafteste Gährung.

Unter so ernsten Verhältnissen übernahm Ludwig XVI im Jahre 1774 die Regierung, ein Fürst, durchdrungen von seinem hohen Berufe, sittenrein und von warmem Herzen für das Wohl seines Volkes, aber von mäßiger Begabung, schwach und energielos. Als Mensch war er ausgezeichnet, als König machte er durchaus einen weibischen Eindruck; er würde wegen seiner Schwäche oft wahrhaft verächtlich erscheinen, wäre er nicht so unglücklich gewesen. Ein Herrscher erfüllt seine Pflicht nicht, wenn er nur das Gute will; er hat seine Macht von Gott erhalten zum Kampfe für das Gute in seinem Reiche, zur Ueberwindung alles Widerstandes in diesem Kampfe. Der König, welcher seine Macht in diesem Sinne nicht zur vollen Geltung bringt, ist pflichtvergessen; die Nachwelt muß das Urtheil aussprechen, auch wenn sie Mitleid über das unglückliche Ende eines solchen Königs empfindet.

Das drückende Deficit des Staatsschatzes drängte Ludwig XVI vom Tage seines Regierungsantrittes an auf die Bahn der Reformationen. Die Steuerkraft konnte auf dem bisherigen Wege unmöglich höher angespannt werden; nur mit durchgreifenden Verbesserungen in der ganzen Verwaltung durfte man hoffen, der wachsenden Noth Herr zu werden. Es begann daher ein Experimentiren, in welchem die bevorzugten Stände ihre Privilegien auf's Aeußerste gefährdet sahen. In völliger Gleichgültigkeit gegen das wahre Beste des Vaterlandes, nur getrieben durch verächtlichen Egoismus, setzten sie sich mit allen Mitteln gegen jede Verbesserung zur Wehre. Jedes redliche Streben, jeder neue Anlauf, den ein einsichtsvoller Staatsmann zu nehmen wagte, wurde durch die Hof=Intriguen gebrochen; jenen erbärmlichen Höflingen war der König nur dazu da, um ihre Interessen gegen das allgemeine Beste zu vertheidigen; was fragten sie danach, ob König und Land darüber zu Grunde gehen würden? Die Forderungen der Zeit traten stürmisch an den König heran; liberale und feudale Ministerien folgten in schnellem Wechsel auf einander. Die hieraus entstehenden Schwankungen steigerten die herrschende Gährung in allen Volksschichten, und der Widerstand der privilegirten Stände gegen die liberale Regierung, der unterdrückten Volksklassen gegen die bevorzugten

fing an zu offenem Ausbruche zu kommen. Alle angewandten
Palliativmittel hatten nicht vermocht, die finanzielle Noth zu
beseitigen, das Deficit war beständig im Wachsen, der Staat
dem Bankerott nahe.

In dieser Noth entschloß sich der König, durch Necker
getrieben, zu entscheidenden Maaßnahmen. Der Reichsrath,
welcher seit 2 Jahrhunderten außer Thätigkeit gewesen war,
wurde auf den 27. April 1789 einberufen. Die Wahl-Bewegungen erhitzten die Gemüther noch eifriger im Lande, und
der Sturm wurde um so drohender, als die Regierung sich
schwach und unschlüssig über die ferneren Schritte zeigte.
Welche Mittel aber standen der Regierung zu Gebote, um
den gewaltsamen Ausbruch der öffentlichen Meinung zu unterdrücken? Die Kassen waren leer, die Beamten weit davon
entfernt, die neuerungssüchtige Regierung zu unterstützen.
Sehen wir zu, wie es mit der ultima ratio der Politik, mit
der bewaffneten Macht, stand.

In der Armee schienen alle schreienden Gegensätze der
Zeit vereinigt, alle Mißstände auf's Schärfste ausgeprägt zu
sein: Oben war sie der Tummelplatz und die Privat-Domaine
des übermüthigen und gewissenlosen Hofadels, in der Mitte
das Bild der Unterdrückung und Erschlaffung, unten die letzte
Zufluchtsstätte der Armuth und der moralischen Verkommenheit, in allen Theilen entsittlicht und entnervt. Die Versuche
Ludwigs XVI, die traurige Lage seines Reiches zu verbessern,
erstreckten sich auch auf die Armee. Allein die Ursache der
Schäden lag hier zu tief; sie hatten sich zu fest eingewurzelt,
als daß ein so schwacher Regent wie Ludwig im Stande
gewesen wäre, sie zu heilen. Gerade mit den in der Armee
vorhandenen Uebelständen waren die Interessen und die Vorurtheile seiner ganzen Umgebung am innigsten verwachsen.

Nur ein hervorragender, energischer König wäre im Stande gewesen, die Armee so vollständig zu reorganisiren, wie die Zeit und das Staats-Interesse es forderten. Ludwig berief in den ersten Jahren seiner Regierung mit den besten Absichten den Grafen St. Germain an die Spitze des Kriegsministeriums, einen Mann von klarer Einsicht, redlichem und energischem Willen. St. Germain entwarf einen Reorganisationsplan für alle Zweige der Armee; als das einzig mögliche Mittel, denselben wirklich durchzuführen, beabsichtigte er, ihn völlig geheim zu halten, sämmtliche Commandeure auf ihre Posten zu senden mit versiegelten Befehlen, die an einem Tage im ganzen Reiche zu erbrechen und sofort auszuführen wären. Durch die Hof-Intriguen wurde gleichwohl sein Plan völlig vereitelt; nur mit Mühe vermochte er einzelne seiner reformatorischen Absichten durchzuführen, und wurde nach kurzer Thätigkeit von seinem Posten verdrängt.\*) Die Reorganisations-Arbeiten wurden im Jahre 1788 nochmals aufgenommen; aber die wenigen Verbesserungen, welche ausgeführt wurden, vermochten der erschütternden Krisis nicht vorzubeugen.

Die Formation der Armee war beständigen Wechseln unterworfen, und die daraus entstehende Unsicherheit der Verhältnisse konnte nur nachtheilig auf den inneren Zusammenhang und Gehalt der Corps wirken. Es ist fast unglaublich,

---

\*) Nach Niederlegung seines Postens hat St. Germain ein Werk geschrieben, welches nach seinem Tode 1780 unter dem Titel „Nachrichten des Grafen St. Germain" in deutscher Uebersetzung durch den Druck veröffentlicht worden ist. Er sagt darin: „Unmöglich kann man sich alle die Widersprüche denken, die ich in meiner mühseligen Laufbahn habe erdulden müssen. All mein Bestreben reichte nicht hin, die Hindernisse zu übersteigen, welche den guten und redlichen Absichten, die ich auszuführen wünschte, im Wege waren."

wenn man hört, daß allen Umformungen und Neuformationen allein die Rücksicht auf die Hofgünstlinge zu Grunde lag, welche man unterzubringen wünschte. Mit welcher Schamlosigkeit dieses System betrieben wurde, möge man daraus ersehen, daß ein Generalstabs-Offizier, von welchem der König ein Memoire einforderte, in diesem ganz unbefangen aussprach, die Formation der Cavallerie-Regimenter von 1772 sei die beste, weil sie gestatte, die größte Zahl von Ober- und Unteroffizieren unterzubringen!

Im Jahre 1789 war die Armee in folgender Weise zusammengesetzt:

1) Garde:
   1 französisches Garde-Regiment à 6 Bataillonen,
   1 schweizer " = = à 4 "
   4 Compagnieen Garde du Corps,
   CentSuisses.

2) 102 Linien-Infanterie-Regimenter; nämlich:
   79 Regimenter französischer Infanterie,
   11 = schweizer "
    8 = deutscher "
    3 = irländischer =
    1 = lütticher "

Sämmtliche Linien-Infanterie-Regimenter hatten 2 Bataillone und eine Grenadier-Compagnie, nur das Regiment des Königs hatte 4 Bataillone. Ein Bataillon bestand aus 4 Compagnien und hatte auf dem Friedensfuße eine Sollstärke von prpr. 600 Köpfen. Seit 1788 war die gesammte Infanterie in 52 Brigaden und 21 Divisionen eingetheilt.

3) 12 leichte Infanterie-Bataillone.

4) 62 Cavallerie-Regimenter à 3 Compagnieen oder 6 Escadrons, nämlich:

24 Cavallerie-Regimenter (schwere),
 2 Carabiniers-   -   (ausgesuchte Truppen),
 6 Husaren-   -
18 Dragoner-   -
12 Chasseur-   -

Die Escadron hatte eine Sollstärke von prpr. 100 Mann und 90 Pferden.

5) 7 Artillerie-Regimenter. Jedes Regiment zerfiel in 2 Bataillone à 8 Compagnieen und 1 Bombardier-Brigade à 4 Compagnieen. Die gesammte Artillerie war ca. 11000 Mann stark.

6) 9 Compagnieen Arbeiter und 6 Compagnieen Mineurs, in Summa 1300 Mann.

Die Gesammtstärke der Armee sollte demnach auf dem Friedensfuße 182600 Mann betragen, worunter circa 38000 Mann Cavallerie. Die Truppentheile waren jedoch niemals complett, und man wird die Stärke der Armee beim Ausbruche der Revolution zu 150000 Mann annähernd richtig berechnen.

Im Falle eines Krieges sollte die Armee durch Recrutirung bei der ersten Augmentation auf 221000 Mann, bei der zweiten auf 248000 Mann gebracht werden. Die Cavallerie wurde an Mannschaften in gleichem Verhältniß wie die Infanterie vermehrt, sie erhielt indeß nur 6000 Augmentations-Pferde.

Außer dieser Truppenmasse hatte Frankreich noch 120000 Mann Provinzial-Milizen. Dieselben waren eigentlich nur für den Dienst im Innern bestimmt; doch wurden im Jahre 1757 nach der Schlacht bei Roßbach 49 Bataillone zur Armee nach Deutschland geschickt, da man den Abgang bei derselben nicht anders ersetzen konnte.\*) Seit jener Zeit war die Miliz so vernachlässigt und in Verfall gekommen, daß sie in der Revolution gar keine Rolle mehr spielte. Ihre definitive Beseitigung wurde 1790 ausgesprochen.

Den Kern der französischen Armee bildeten die Schweizer-Regimenter.\*\*) Sie übertrafen alle anderen Truppen durch ihre vorzügliche Disciplin, Zuverlässigkeit und Kriegstüchtigkeit in jeder Richtung. Ihr Dienst gründete sich auf Special-Verträge, welche die Regierung mit Schweizer-Cantonen abgeschlossen hatte. Diese Verträge sind in den Details sehr mannichfaltig, doch stimmen sie im Allgemeinen in Folgendem überein. Wenn ein Canton ein Regiment stellen wollte, so ernannte er in der Regel den Oberst und die Capitaines, welche danach ihre Bestallung vom Könige erhielten. Der Capitaine warb seine Compagnie an und wählte sich die Offiziere aus, die durch den Oberst bestätigt wurden. Der Canton rüstete das Regiment in allem vollständig aus, bevor es an Frankreich übergeben wurde, und erhielt dafür eine reichliche Entschädigung; die Ausrüstung verblieb schweizerisches Eigenthum. Nach der Uebernahme des Regimentes hatte Frankreich für die Besoldung, Verpflegung, Instandhaltung der Ausrüstung ꝛc. Sorge zu tragen, und wurden die speciellen Interessen dieser Truppen durch den General-Oberst der Schweizer-Regimenter wahrgenommen. Die Cantone übertrugen in der Regel dem Regiments-Obersten das Recht über Leben und Tod seiner Untergebenen. Kein Schweizer-Offizier durfte eine Pension von Frankreich annehmen. Die Regimenter

---

\*) Mémoires sur la nécessité des Troupes Provinciales etc., par le Chevalier de Pommelles 1790.

\*\*) S. Histoire militaire des Suisses au service de la France, par Zur Lauben.

hatten ihre eigenen Reglements, Disciplinargesetze und Avancementsbestimmungen, so wie ein eigenes Gerichts=Verfahren, auf welche Zweige die französische Regierung ohne allen Einfluß blieb. Die Cantone mußten ihre Truppe stets complett erhalten; durch die Ordonnanz vom 10. Mai 1764 war es jedoch den Capitaines gestattet, ein Drittel der Recruten aus anderen fremden Nationen zu nehmen. Die Schweiz wachte mit großer Sorgsamkeit über die Ehre und den guten Ruf ihrer Landsleute, und wer sich von denselben unehrenhaft benahm, war nach seiner Rückkehr ein für immer verachteter Mensch, dem häufig noch in der Heimath der Proceß gemacht wurde.

Die übrigen Fremden=Regimenter nahmen eine etwas weniger gesonderte Stellung in der Armee ein. Für die Mehrzahl derselben wurden die Recruten im Auslande durch französische Agenten einzeln angeworben; nur einige von ihnen waren durch kleine deutsche Reichsfürsten oder durch Prälaten complett geliefert worden, und standen in einer gewissen Abhängigkeit von diesen. Die Fremden=Regimenter hatten zwar ihre eigenen Disciplinar=Gesetze und Reglements, standen aber im Uebrigen unter französischem Gesetze. Eines ihrer Hauptrechte bestand darin, daß sie nur durch Offiziere ihrer Nation commandirt werden durften, und daß von diesen keiner gegen seinen Willen versetzt werden konnte.

Die französischen Regimenter ergänzten sich durch freiwillige Werbung im ganzen Lande. Sie schickten ihre Werbe-Bureau's, deren Thätigkeit durch kein Gesetz beschränkt und durch die Immoralität der angewandten Mittel verschrieen war,\*) im ganzen Reiche umher; gleichwohl waren sie nicht

---

\*) Die Ordonnanz vom 25. März 1776 suchte allerdings den gröbsten Mißbräuchen zu steuern und verbot namentlich die Aufnahme von Verim Stande, sich complett zu erhalten, wozu auch der Umstand ohne Zweifel viel beitrug, daß den Truppentheilen alle Verpflegungskosten ohne Rücksicht auf die Manquements stets für die Sollstärke ausgezahlt wurden. Das Engagement wurde auf 8 Jahre abgeschlossen. Der Preis desselben betrug bei der französischen Infanterie 80 frcs. ($21^1/_3$ Thlr.), bei den Fremden-Regimentern 100 frcs. ($26^2/_3$ Thlr.), bei der Cavallerie 112 frcs. (30 Thlr.); der Recruteur erhielt 12, resp. 20 frcs. ($3^1/_5 - 5^1/_3$ Thlr.) Gratification pro Mann. Die Neigung für den Kriegsdienst war in der ganzen Nation äußerst gering, namentlich in den südlichen Provinzen. Die 16 nördlichen Generalitäten lieferten durch die freiwillige Werbung durchschnittlich je einen Recruten auf 149, die 15 südlichen nur je einen auf 279 Mann. In einigen kleineren ländlichen Districten des Nordens allein hatte sich der kriegerische Geist so erhalten, daß selten ein Mann heirathete, ehe er nicht mindestens ein bis zwei Engagements beim Heere absolvirt hatte. Diese Districte ergänzten ihre bestimmten Regimenter, welche sich denn auch fast immer ohne Werbe-Bureaus complett erhielten. Der größere Theil der Recruten, welche durch die freiwillige Werbung gewonnen wurden, bestand aus dem Auswurf der Städte, aus arbeitsscheuen oder arbeitslosen Handwerkern und Tagelöhnern, welche nicht durch Neigung, sondern durch Noth der Armee in die Arme geführt wurden. Das flache Land lieferte nur $^1/_3$ der Recruten[*]) trotz der traurigen Lage des Bauernstandes, während dieser circa $^4/_5$ der damaligen Be-

---

brechern; doch hatte sie wenig Erfolg, da jede Controlle über die Recruteure fehlte.

[*]) Bericht des Militair-Comités' in der National-Versammlung am 19. November 1789.

völkerung umfaßte. Die Qualität des Ersatzes mußte hiernach moralisch und physisch\*) überaus mangelhaft sein.

Die Löhnung des Soldaten war sehr gering; er erhielt pro Tag 7 sous 4 den. (2 Sgr. 9 Pf.), wovon 2 sous 6 den. (1 Sgr.) für Brod und 10 den. (3³/₄ Pf.) für Klein-Montirungsstücke einbehalten wurden. Nur alle drei Jahre wurde ihm ein neuer Anzug geliefert.

Die Complettirung der Armee auf die Kriegsstärke sollte durch neue Anwerbungen bewirkt werden; sie war, wie aus dem Vorstehenden ersichtlich, fast unmöglich.

Das Unteroffizier-Corps bestand größtentheils aus alten, diensterfahrenen Soldaten; man kann rechnen, daß 10000 Unteroffiziere und Soldaten der Armee zwischen 30 und 50, 25000 aber zwischen 16 und 30 Dienstjahre zählten.\*\*) Man sollte hiernach glauben, das Unteroffizier-Corps hätte recht tüchtig sein müssen; allein dies war nicht der Fall, es war durchaus mittelmäßig.\*\*\*) Zunächst war die äußere Lage des Unteroffiziers so mangelhaft, daß sie nicht viele gute Elemente anlocken konnte, zumal in einer Nation, in welcher alle Lust zum Waffenhandwerk erstorben war. Die Löhnung des Corporals betrug, einschließlich Brod und Klein-Montirungs-Geld, prpr. 9 sous (3¹/₂ Sgr.) pro Tag, die des Sergeanten 11 sous (4 Sgr. 2 Pf.), des Sergeant-Majors 14 sous (5 Sgr. 4 Pf.), wovon der Lebensunterhalt außer Wohnung und Bekleidung zu bestreiten war. Der Adjutant, welcher den

---

\*) Pommelles giebt an, daß die französische Armee in dem Feldzuge von 1757 gegen 50000 Mann in Folge der Strapazen durch den Tod in den Lazarethen verlor.

\*\*) Bericht des Militair-Comité's über die Pensionen.

\*\*\*) St. Germain.

höchsten Unteroffizier=Posten im Bataillon einnahm, hatte 30 sous (11½ Sgr.) pro Tag. In Rücksicht darauf, daß der Unteroffizier keine Aussicht auf eine bessere Existenz irgend welcher Art hatte, war die Löhnung sehr gering; man muß bedenken, daß die Fabrikarbeiter, welche anerkannt schlecht bezahlt wurden, im Jahre 1788 doch durchschnittlich 26 sous (8 Sgr. 8 Pf.) täglich verdienten. Aber das Avancement war auch in den Unteroffizier=Chargen sehr schlecht; denn die Unteroffiziere dienten so lange, bis sie ganz invalide waren, und fanden dann eine Aufnahme entweder in dem Invaliden=hause oder in den Garnison=Compagnieen, oder sie zogen sich in selteneren Fällen mit einer sehr geringen Pension zurück. Kann man schon nach alle diesem nicht erwarten, daß sich viele gute Elemente in dem Unteroffizier=Corps befanden, so wurde dasselbe auch noch durch eine viel zu große Anzahl von Stellen, für die man unmöglich geeignete Individuen finden konnte, wesentlich verschlechtert. Es sei hier nur er=wähnt, daß bei den Cavallerie=Regimentern nach dem Etat von 1772 auf 288 berittene Cavalleristen 146 Ober= und Unteroffiziere kamen! Den Hauptgrund für den schlechten Geist und die geringe Tüchtigkeit des Unteroffizier=Corps be=zeichnete aber St. Germain schon 1780 sehr richtig, als er sagte, daß gute Unteroffiziere nur durch gute Oberoffiziere herangebildet werden könnten.

Die Unteroffizierstellen wurden durch den Regiments=Commandeur auf Vorschlag des Compagnie=Chefs besetzt. Bei den Schweizertruppen jedoch und bei den Grenadier=Compagnieen mußte dem Vorschlage die Wahl durch das Unteroffizier=Corps der Compagnie vorhergehen.

Das Offizier=Corps der Armee umfaßte nach dem Etat 11672 Offiziere aller Grade, es kam also prpr. ein Offizier auf je 13 Mann. Allein dieser Etat wurde weit überschritten; die Armee hatte im Jahre 1789 allein 1171 Generäle.\*) Fast alle Offizierstellen vom Capitaine aufwärts, ja sogar ein Theil der Lieutenantsstellen, waren käuflich; waren daher die Kassen leer, so wurden bei der verwahrlos'ten Finanzwirthschaft, um nur augenblicklich Geld zu bekommen, neue Stellen vergeben, ohne Rücksicht darauf, daß die Staatskasse durch die zu zahlenden Gehälter neu belastet wurde. Der Stellenverkauf glich daher einer Anleihe zu wucherischen Zinsen. Dabei entbehrte derselbe, wie so vieles Andere in der Armee, jedes festen Systems, und war namentlich unter Ludwig XV auf das Schimpflichste ausgeartet. Für Geld wurden selbst Souverainetäts-Rechte vergeben, z. B. das Recht zur Besetzung von untergebenen Offizierstellen, natürlich wieder gegen Bezahlung. Ludwig XVI suchte zwar diesem groben Unfuge zu steuern, aber nur mit theilweisem Erfolge. Unter dem Minister St. Germain wurde sogar die Aufhebung des Stellen-Verkaufes in der Armee im Princip ausgesprochen; allein es scheint, daß es mit der Durchführung dieser Maaßregel, die zu den bedeutungsvollsten vor der Revolution gehört, nicht streng gehalten wurde; die beständige Geldverlegenheit war wohl hinderlich. Die bezügliche Ordonnanz ist vom 2. Mai 1776 datirt. Es heißt in der Einleitung derselben: „Se. Majestät, überzeugt, daß Nichts dem Interesse des Dienstes, der Disciplin und dem Eifer, welchen sie unter den Offizieren ihrer Armee zu erhalten wünscht, mehr zuwider ist, als die Käuflichkeit der militairischen Aemter, ꝛc., hat sich entschlossen, einen Mißbrauch zu vernichten, welcher so sehr den Ruhm und das Glück ihrer Waffen beeinträchtigt." Nach dieser Ein-

---

\*) Nach von Sybels Angabe.

leitung wird bestimmt, daß der Preis der Stellen bei jeder Neubesetzung um ein Viertel des ursprünglichen Preises vermindert werden soll. Es geht hieraus hervor, daß die Käuflichkeit, selbst wenn die vorbezeichnete Maßregel consequent durchgeführt worden wäre, bis zum Jahre 1789 noch nicht beseitigt sein konnte.

Um einen Ersatz für das Offizier=Corps heranzubilden, waren in früherer Zeit der Armee 6 Cadetten=Compagnieen attachirt, von denen die jungen Leute den Regimentern als Sous=Lieutenants überwiesen wurden. Im Jahre 1776 wurden diese Compagnieen jedoch aufgelös't, und statt deren bei jeder Compagnie und Escadron eine Cadettenstelle creirt, deren Zahl 1788 auf 2 pro Regiment reducirt wurde. Sehr häufig wurden aber auch junge Leute sofort als Sous=Lieutenants bei den Truppen angestellt.

Die einzigen Anforderungen, welche an die Offizier=Aspiranten gestellt wurden, waren ein Alter von 16 Jahren und der Nachweis des Adels durch vier Generationen (Ordonnanz vom 17. März 1788). Ausgenommen hiervon waren nur die Söhne, Enkel und Urenkel von Generälen; so wie die Söhne von Offizieren vom Capitaine aufwärts, wenn der Vater vor dem Feinde geblieben oder Ritter des St. Louis=Ordens war. Als diese Ordonnanz erlassen wurde, und also auch noch beim Ausbruche der Revolution, befand sich in der Armee eine, wenn auch verhältnißmäßig nur geringe, Zahl bürgerlicher Offiziere, meistens ehemalige Unteroffiziere, welche in den Feldzügen, namentlich auch in dem amerikanischen Freiheitskriege, die Offizier=Charge erhalten hatten (officiers dits de fortune). Dieselben konnten es jedoch nur ganz ausnahmsweise bis zum Capitaine bringen. Durch das Gesetz von 1788 wurde die Aussicht, sich vor dem

Feinde die Epaulettes zu erwerben, jedem Bürgerlichen ab=
geschnitten.

Die adeligen Offiziere der Armee theilten sich in drei
Klassen: Land=Adel, Hof=Adel und Seigneurs.\*) Der erstere,
meistens wenig vermögend, versah fast allein allen Dienst,
brachte es selten weiter als bis zum Capitaine oder Major,
und zog sich dann mit einer bescheidenen Pension auf das
Familiengut zurück.\*\*) Die Bildung, welche man unter diesen
Offizieren fand, war gering, und, wenngleich man ihnen einen
gewissen ritterlichen Sinn nicht absprechen kann, so war doch
jeder lebendige Trieb in ihnen durch die gänzliche Hoffnungs=
losigkeit ihrer Carriere erstickt. Um so schlimmer war es, daß
nicht treibende Vorgesetzte über ihnen standen. — Der Hof=
Adel ging durch die unteren Chargen schnell hindurch, über=
sprang auch wohl einige ganz, und füllte alle Stellen vom
Stabs=Offizier aufwärts aus. Da diese Stellen aber für diesen
Adel nicht ausreichten, so wurden stets zahlreiche Offiziere der
höheren Grade à la suite der Armee ernannt, um sie nach
und nach in die vacant werdenden Stellen einzuschieben.
Zur Versorgung der Generäle, welche nicht Provinzial=, Divi=
sions= oder Brigade=Commandos erhalten konnten, wurden
Gouverneur=Posten in Städten, Dörfern und Schlössern er=
richtet. Ob dadurch das Ansehen des Offizier=Corps und der
Chargen herabgewürdigt wurde, kümmerte Niemand; man
suchte nicht geeignete Leute für die nothwendigen Chargen,
sondern Chargen für die Leute, die untergebracht sein wollten.

---

\*) Bericht des Militair=Comité's in der Sitzung vom 1. Februar
1790. Auch St. Germain.

\*\*) Das Gehalt des Capitaines betrug jährlich 1300—2400 liv.
(348—640 Thlr.), das des Lieutenants 8—900 liv. (212—240 Thlr.), das
des Sous=Lieutenants 720 liv. (192 Thlr.)

Die unfähigsten Menschen, die von militärischen Verhältnissen gar kein Verständniß hatten, weil sie nie im Dienst gewesen waren, füllten den Generalstab. Das einzige Corps, welches sich durch Intelligenz, Tüchtigkeit in jeder Richtung und ehrenhaftes Streben auszeichnete, war das Ingenieur-Corps. Ihm wandten sich die besten Kräfte aus den verschiedenen Zweigen des Adels zu. — Die wichtige Stellung des Regiments-Commandeurs war mehr, als irgend eine andere, bedeutungslos geworden; hier war mit dem Stellen-Handel der größte Unfug getrieben. Nicht selten war ein Obersten-Patent an Kinder verkauft, und den Charakter als Oberst erhielt der Hof-Adel sehr häufig in der Compagnie-Chefs-Stelle. Die Nachfrage nach den Oberst-Patenten war sehr groß, sie wurden mit 20000 bis 40000 liv. bezahlt,*) während das jährliche Gehalt eines Regiments-Commandeurs nur 4000 liv. betrug.**) Mit dieser Stellung begann in der Regel der hohe Adel seine Laufbahn. Ein Theil der Regimenter — beim Ausbruche der Revolution 27 — war an Fürsten und Seigneurs des In- und Auslandes als Regiments-Inhaber übergeben. Diese ernannten den Oberst aus einer vom Kriegsminister ihnen zugestellten Liste, und dieser Oberst konnte wieder alle übrigen Offizierstellen im Regimente vergeben. Die Rechte der Regiments-Inhaber enthielten eine verderb-

---

*) Bardin, Dictionnaire de l'armée de terre.

**) Als St. Germain seine Verbesserungen einführen wollte, berief er alle Obersten zusammen. Er sagt von dieser Versammlung: „Nichts kostete mich mehr Nachdenken und war für mich mühsamer und verdrießlicher, als der äußerst verwirrte Haufen der Obersten, deren Anzahl unter meinen Vorgängern so gestiegen, daß es gewiß sehr schwer war, sich aus dem Gewirre herauszuhelfen und Ordnung zu stiften. Alles war in Bewegung, jeder wollte seine Creatur schützen, und man stürmte von allen Seiten auf mich los."

liche Beschränkung des Ansehens und der Macht des Königs in der Armee; sie hatten u. A. das Recht, ohne weitere Vermittelung ihrem Regimente Marsch-Befehle zuzusenden.

Die Beförderungen in der Armee wurden früher mit größter Willkür ausgeführt, um sie bewegten sich vorzugsweise alle Hof-Intriguen. Jeder neue Kriegsminister bemühte sich, bei seinem Amtsantritte durch zahlreiche Veränderungen im Offizier-Corps seinen Einfluß zur Geltung zu bringen. Ludwig XVI versuchte wiederholt die Avancements-Verhältnisse einigermaßen zu regeln; allein der schwache Monarch besaß nicht die Kraft, den Hof-Intriguen zu widerstehen, die jede gute Absicht zu nichte machten, sobald durch dieselbe Privat-Interessen bedroht wurden. Die Besetzung der Sous-Lieutenants-Stellen war dem Könige nur zur Hälfte vorbehalten; über die andere Hälfte verfügte der Regiments-Commandeur selbständig. Durch die Ordonnanz vom 17. März 1788 wurde das Avancement bis zum Capitaine im Wesentlichen an die Anciennetät geknüpft; der König behielt sich nur einige Stellen zu freier Disposition offen. Des Ausnahme-Verhältnisses der Regimenter, welche eigene Inhaber hatten, ist bereits Erwähnung geschehen. Die Offizier-Patente bei diesen Regimentern stellte der Inhaber aus, alle übrigen Patente der König. Die Subaltern-Offiziere der Schweizer erhielten keine Patente, sondern nur von ihrem General-Oberst ausgefertigte Certificate; bis 1673 hatte dieser auch die Oberst- und Capitainesstellen, welche bei den Schweizer-Regimentern vacant wurden, besetzt; seit jener Zeit vergab sie jedoch der König auf seinen Vorschlag und unter Mitzeichnung des Patentes durch denselben.

Alle Zweige der Militair-Verwaltung befanden sich beim Regierungs-Antritte Ludwigs XVI in der grenzenlosesten Unordnung. Der Habgier und der Speculation war auf diesem Gebiete der freieste Spielraum gelassen; darunter mußte in gleicher Weise die Kriegstüchtigkeit der Armee und das Interesse des Soldaten leiden. Die einzelnen Theile der Verwaltung waren meistens an große Unternehmer in Pacht gegeben, über welche eine höchst mangelhafte Controlle ausgeübt wurde. St. Germain veranlaßte durch Aufhebung eines Fourage-Lieferungs-Contractes allein eine jährliche Ersparniß von ¾ Millionen; aber die Durchsetzung dieser Maßregel kostete ihm die äußerste Anstrengung und trug nicht wenig zu seinem Sturze bei. Nur bei den Schweizer-Regimentern herrschte auch in der Verwaltung eine leidliche Ordnung. Bei den übrigen Truppen waren einzelne Branchen ohne jede Controlle dem Oberst oder dem Capitaine übertragen, wie z. B. die Verwaltung des Klein-Montirungs-Fonds. Ludwig XVI bemühte sich auch hier einige Ordnung zu schaffen, namentlich war die Ordonnanz vom 17. März 1788 tief durchgreifend; allein die Früchte derselben konnten bis zum Ausbruche der Revolution nicht reifen. An der Spitze der Verwaltung zunächst unter dem Kriegs-Ministerium standen die Kriegs-Commissare, die ihr Amt bis zur Revolution für mehr als 100,000 Liv. gekauft hatten; keine Stellung in der Armee wurde höher bezahlt, als diese. Den Truppen wurden für Bekleidung, Ausrüstung, Recrutirung rc. Pauschquanta (masses générales) überwiesen, welche stets auf die Sollstärke berechnet waren. Für den Infanteristen wurden pro Jahr 38 Liv. (10 Thlr.): für den Cavalleristen 122—130 Liv. (33—34½ Thlr., nach den verschiedenen Waffen) zu dieser Masse gezahlt. Die Regie des Bekleidungs-Fonds wurde 1788 abgeschafft, und die Verwaltung der ganzen Masse, zu welcher auch der Klein-Montirungs-Gelder-Fond geschlagen wurde, einem Verwaltungs-

Rathe des Regimentes übertragen, der aus mehreren Offizieren gebildet wurde. Die Buchführung war Sache des Quartiermeisters unter Aufsicht des Verwaltungs-Rathes. Die Truppen sollten alljährlich dem Kriegsministerium einen Rechnungsabschluß einreichen, und darauf Decharge erhalten. Ueberschüsse derjenigen Fonds, welche durch Gehalts-Abzüge gebildet wurden*), waren den Soldaten herauszuzahlen.

Nimmt man hinzu, daß die Ausarbeitung der erforderlichen Reglements, die bis dahin ganz fehlten, 1788 in Angriff genommen wurde, so muß man anerkennen, daß auf dem Gebiete der Militair-Verwaltung unter Ludwig's XVI Regierung schon vor der Revolution einige Fortschritte gemacht waren.

Auf einem sehr niedrigen Standpunkte stand die Militair-Rechtspflege. Ein Strafgesetzbuch existirte nicht, die Stelle desselben wurde durch eine Sammlung von Ordonnanzen vertreten, die bis in die Mitte des 17. Jahrhunderts hinaufreichten und in sich so viele Widersprüche enthielten, daß kein Rechtsgelehrter einen leidlichen Anhalt darin finden konnte. In dem Militair-Gerichtsverfahren beruhte Vieles nur auf Tradition.**) So schlechte Rechtspflege kann auf Moral und Disciplin in der Armee nur nachtheilig wirken. — In früherer Zeit hatte

---

*) Außer dem Klein-Montirungs-Fond gehörten dahin zahlreiche Kassen, die bei den Compagnieen geführt wurden, z. B. Menage-Kassen, Putzzeug-Kassen ꝛc , aus welchen die kleinen Bedürfnisse des Soldaten beschafft wurden. Der Soldat erhielt baar nur wenige Pfennige täglich. Die Revolution beseitigte alle diese Special-Kassen, die, wie es scheint, nicht immer mit gehöriger Redlichkeit und Sorgfalt verwaltet wurden, und überließ den Soldaten die selbstständige Beschaffung ihrer Bedürfnisse.

**) Das Reglement über den inneren Dienst und die Disciplin vom 1. Juli 1788 verspricht den baldigen Erlaß eines Strafgesetzbuches und eines Reglements für das Militair-Gerichtsverfahren.

jedes Regiment seinen Profoß für die Justiz-Angelegenheiten, welchem gleichzeitig die höchste Disciplinarstrafgewalt übertragen war. Da es jedoch Gebrauch geworden war, daß die Obersten das Gehalt für diese Stelle einsteckten, ohne einen Profoß zu halten, so wurde diese Stellung im Jahre 1762 bei den französischen Regimentern beseitigt und nur noch bei den Fremden-Regimentern beibehalten. Bei jenen gingen seitdem die Functionen des Profoßes auf die Majors über. Im Jahre 1787 wurde ein Kriegsrath, bestehend aus 9 Generälen, errichtet, welcher das Gerichtsverfahren für die ganze Armee regeln und überwachen sollte. — Die Spruchgerichte wurden in allen Fällen aus 7 Offizieren gebildet; das Verfahren bei denselben war geheim, und der Urtheilsspruch wurde sofort executirt. Ueber einen Offizier konnte nur auf Befehl des Königs Kriegsgericht abgehalten werden, über Unteroffiziere und Gemeine auf Befehl des Platz-Commandanten: letzterer präsidirte dem Kriegsgericht, (Ordonnanz vom 1. März 1768; in Bezug auf das Verfahren bei der Untersuchung wird in derselben auf eine Ordonnanz vom August 1670 zurückverwiesen).

Die Disciplinarstrafgesetze waren ungemein streng. Es kann hier nur das Wichtigste aus denselben hervorgehoben werden. Bis zum Jahre 1788 herrschte auch in dieser Hinsicht fast unbeschränkte Willkür. Durch die Ordonnanz vom 2. März 1776 war die Prügelstrafe als Haupt-Correctionsmittel in der Armee eingeführt. Das Reglement vom 1. Juli 1788 bestimmte ausdrücklich, daß dieselbe auch ferner als Hauptstrafe beizubehalten sei, während Arreststrafen, außer den verschiedenen Arten von Quartier-Arrest, nur in den seltensten Fällen angewandt werden sollten. Die Dauer der Arreststrafen war völlig unbegrenzt; jeder Vorgesetzte konnte sie über den Soldaten verhängen; doch hatte der höhere Vorgesetzte das Recht, sie wieder aufzuheben, wo es nothwendig erschien. Prügelstrafe durfte der Unteroffizier nicht ertheilen; der Lieutenant konnte jedoch den Soldaten mit 10, jeder höhere Vorgesetzte mit 25 Schlägen täglich bestrafen. Die Unteroffiziere aller Klassen konnten von dem Regiments-Commandeur mit Cassation, von dem Capitaine mit Suspension auf Zeit bestraft werden; Prügelstrafe durfte nicht gegen sie angewandt werden. Jeder Offizier, vom Capitaine aufwärts, hatte das Recht, den nächstjüngeren mit Arrest von beliebiger Dauer zu bestrafen; nur in sehr dringenden Fällen durfte der Regiments-Commandeur den Arrest aufheben. Auf Festungs-Arrest erkannte außer den Kriegsgerichten nur der König.

Sehr strenge Strafgesetze waren in Rücksicht auf die Zusammensetzung der damaligen französischen Armee unbedingt nothwendig. In einer Armee, welche sich aus den schlechtesten Elementen eines leicht erregbaren und moralisch gesunkenen Volkes recrutirte, mußte die Disciplin ihre Hauptstütze in der Furcht vor der Strafe suchen. Aber diese allein wird selbst in einer solchen Armee niemals die Disciplin zu sichern vermögen. Wenn die Gewalt der Strafe nur in der körperlichen Züchtigung besteht, wenn nicht Sorge getragen wird, daß der Disciplin ein moralischer Rückhalt gegeben wird: so bricht sie zusammen, sobald die Untergebenen zum Bewußtsein ihrer physischen Ueberlegenheit kommen. Je größer der moralische Werth der Soldaten ist, um so mehr muß die Disciplin durch moralische Einwirkung erlangt werden; aber keine Armee, und stände der Soldat auf noch so niedrigem Standpunkte, kann sich ungestraft einer solchen Einwirkung ganz entziehen, und fehlt dem Soldaten die Empfänglichkeit dafür, so muß sie ihm durch gute Erziehung eingeimpft werden. Auch Friedrich der Große handhabte die Disciplin mit dem Stocke; aber in seinen Soldaten wurde Ehrgefühl erweckt und Achtung vor der Autorität, vor den Oberen.

Hiermit nun stand es in der französischen Armee überaus traurig; die Schuld davon trifft hauptsächlich das Offizier-Corps jener Zeit, dessen Organisation und Geist nicht scharf genug verurtheilt werden kann. Betrachten wir dasselbe näher, so sehen wir den größten Theil des Corps, und namentlich der höheren Offiziere, im offenen Partheikampfe gegen die Regierung Ludwig's XVI, an der Spitze der aristokratischen Parthei, welche durch die so dringenden Reform-Bestrebungen des Königs ihre Interessen und Prärogative gefährdet sah. Die Offiziere aus dem Hof-Adel, welche alle höheren Chargen bekleideten, bekümmerten sich in der großen Mehrheit um ihren Beruf fast gar nicht; sie waren nur bemüht, die Annehmlichkeiten ihrer Stellungen zu genießen: mit Schamlosigkeit trugen sie das Bewußtsein zur Schau, daß sie ohne Verdienst und militairische Tüchtigkeit ihre Carriere machten. Im Winter lebten sie am Hofe, im Sommer auf dem Lande; bei den Potsdamer Manövern und den Londoner Wettrennen waren sie stets in großer Zahl vertreten, bei ihren Regimentern selten zu sehen. Wenn die Ankunft eines Stabs-Offiziers bei seinem Regimente oder eines Gouverneurs in seiner Garnison angekündigt wurde, so war dies ein Ereigniß; und dann erschienen diese Herrn vor ihrer Truppe in der Regel in kostbaren Phantasie-Costümen, einen Jockei und ein Paar Windhunde hinter sich, kurz in einer durch und durch unmilitairischen Weise.\*) Wenn das Un-

---

\*) St. Chapelle, histoire générale des institutions militaires de la France. Diese Schilderung erscheint auf den ersten Blick übertrieben, und doch

wesen zu stark wurde, so erließ wohl der König Circulaire und Ordonnanzen dagegen; aber selbst bei den eclatantesten Veranlassungen war der schwache Monarch nicht zu bewegen, durch Bestrafung eines dieser Höflinge ein Exempel zu statuiren. Subordinationswidrig in ihrem Benehmen gegen Vorgesetzte, übermüthig und verletzend gegen Untergebene, offenkundig unwissend und unfähig, jedes Pflichtgefühles baar, waren diese Menschen der Gegenstand des Hasses und der Verachtung in der ganzen Armee. Die Offiziere aus dem nicht begünstigten Adel gehorchten jenen verdienstlosen Vorgesetzten, die ihnen alle Hoffnung auf Belohnung raubten, nur mit Widerwillen. Unter ihnen konnte kein reges Streben, keine Freudigkeit, kein lebendiges Interesse für den Beruf herrschen; sie glaubten ihre Schuldigkeit zu thun, wenn sie sich Nichts zu Schulden kommen ließen, und machten sich das Leben so bequem und leicht, als möglich. So weit es irgend angänglich war, überließen sie alle Mühe und Sorge des Dienstes gern den Unteroffizieren. Das machte diese mißmuthig; denn sie hatten bei kärglichem Auskommen keine Hoffnung auf Belohnung, keine Aussicht auf eine andere bessere Existenz; sie ernteten von ihren Vorgesetzten keine Anerkennung, fanden bei ihnen kein Interesse für ihr Wohl, keinen kameradschaftlichen Sinn, sondern hochmüthige abstoßende Behandlung, durch welche sie für jeden moralischen Einfluß unempfänglich gemacht wurden. Der Abstand, welcher im wahren Interesse der Disciplin zwischen den Offizieren und Unteroffizieren bestehen muß, hat seinen natürlichen

---

stimmen alle Nachrichten hiermit völlig überein. Auch St. Germain's Mittheilungen lassen keinen Zweifel über die erbärmliche Verfassung des französischen Offizier-Corps jener Zeit.

Grund in der Ueberlegenheit der ersteren an Bildung, Fähigkeit und Verdienst zu suchen. In der französischen Armee aber fehlte großentheils die Achtung vor solcher Ueberlegenheit, welche das Gehorchen leicht macht. Der Haß der Bauern gegen ihre Gutsherren, der Städter gegen die Reichen, der ganzen Nation gegen den Adel, wie er in den letzten Jahren vor der Revolution überall genährt wurde, drang in die Armee ein und richtete sich gegen die Offiziere, die sich nur oberflächlichen Gehorsam, aber keine Achtung und Liebe errungen, und die in der falschen Auffassung ihrer Stellung die Mittel mißachtet hatten, durch welche sie den fremden Einfluß brechen konnten. Schon am 15. Juli 1776 schrieb ein französischer General an St. Germain: „In Zukunft wird, ehe man Gesetze publicirt, der König seine Armee befragen müssen, ob es ihr gefällig, solche zu genehmigen. Das hieße aus unseren Truppen prätorianische Garden oder Janitscharen machen. Wofern sich Seine Majestät nicht entschließen, einige Beispiele von großer Strenge zu geben, ist es schlechterdings unmöglich, daß jemals die Disciplin wieder hergestellt werde." Und am 12. April 1777: „Die Unregelmäßigkeit Ihres Verfahrens hat uns also in das Chaos versenkt, in dem wir uns jetzt befinden, und unsere Lage ist um so schrecklicher, da der Mangel der Disciplin und Subordination auf's Höchste gestiegen; da keine Autorität mehr in wirklicher Thätigkeit; da die Strafen unnatürlich sind; das Laster triumphirt und ungestraft bleibt; die Tugend unterdrückt und ohne Belohnung schmachtet und das Militair, welches Sie respectirte, je mehr es von Ihnen zu erwarten berechtigt gewesen, um so mehr nun aufgebracht und voll Verzweiflung ist, daß es sich in seiner Hoffnung betrogen findet."

Die Verbesserungs-Versuche, welche vor der Revolution gemacht wurden, waren an sich nur halbe und wurden nur halb durchgeführt. Sie genügten gerade, um den Widerstand der Oberen auf's Aeußerste zu steigern und aller Welt vor die Augen zu führen, den unteren Klassen aber alle Gründe, die sie zur Unzufriedenheit hatten, zum vollen Bewußtsein zu bringen. Und Unteroffiziere, wie Gemeine waren empfänglich dafür. Die Armee war schon vor der Revolution in der lebhaftesten Gährung, ohne inneren Gehalt und festen Zusammenhang; beim ersten Stoße der Revolution fiel sie auseinander.

## Die Revolution und die Zersetzung der Armee.

Am 5. Mai 1789 wurde die Versammlung der Reichs=
stände eröffnet. Die Regierung, deren erste Aufgabe es ge=
wesen wäre, die Art und Weise der Berathungen derselben
festzustellen und den Gang dieser Berathungen durch bestimmte
Vorlagen zu leiten, überließ den Ständen in Allem die Ini=
tiative. Vom ersten Tage an entspann sich daher bei diesen
der Kampf über die Frage, ob sie sich nach altem Modus in
drei Ständen — Adel, Klerus und Gemeine — oder in ge=
meinschaftlicher Versammlung zu constituiren hätten. Nach
langem Schwanken erklärte am 17. Juni der Stand der
Gemeinen seine Constituirung als National=Versammlung, da
seine Mitglieder die Vertreter von 96 Procent des Volkes
seien. Die Revolution war damit eröffnet, der Rechtsstreit
durch die Proklamation der Volkssouverainetät erledigt. Der
König versuchte diesen Beschluß zu cassiren; aber er mußte
mit Schrecken gewahr werden, daß er keine Mittel mehr
besaß, um seinen Willen durchzuführen. Er befahl daher
nachträglich die Vereinigung der drei Stände; ein Theil des
Adels und des Klerus trat der National=Versammlung bei,
der größere Theil protestirte und zog sich ohnmächtig zurück.

Durch diese ersten Verfassungskämpfe war natürlich die Aufregung im ganzen Lande auf's Aeußerste gesteigert. In den Provinzen kam die Gährung schon seit dem Mai überall zum gewaltsamen Ausbruche; die Truppen wurden beständig in Athem erhalten und ermüdet, ohne Nachhaltiges ausrichten zu können. In Paris war Alles zur gewaltsamen Revolution vorbereitet. Im Juni wurde an den öffentlichen Orten von zahlreichen Demagogen offene Empörung gepredigt, die Gährung hatte das ganze Volk erfaßt; von allen Seiten strömten zuchtlose Vagabunden in die Stadt, die Excesse aller Art nahmen mit jedem Tage überhand, während gleichzeitig die Mittel zur Aufrechterhaltung der Gesetze und der Ordnung immer mehr schwanden. Der Hauptsitz der Agitation war das Palais Royal; hier hatte sich seit längerer Zeit ein Revolutions-Club constituirt, der seine Zweige bereits weit über die Provinzialstädte ausbreitete und der vor Allem die Demoralisation der Armee als eins seiner ersten Ziele verfolgte. Es zeigte sich jetzt in der traurigsten Weise, auf welch' fruchtbaren Boden die Aussaat der Revolution hier gefallen war.

Da man den gewaltsamen Ausbruch der Revolution mit Bestimmtheit voraussah, so hatte der König die erforderlichen Befehle gegeben, um die Truppenmacht in und um Paris zu verstärken. Die Armee von Paris sollte auf 30000 Mann gebracht werden; das Commando derselben wurde dem greisen Marschall Broglie übergeben, von dem man glaubte, daß er das Vertrauen der Truppen in hohem Grade besitze. Die Truppen, welche bisher in Paris standen, waren sämmtlich kasernirt. Für die neu ankommenden wurden Lager in dem Champ de Mars und in den Champs Elysées eingerichtet, während eine starke Reserve in und um Versailles theils kasernirt war, theils kantonnirte. Als besonders wichtig betrachtete man das Lager des Champ de Mars, in welchem nach und nach 3 Schweizer-Regimenter und eine leichte Cavallerie-Brigade mit der zugehörigen Artillerie vereinigt wurden, alles Truppen, die sich bisher als besonders zuverlässig erwiesen hatten. Es war ein sehr gefährliches Manöver, der Revolution gegenüber Truppen zu concentriren, ohne sie zu gebrauchen.

Wir haben bereits die Verhältnisse angedeutet, welche das Eindringen revolutionärer Ideen in die Armee begünstigen mußten. Seit der Betheiligung eines, wenn auch nur kleinen, Theiles der Armee an dem nordamerikanischen Freiheitskriege hatten selbst entschieden demokratische Ideen hier und da Eingang gefunden, um so mehr, als der Ober-Befehlshaber des dort in Thätigkeit gewesenen Hülfs-Corps sich mit Begeisterung der demokratischen Richtung hingab. Seit dem Frühjahr 1789 trat die Gährung, von welcher die französische Nation ergriffen war, in dem größten Theile der Armee zu Tage. Die Agitations-Parthei bot Alles auf, um die Soldaten erst mißvergnügt zu machen, dann in ihre politischen Parthei-Umtriebe zu verwickeln und endlich zur offenen Empörung zu drängen. In Paris und anderen Garnisonen wurden die Soldaten in die politischen Clubs gezogen; es bildeten sich solche selbst in einzelnen Regimentern, die in Verbindung mit dem Palais Royal standen. Die Kluft zwischen den Offizieren und Soldaten wurde immer größer; der Versuch der ersteren, sich ihren Leuten, für die sie früher nie Interesse gezeigt hatten, in dem jetzigen Augenblicke zu nähern, erschien diesen als Schwäche und scheiterte daher nicht nur völlig, sondern lockerte die Bande der Disciplin doppelt. Die Offiziere hatten keinen Einfluß außer durch die Furcht

vor der Strafe; und indem sie sich jetzt nachsichtiger als
früher zeigten, in dem gefährlichen Glauben, dadurch Ver=
trauen und Liebe zu erreichen, öffneten sie dem zerstörenden
Einflusse der Zuchtlosigkeit Thor und Riegel. In solchen Fällen
hüte man sich mehr als je vor Härte und Ungerechtigkeit, sei
sonst aber unerbittlich streng. Wir haben gesehen, daß in
den Offizier=Corps kein ungetrübter kameradschaftlicher Geist
herrschte. War auch die Zahl der Offiziere, welche sich revolu=
tionären Tendenzen hingaben, verschwindend klein, so fanden
doch politische Meinungs=Verschiedenheiten Eingang, indem
der zurückgesetzte Theil durch sein persönliches Interesse für
den Gedanken an die Nothwendigkeit politischer Reformen
empfänglich gemacht wurde, während der begünstigte Adel
unbedingt der Feudal=Parthei angehörte und deshalb auch
keine feste Stütze bot. Die Spaltung trat erst im weiteren
Verlaufe der Revolution offen hervor; die Offiziere, welche
sich später der neuen Ordnung, oder vielmehr Unordnung der
Dinge anschlossen, gehörten in der großen Mehrheit dem
früher zurückgesetzten Landadel an. Der einheitliche Geist des
Offizier=Corps ist für die innere Festigkeit und Zuverlässigkeit
der Armee von so großer Wichtigkeit, daß unter denen, welche
in dieses Corps einmal aufgenommen sind, kein anderer Unter=
schied als der des persönlichen Verdienstes gelten darf.

Da der Einfluß der Offiziere in der Armee jedes stich=
haltigen Nachdruckes entbehrte, so gewann die Haltung des
Unteroffizier=Corps eine um so größere Bedeutung. Die
Revolution hatte hier leichtes Spiel und fand den richtigen
Köder. Das Corps hatte viele schlechte Elemente, war un=
zufrieden und hegte eine geringe Meinung von den Eigen=
schaften, die ein Offizier haben müsse. Die Revolution winkte
ihnen mit den Offizier=Epaulettes und zog sie sofort zu sich

herüber. Wir sehen daher die Unteroffiziere überall an der Spitze der politischen Clubs in den Regimentern, sie sind die Anstifter und Führer aller militärischen Excesse und Revolten.

Beim Ausbruche der Revolution waren bereits in der Armee alle Bande gelockert. Die Truppen, welche zu Paris in Garnison standen, waren in voller Auflösung begriffen; sie hatten sich fast alle das Wort gegeben, die Waffen nicht gegen das Volk zu wenden. Die neuen Regimenter, welche herangezogen wurden, waren theilweise schon in ihren früheren Garnisonen bearbeitet; die Berührung mit Paris zog sie alle in die Revolution hinein. Die Regierung hatte nur noch wenige Regimenter, auf welche sie bei ernstlichem Zusammenstoß rechnen durfte.

Seit dem 20. Juni waren die Truppen in Paris in den Kasernen consignirt. Allein die Führer hatten schon nicht mehr die Gewalt, diese Maßregel streng aufrecht zu erhalten; es entwichen erst einzelne Soldaten, und vom 25. an brachen sie in großen Haufen aus den Kasernen aus und erschienen zu Hunderten im Palais Royal, wo sie glänzend bewirthet und mit Geld beschenkt wurden. Man sah dort bald Soldaten aller Truppen, und die einmal dort gewesen waren, führten immer neue Kameraden wieder zu. Zuerst fielen die französischen Garden ab, die immer in Paris und Versailles gestanden hatten; ein früherer Offizier derselben, de Valady, ging von Kaserne zu Kaserne, um sie aufzuwiegeln, und hatte so guten Erfolg, daß das Garde-Regiment bald an der Spitze der Tumultuanten bei jeder Veranlassung stand. Wir bemerken hier zur Charakteristik, daß diese Garden einen größeren Etat an Offizieren und Unteroffizieren hatten, als die anderen Regimenter, und daß das Offizier-Corps sich ausschließlich aus dem Hof-Adel ergänzte; die Mannschaften wurden aus den tüchtigsten Soldaten der ganzen Armee ausgesucht und in Allem sehr gut gehalten. Als am 23. Juni zwei Grenadier-Compagnien dieses Regiments einen Auflauf vor dem Sitzungs-Saale der Stände-Versammlung, in welcher der König persönlich erschienen war, zerstreuen sollten, verweigerten sie offen den Gehorsam.

Am 30. Juni Abends wurde in einem zahlreich besuchten Caffee-Hause ein Brief abgegeben, welcher die Mittheilung enthielt, daß 11 Grenadiere jener beiden Compagnien in Folge ihrer Insubordination in der Abtei St. Germain verhaftet wären und noch in derselben Nacht in ein Zuchthaus abgeführt werden sollten. Alsbald stürzt sich eine immer wachsende Volksmenge nach dem Gefängnisse, um sie zu befreien. Als dies bereits gelungen, erscheinen eine Compagnie Dragoner und ein Detachement Husaren mit gezogenem Säbel, um den Auflauf zu zerstreuen. Allein bei der Volksmasse angekommen, stecken sie den Säbel ein; es wird Wein herbeigeschafft und auf der Stelle ein Verbrüderungsfest improvisirt. Die Befreiten werden im Palais Royal untergebracht, und Tag und Nacht hält daselbst eine große Volksmasse Wache, um sie zu beschützen. Die Ruhe wird erst wieder hergestellt, nachdem der König auf die ausdrückliche Befürwortung der National-Versammlung die Begnadigung der Soldaten ausgesprochen; — eine Schwäche, die deutlich beweis't, daß Ludwig XVI seiner hohen Bestimmung nicht gewachsen war. Diese Schwäche war der erste Schritt zum Schaffot.

Am 9. Juli beschloß die National-Versammlung, den König in einer Adresse um die Entfernung der Truppen von Paris zu bitten. Der größere Theil der Versammlung ließ sich zu diesem Schritte unzweifelhaft durch revolutionaire Hintergedanken treiben; allein unter denen, die für diese

Maßregel stimmten, waren auch viele, die den gänzlichen Verfall der Truppen mit Schrecken voraussahen, wenn sie länger in Berührung mit der Hauptstadt blieben, und die in diesem Verfall mehr Gefahr für die Zukunft des Landes erkannten, als in einer vorübergehenden Zügellosigkeit der Residenz, von der sie glaubten, daß sie nicht zum Aeußersten gelangen würde. Der König erklärte jedoch am 10. Juli die Anwesenheit der Truppen für nothwendig zur Aufrechterhaltung der Ordnung und Freiheit, und machte der National-Versammlung den Gegen-Vorschlag, sie möge nach Soissons gehen, um frei berathen zu können, während er sich nach Compiègne begeben würde.

Wurde durch diese Erklärung des Königs die Aufregung in Paris gesteigert, so erreichte sie den höchsten Grad, als sich am 12. Juli Mittags die Nachricht verbreitete, der König habe das liberale Ministerium Necker entlassen und durch ein conservatives ersetzt. Die Versammlungen im Palais Royal waren in den letzten Tagen immer stürmischer geworden, die Bewirthung der Soldaten immer großartiger. Auf diesem Punkte entwickelte sich auch am 12. sofort der Tumult. Ein großer Haufe bewaffneter und unbewaffneter Menschen zog von hier aus mit den bekränzten Büsten Neckers und des Herzogs von Orleans durch die Straßen. Auf dem Platze Ludwig's XV angekommen, wird der Haufe von einem Detachement des Cavallerie-Regiments Royal-Allemand und Dragonern angegriffen. Nun werden in Paris die Sturmglocken gezogen, überall sammeln sich zahlreiche bewaffnete Volksmassen. Einzelne französische Gardisten, verführt durch die oben erwähnte unzeitige königliche Milde, entweichen bewaffnet aus der Kaserne und gehen zu den Tumultuanten über; um 11 Uhr Abends sind ihrer 1200 im Palais Royal versammelt.

Sie setzen sich an die Spitze einer großen Volksmenge und gehen geschlossen gegen den Platz Ludwig's XV vor, um die dort befindlichen Truppen (Cavallerie-Regiment Royal-Allemand und ein Bataillon des Schweizer-Regiments Chateauvieux unter Prinz Lambesc) zu vertreiben. Diese versagen ihren Offizieren den Gehorsam und weichen dem Angriffe aus; sie werden nach Versailles zurückgeführt. Sämmtliche in Paris befindlichen Regimenter weigerten sich, die Waffen gegen die Insurgenten zu gebrauchen und zwangen ihre Führer, sie noch in derselben Nacht aus Paris herauszuführen. Nur das Champ de Mars und die Champs Elysées blieben noch besetzt; letztere wurden in der Nacht vom 13. zum 14. geräumt.

Ohne Kampf hatte die Revolution gesiegt; Paris war sich selbst überlassen. Die gröbsten Excesse waren unausbleiblich, unter den Besitzenden herrschte die äußerste Bestürzung. Am Zügellosesten zeigten sich aber in allen Ausschweifungen die eidbrüchigen Soldaten, und die Zahl der ankommenden Deserteure aller Truppentheile wuchs stündlich. Der Rest des französischen Garde-Regiments, welcher den Befehl erhalten hatte, ohne Waffen nach dem Lager von St. Denis abzumarschiren, kehrte, mit Ausnahme von vier Compagnieen, welche treu blieben, am 13. Juli mit seinen sämmtlichen Geschützen und Waffen nach Paris zurück und stellte sich der Revolution zur Verfügung; unter den Ueberläufern befanden sich selbst einzelne Offiziere.

Am 13. Morgens setzten die Wähler von Paris eine provisorische Regierung ein, deren erste Maßnahme die Errichtung einer Bürgergarde war, um der Zügellosigkeit des Pöbels Grenzen zu setzen. Alle Ueberläufer der Truppen wurden in diese Bürgergarde auf ihren Wunsch aufgenommen, und wenn dieselbe auch abenteuerlich zusammengesetzt war, so schützte sie doch Personen und Eigenthum gegen die äußerste Anarchie.

Allein die entfesselte Willkür ist so schnell nicht zu bannen. Am 14. Juli Morgens stürmte eine Volksmenge das Invaliden-Hotel, um die dort befindlichen Waffen-Vorräthe (28000 Gewehre und 20 Kanonen) zu plündern; der Gouverneur, welcher nur Invaliden zu seiner Verfügung hatte, versuchte keine Vertheidigung, und von dem nahen Marsfelde aus geschah Nichts, um diese bedeutenden Vorräthe zu retten. Von dem Invaliden-Hause aus wandte sich die nun reichlich bewaffnete Masse gegen die Bastille, welche am entgegengesetzten Ende der Stadt lag. Man hoffte auch hier einen reichen Fund an Waffen zu thun; allein dem Entschluß zu dem gefährlichen Angriffe lag namentlich die von der Revolutions-Partei ausgesprengte und genährte Vorstellung zu Grunde, daß die Bastille das Hauptbollwerk für die Beherrschung von Paris sei und daß in den Gefängnissen derselben zahlreiche Opfer der Willkürherrschaft nach Erlösung schmachteten.

Die Bastille war ein starkes Fort am Eingange der Straße St. Antoine, welches von Karl V gegründet und von dessen Nachfolgern erweitert war. Es bestand aus acht großen runden Thürmen, die durch eine starke vertheidigungsfähige Mauer verbunden waren; ein breiter, meist trockener Graben mit gemauerter Contre-Escarpe, über welchen die Verbindung durch Zugbrücken hergestellt war, umgab das Fort, welches im Innern ein sehr starkes Reduit hatte. Der Hauptausgang führte nach der Straße St. Antoine; seitwärts desselben lag vor dem Hauptwerke und von diesem beherrscht die Kaserne, ein Arsenal und andere Gebäude, die durch ein abgesondertes Werk geschützt waren. Die Bastille war in der Nacht vom

12. zum 13. noch gehörig mit Munition versehen und mit 18 Geschützen armirt worden. Die Besatzung, unter dem Commando von de Launay, bestand jedoch nur aus 82 Invaliden und 32 Schweizern, der Mundvorrath reichte nur für 24 Stunden. Es ist unverantwortlich, daß man nicht bessere Vorkehrungen traf, da die Bastille doch gehalten werden sollte.

De Launay wies die Aufforderung zur Uebergabe entschlossen zurück und wußte durch seine Energie die schwankende Besatzung zum äußersten Widerstande zu ermuntern. Von allen Seiten drangen nun wüthende Volksmassen, untermischt mit desertirten Soldaten, gegen die Bastille vor. Das Außenwerk, welches die Besatzung geräumt hatte, füllte sich schnell mit Angreifern, die Gebäude in demselben wurden in Brand gesteckt, ein mörderisches Feuergefecht eröffnete den Kampf. Ein Versuch, die Brücke des Hauptwerkes zu forciren, wurde blutig zurückgewiesen. Da erschienen zwei Compagnien französischer Garde, geführt durch zwei Sergeanten, mit 5 Geschützen. Es gelang ihnen, einige Geschütze in den inneren Raum des Außenwerkes zu bringen und gegen den Eingang des Hauptwerkes zu richten. Angesichts dieser Anstalten verlor die Besatzung den Muth zur weiteren Vertheidigung, und nachdem ihr von den vordersten Angreifern freier Abzug zugesichert war, wurde die Zugbrücke heruntergelassen. Ein Versuch des Gouverneurs, das Werk in die Luft zu sprengen, war durch einen Sergeanten, der ihm die brennende Lunte aus der Hand riß, vereitelt. Die Volkswuth rächte sich durch die Niedermetzelung der Offiziere der Besatzung, während der größte Theil der Mannschaft durch die Garden von dem Tode errettet wurde.

Eine Unterstützung der Bastille vom Marsfelde aus war nicht gut möglich, da sie am entgegengesetzten Ende der Stadt lag. Vor Allem aber ließ auch der Zustand der Truppen an eine solche gar nicht denken. Die Auflösung unter diesen war vollständig. Die Zahl der Ueberläufer wuchs beständig, am Abende des Bastillesturms waren ihrer bereits über 4000 in Paris. An diesem Tage erschien noch in Paris eine Abtheilung Husaren und Dragoner, deren Führer den Uebertritt des Dragoner-Regiments, der Husaren (die sich in Versailles vor allen anderen Truppen durch ihre Excesse auszeichneten) und des Cavallerie-Regiments Royal-Allemand versprach, wenn man sie aufnehmen wolle. Sie wurden zum Rathhause geführt und dort aufgefordert, als Zeichen, daß ihr Versprechen ernst gemeint sei, Pferde und Waffen abzuliefern, um sie aus den Händen des Volkes zurückzuempfangen. Zum Glück wurden sie durch diese Zumuthung mißtrauisch gemacht und verließen die Stadt wieder, ohne daß die Unterhandlung weitere Folgen hatte. In der Nacht nach dem Bastillesturme mußte Broglie dem Könige melden, daß er sich nicht einmal im Stande glaube, die Blokade von Paris durchzuführen, seine Truppen würden ihm den Gehorsam weigern und immer tiefer demoralisirt werden.

Es blieb unter diesen Umständen dem Könige nichts Anderes übrig, als den von allen Seiten stürmisch geforderten Rückzug der Truppen zu befehlen. Die Eile, mit welcher dieser Befehl ausgeführt wurde — die Truppen des Marsfeldes mußten ihre ganze Bagage und einen Theil der Kanonen zurücklassen —, erschütterte die Zucht auch in denjenigen Regimentern, welche bis jetzt noch einige Disciplin bewahrt hatten; auf ihrem Rückmarsche in die Provinzial-Garnisonen wurden sie von den Einwohnern überall schimpflich behandelt, während man ihre treulosen Kameraden mit Auszeichnungen überhäufte; es gelang, auch die guten Truppen dadurch mißmuthig und für die fernere Bearbeitung empfänglich zu machen. Die Führer der Revolution setzten natürlich in den Provinzen die Arbeit fort, welche sie mit so glänzendem Erfolge in der Armee von Paris begonnen; und wenn die Regimenter der letzteren in Garnisonen kamen, wo die Truppen noch nicht völlig verdorben waren, so verbreiteten sie schnell den Geist der neuen Freiheit über diese. In den größeren Garnisonen bedurfte es nicht einmal mehr dieser Anregung, die Truppen waren dort mit demselben Eifer und Erfolge für die Revolution vorbereitet, wie in Paris. So wurde in Rennes beim Eintreffen der Revolutions-Nachricht aus Paris vom Volke das Arsenal gestürmt. Der Commandant ließ die Infanterie-Regimenter Artois und Lorraine, sowie das Dragoner-Regiment Orléans gegen die Insurgenten vorgehn; allein sämmtliche Truppen verweigerten den Gehorsam, 800 Mann gingen mit dem Rufe „vive la nation!" über und nahmen bei der Nationalgarde Dienst, der Rest kehrte in die Kasernen zurück, nachdem er geschworen, niemals die Waffen gegen Mitbürger zu gebrauchen; der Commandant wurde gezwungen, die Stadt zu verlassen. Aehnliche Scenen wiederholten sich in vielen Garnisonen, und wenn ein Regiment sich gegen die neuen Ansichten widerspenstig oder nur gleichgültig zeigte, so wurde es durch andere Truppen im Bunde mit dem Pöbel verfolgt. So kamen z. B. von dem eben erwähnten Regimente Artois einige Soldaten mit einer Revolutions-Medaille geschmückt nach Caën. Die Soldaten des Regimentes Bourbon, welches hier in Garnison stand, rissen ihnen diese Medaillen von der Brust. Sofort erhob sich die ganze Bevölkerung; das Regiment Bourbon wurde in seiner Kaserne belagert, und die Ruhe nicht eher wieder hergestellt, als bis es auf Befehl des Provinzial-Commando's die Stadt verließ. — Es gehört ein anderer Geist in der Truppe dazu, als man ihn in dem größten Theile der französischen Armee damals erwarten durfte, um, wenn die Verführung erfolglos geblieben ist, auch den bittern Erfahrungen und Kränkungen einer Revolutionszeit dauernd zu widerstehen.

Kehren wir jetzt nach dem Mittelpunkte des Sturmes zurück. Von seiner Armee schmachvoll verlassen, stand Ludwig XVI ohnmächtig der Anarchie seines Reiches gegenüber. Er hatte keine Wahl, er mußte dem Throne entsagen — worauf der Herzog von Orleans seine Intriguen richtete — oder sich der National-Versammlung in die Arme werfen, die allein im Stande schien, den Sturm zu beschwören. Er entschied sich für das Letztere in demselben Augenblick, wo er den Befehl zum Abmarsch der Truppen gab. Das Ministerium wurde entlassen, Necker zurückberufen; der König begab sich am 17. persönlich von Versailles nach Paris, geführt durch Lafayette, der zum Commandeur der Nationalgarde erwählt war, und durch Bailly, den neuen Maire von Paris. Zwar schien die Hauptstadt durch diesen Entschluß für den Augenblick beruhigt, allein das ganze Reich war furchtbar erschüttert; überall waren die Behörden vertrieben und die Gesetze ohne Kraft und Wirkung, nachdem die Macht gebrochen, welche sie schützen sollte. In den Städten steigerte der Brodmangel die Anarchie und wenn hier sich schnell eine Art neuer Behörden constituirte und sich zu deren Unterstützung Nationalgarden formirten, so war doch das äußerste Ziel, welches sie im glücklichsten Falle erreichen konnten, die Abwehr von Mord und Brand und Plünderung. Von der Militärmacht hört man aus dieser Zeit häufiger, daß sie der Anarchie Vorschub leistete, als daß sie ihr Widerstand entgegensetzte. In Straßburg unterdrückte allerdings am 23. Juli die Garnison eine Emeute, deren Zweck die Plünderung der Wohlhabenden war. Allein da die Stadt den Truppen ihren Dank durch eine Gratification zu erkennen gab, so verfielen diese in eine allgemeine Sauferei und tyrannisirten während mehrerer Tage die Stadt durch Excesse, die mindestens eben so schlimm waren, als die, welche sie so eben verhütet hatten.

Trauriger aber noch, als in den Städten, sah es auf dem flachen Lande aus, namentlich in den südlichen Provinzen des Reiches. Die Zügellosigkeit und die Wuth der Bauern gegen ihre Gutsherren kannte keine Grenzen, die Schlösser gingen überall in Flammen auf, bewaffnete Raubbanden durchzogen die Provinzen und hielten Gericht über Leben und Gut. Wo sollte der Bedrohte Schutz suchen, und von wem der Räuber Strafe fürchten, nachdem die Armee der Anarchie verfallen war?

Vergeblich versuchte die National-Versammlung durch Proklamationen die Ordnung herzustellen. Sie konnte in Paris täglich erkennen, daß keine gesetzlichen Zustände zu erreichen seien, wenn die Macht, die materielle Macht fehlt, um den Gesetzen Nachdruck zu geben. Wenn es daher nothwendig war, daß die ersten Gesetze den Sturz des alten Systems regelten, daß man sich mit den Mitteln zur Verbesserung der Finanzlage beschäftigte, da der Staat am Rande des Bankerotts stand, daß man möglichst schnell wenigstens die wichtigsten Grundzüge für die Neu-Organisation des Staatslebens feststellte, — so hätte doch Eins vor allem Uebrigen nicht versäumt werden dürfen: die Herstellung der völlig verloren gegangenen Disciplin in der Armee. Es mußte den Führern ihre Autorität mit allem Nachdruck wiedergegeben werden, während gleichzeitig den wunden Stellen der alten Heeresverfassung wenigstens ein vorläufiger Verband anzulegen war.

Vergeblich drängten die Ereignisse, die traurigen Nachrichten, welche aus der Armee eintrafen, immer entschiedener hierzu; vergeblich mahnten einsichtsvolle Männer täglich lauter, der Zügellosigkeit der Armee ein Ziel zu setzen. Die Menschen lernen nichts aus der Geschichte, sonst würde die Stimme derer mehr Gehör gefunden haben, welche frühzeitig voraussagten, daß das ganze Gebäude, welches jetzt mühselig aufgerichtet wurde, bald ein Raub derselben Armee werden würde, deren Verfall man jetzt theils schweigend mit ansah, theils beförderte.

Das französische Volk hatte für die Zuchtlosigkeit der Armee eine natürliche Vorliebe, weil durch diese allein der Sieg der Revolution möglich gewesen war; wir verstehen hier unter Volk die große Mehrheit der gebildeten Klassen, welche sich nach geordneten Zuständen sehnten. Von dieser leidenschaftlichen, einsichtslosen Auffassung konnte sich auch die National-Versammlung nicht losreißen; sie fürchtete von der Herstellung der Disciplin in der Armee beständig die Contre-Revolution. Ihr Streben, den Einfluß des Königs auf die Armee zu brechen oder nicht wieder aufkommen zu lassen, trieb sie von einem Fehler zum anderen. Sie schrak wohl augenblicklich zurück, wenn die Folgen ihres Einflusses in furchtbaren Excessen zu immer neuem und verstärktem Ausbruche kamen; aber die vermeintliche Sorge für die Freiheit drängte sie sofort unaufhaltsam auf die alten Wege zurück. Man glaubte, daß politische Freiheit nicht ohne eine politisirende Armee herrschen könne. Die Folgen lehren, daß keine freie Staats-Entwickelung möglich ist, sobald die Armee der Tummelplatz der Partheien wird, und daß der Staat, welcher diese Lehre mißachtet, entweder der äußeren Knechtung oder der inneren Tyrannei verfallen muß.

Wir werden die weitere Entwickelung der Verhältnisse in der französischen Armee im Zusammenhange mit den übrigen Erscheinungen der nächsten Zeit verfolgen.

Das Bedürfniß des Schutzes von Personen und Eigenthum, sowie andererseits die Sorge vor Contre-Revolution drängte in allen Städten und besonders auch in Paris zu einer vorläufigen Regelung in der Organisation der Nationalgarden. Sie waren für jetzt die einzige Macht, auf welche sich allmählige Wiederkehr geordneter Zustände stützen konnte; denn die wenigen Regimenter, auf welche etwa noch zu rechnen gewesen wäre, namentlich einige Fremden-Regimenter, durfte Niemand zur Aufrechterhaltung der Ordnung zu verwenden wagen, ohne sie in die äußerste Gefahr zu bringen. Am 21. Juli beging der König abermals eine Sünde, indem er nachträglich die Aufnahme der fahnenflüchtigen Soldaten in die Nationalgarde von Paris genehmigte; es wurden aus ihnen besoldete Compagnieen formirt; die französischen Garden, die bewunderten Helden des 14. Juli, erhielten ihre alten Kasernen zurück. Es ist erklärlich, daß diese frevelhafte Sanctionirung der Desertion einen üblen Eindruck erzeugte. Die Folge solcher Schwäche zeigte sich sofort in einem für den König erschütternden Ereigniß: die einzigen Truppen, welche sich bisher so zuverlässig gezeigt hatten, daß man ihnen den Schutz des Königs in Versailles anvertraute — vier Compagnieen französische Garden und einige Schweizer-Garden — verließen in der Nacht vom 30. zum 31. Juli ihren Posten und gingen mit Fahnen und Bagage zur Nationalgarde von Paris über. Die Posten im Schlosse von Versailles wurden hiernach zur Hälfte mit Invaliden, zur Hälfte durch die Nationalgarde besetzt.

Nachdem die National-Versammlung mit einem Schlage am 4. August alle alten feudalen Vorrechte beseitigt hatte, und nachdem in den darauf folgenden Tagen die einzelnen hierauf bezüglichen Decrete redigirt waren, wurde der Aufbau der neuen Verfassung in Angriff genommen. Die wichtigen Berathungen über diese Verfassung, welche wir nur oberflächlich verfolgen können, wurden in ihrem Gange beständig aufgehalten durch die Nothwendigkeit, sich mit der augenblicklichen Lage des Landes zu beschäftigen. Nachdem die Proclamationen ihren Zweck, den maaßlosen Unordnungen im Inneren zu steuern, gänzlich verfehlt hatten, wurde endlich am 10. August den Behörden aufgegeben, jeden Versuch der Unordnung und des Aufstandes mit Strenge zu unterdrücken und zu diesem Zwecke nöthigenfalls die Nationalgarden und das Militair zu requiriren; alle gewerblosen Herumtreiber sollten entwaffnet, die Nationalgarden vereidet werden. Den Unordnungen in der Armee aber und dem Mißtrauen zwischen den Soldaten und ihren Führern glaubte man durch eine neue constitutionelle Vereidigung der Truppen ein Ziel setzen zu können. Es wurde daher bestimmt:

1) daß alle Soldaten in versammeltem Regimente und unter den Waffen schwören sollten, niemals ihre Fahnen zu verlassen, der Nation, dem Gesetze und dem Könige treu zu sein und sich den Regeln der militairischen Disciplin zu unterwerfen;

2) daß die Offiziere an der Spitze ihrer Truppen und in Gegenwart der städtischen Behörden schwören sollten, der Nation, dem Gesetze und dem Könige treu zu bleiben, ihre Untergebenen niemals gegen die Bürger zu verwenden, außer in Folge einer Requisition der Civil= oder Municipal=Behörden, welche Requisition jedesmal den versammelten Truppen vorgelesen werden sollte.

Die Berathungen über die Verfassung eröffnete die

National=Versammlung durch sechswöchentliches Dreschen leeren Strohes, mit der Aufstellung doctrinairer Grundsätze, welche die Spitze der Verfassung bilden sollten. Die Erklärung der Menschenrechte hat auf die ganze französische Nation einen so tiefen Eindruck gemacht, daß wir einen Augenblick bei ihnen verweilen müssen. Wir geben hier die wichtigsten Artikel derselben im Auszuge:

Alle Menschen haben gleiche Rechte. Sociale Unterscheidungen können sich nur auf die allgemeine Nützlichkeit gründen.

Die natürlichen Rechte des Menschen sind die Freiheit, der Besitz, die Sicherheit und der Widerstand gegen Unterdrückung.

Alle Souverainetät hat ihren Ursprung in dem Volke. Niemand kann eine Autorität ausüben, wenn sie ihm nicht ausdrücklich von diesem übertragen wird.

Die Freiheit besteht in dem Rechte, alles zu thun, was Anderen nicht schadet. Die Grenzen der Freiheit kann nur das Gesetz bestimmen.

Das Gesetz kann nur Handlungen verbieten, die der Gesellschaft schädlich sind. Außerhalb des Gesetzes herrscht volle Freiheit.

Da alle Bürger vor dem Gesetze gleich sind, so haben sie gleichen Zutritt zu allen Würden und Aemtern ohne anderen Unterschied als den, welchen Würdigkeit und Fähigkeit bestimmen.

Niemand kann angeschuldigt und arretirt werden, außer in den durch das Gesetz vorgeschriebenen Fällen und Formen. Widerstand gegen das Gesetz ist strafbar.

Der freie Austausch der Gedanken und Meinungen ist eines der kostbarsten Rechte der Menschen. Jeder kann daher frei sprechen und schreiben, doch bleibt er in den durch das Gesetz vorgeschriebenen Fällen für den Mißbrauch dieser Freiheit verantwortlich.

Die Gesellschaft hat das Recht, jeden öffentlichen Beamten über seine Verwaltung zur Rechenschaft zu ziehen.

Die bewaffnete Macht hat die Menschenrechte zu sichern; sie dient zum Vortheil Aller und nicht zum Nutzen Derer, denen sie anvertraut ist.

Diese Grundsätze wurden in eine auf's Furchtbarste erregte Nation geschleudert, der jede Vorbedingung politischer Reife fehlte, in einem Augenblicke, wo Niemand die alten Rechtsverhältnisse und Gesetze als zu Recht bestehend anerkannte, während noch auf keinem Gebiete des Staatslebens für neue Verhältnisse ein gesetzlicher Grund gelegt war. Machen die Grundgedanken dieser Menschenrechte an sich schon ein geordnetes Staatsleben unmöglich, so mußte die Wirkung ihrer Publication in dem damaligen Frankreich die äußerste Verwirrung aller Begriffe, die Permanenz der Anarchie zur Folge haben. Wir werden sehen, in welcher Weise sich diese Wirkung in der Armee äußerte.

Nach der Erklärung der Menschenrechte beschäftigte sich die National-Versammlung mit den Fragen über das Verhältniß der obersten Staats-Gewalten. Sie entschied sich für das Ein-Kammer-System mit ununterbrochener dreijähriger Legislatur-Periode; dem Könige wurde nach sehr heftigen Kämpfen das Recht des suspensiven Veto's zuerkannt.

In Paris hatte sich inzwischen Lafayette zu großer Macht aufgeschwungen. Der Liebling der Bourgeoisie, blind verehrt von der Nationalgarde, auch von der besoldeten, und somit an der Spitze der einzigen materiellen Macht im Reiche, hatte seine Stimme in allen Angelegenheiten die größte Bedeutung. Er war es allein, der Paris im Zaume hielt, der inmitten der wachsenden politischen Gährung und des immer drückender auftretenden Brodmangels neue gewaltsame Ausbrüche verhinderte und unterdrückte. Die Umtriebe des Herzogs von Orleans, der vor keinem Mittel zurückschrack, welches ihm geeignet schien, die bourbonische Dynastie zu stürzen und sich auf den Thron zu schwingen, wurden durch Lafayettes Popularität und Thätigkeit zu nichte.

Der König hatte mit der unbedingten Sanctionirung der Decrete der National-Versammlung gezögert. Dadurch wurde in der zweiten Hälfte des September in Paris der Gedanke rege, ob es nicht besser sei, den König dem Einflusse der Aristokratie in Versailles zu entreißen, indem man ihn veranlaßte, in Paris zu residiren, wo der Volkswille deutlicher an sein Ohr bringen würde. Die Idee, den König nach Paris zu führen, faßte gewaltig Feuer, die orleanistischen Agenten, denen jeder neue Gewaltstreich erwünscht war, schürten, und Lafayette sträubte sich mindestens nicht gegen das Vorhaben, durch welches der König in seine Gewalt kommen mußte.

Da sich die Nationalgarde von Versailles nicht stark genug glaubte, einem Andringen von Paris zu widerstehen, so requirirte die Municipalität jener Stadt das Regiment Flandern aus Douay, dessen Treue und Zuverlässigkeit bekannt war. Zu seinem persönlichen Schutze hatte der König außerdem im September eine Garde du Corps formirt und ein Dragoner-Regiment herangezogen. Bei Ankunft des Regiments Flandern gab die Garnison demselben ein Fest. Die königliche Familie erschien bei dem Gastmahle der Offiziere, wurde mit großer Begeisterung empfangen, und die erhitzten Gemüther gaben ihrer Liebe zum Königshause und ihrem Haß gegen das Treiben der Zeit in unzweideutiger Weise Ausdruck. Die Nachricht von diesem Ereigniß brachte den Sturm in Paris zum Ausbruch, und die noch wankten, wurden mit fortgerissen, als gleichzeitig die Kunde eintraf, der König habe die Anerkennung der Menschenrechte versagt. Ein Haufen Weiber war am 5. October Morgens schon nach Versailles gezogen und hatte vom Könige Brod gefordert; der König hatte sie beruhigt, allein der Tumult dauerte fort. In Paris rüstete sich Alles zum Aufbruche nach Versailles, der Tumult war allgemein; die Nationalgarde, besonders die französischen Garden, forderten von Lafayette stürmisch den Abmarsch. Es war kein Widerstand möglich, Lafayette willigte Nachmittags endlich ein und erhielt vom Gemeinde-Ausschuß die Forderungen zugestellt, welche er an den König richten sollte: Der König sollte seinen gewöhnlichen Aufenthalt in Paris nehmen, den Dienst im Schlosse nur durch die Nationalgarde versehen lassen, der Commune Einsicht in alle Acten über die Verpflegung von Paris gewähren und die Menschenrechte einfach genehmigen. Die Nationalgarde von Paris eröffnete den Zug, der sich nun in Bewegung setzte, gefolgt von einem zahllosen Pöbelhaufen beiderlei Geschlechts.

Der Zug kam ungehindert Abends 11 Uhr in Versailles an. Der König, der den Rath, zu entfliehen, ausgeschlagen hatte, empfing die Deputation, welche die Forderung überreichte, gewährte die übrigen Punkte, gab aber über den Umzug nach Paris ausweichende Antwort. Die Deputation zog sich zurück, die drohende Volksmenge umlagerte das Schloß. Die Kaserne der Leibwache wurde gestürmt, es kam zu kleinen Scharmützeln. Gegen Morgen aber gelang es einem Haufen, in das Schloß einzudringen, einige Leibwachen wurden niedergemetzelt, die Königin kam in Gefahr; der

Tumult wurde so groß, daß Lafayette nur mit Mühe das Aeußerste verhüten konnte. Da verkündete der König seinen Entschluß, nach Paris zu kommen, und gegen Mittag zog er in die Hauptstadt ein, geführt durch die jubelnde und schreiende Masse, welcher sich die Garnison von Versailles in buntem Durcheinander angeschlossen hatte. Wäre Ludwig XVI eines königlichen Entschlusses fähig gewesen, so wäre er entweder mit seinen treuen Truppen abgezogen oder hätte sich bis auf den letzten Blutstropfen mit denselben vertheidigt. Wer für seinen Thron nicht kämpfen und sterben kann, ist desselben unwürdig.

Der König war jetzt den revolutionairen Kräften der Hauptstadt unterworfen, die National=Versammlung verlegte kurz darauf ihren Sitz gleichfalls nach Paris. Lafayette war für die nächste Zeit allmächtig, der Herzog von Orleans entwich mit enttäuschten Hoffnungen nach London, in Paris stellte sich die Ruhe wieder her und wurde aufrecht erhalten. Allein die Aussaat des 5. und 6. October ging später in Paris auf, um auch die mit zu Grunde zu richten, welche jetzt das Feld bestellt hatten. Die Regierung, die bisher schwach war, versank von jenem Tage an in gänzliche Ohnmacht. Der Eindruck dieser ersten Verwirklichung der Menschenrechte war im ganzen Lande gewaltig. Lafayettes Dictatur konnte wohl, so lange seine Popularität dauerte, Paris im Zaume halten; aber die Grundlage jedes wahren Rechtes, jeder Autorität, auf welcher allein dauernde staatliche Ordnung errichtet werden kann, war in der Hauptstadt vernichtet, und in den Provinzen konnte Lafayettes Dictatur nicht einmal vorübergehend das Ansehen der Regierung ersetzen.

Die National=Versammlung trieb mit dem Strome und führte fortan einen Schlag nach dem anderen gegen das

Rechtsgefühl des Volkes und besonders gegen die Autorität der Regierung. Zunächst beschäftigte sie sich mit der Finanzlage des Staates, die täglich trauriger wurde; durch die Revolution verminderten sich die Einnahmen, während die Ausgaben wuchsen. Die Aufnahme neuer Anleihen, selbst zu wucherischen Zinsen, wurde bald unmöglich. Man fand ein anderes Hülfsmittel: am 2. November wurde erklärt, daß die Güter der Kirche zur Verfügung des Staates ständen. Im April 1790 wurde die Einziehung derselben decretirt und mit ihrem Verkaufe, so wie mit der Ausgabe eines entsprechenden Betrages von Assignaten, die beim Verkaufe angenommen werden und übrigens freien Cours haben sollten, begonnen.

Eine starke Regierung wäre in dem damaligen Frankreich nur noch möglich gewesen, wenn sie in der National-Versammlung eine kräftige Stütze gefunden hätte. Der Versuch, eine solche Regierung herzustellen, wurde im November 1789 durch das Decret vereitelt, daß kein Mitglied der Versammlung in das Ministerium eintreten könne. Der Antrag, den Ministern das Stimmrecht in der National-Versammlung zu ertheilen, fand keine Berücksichtigung. Die National-Versammlung bezeichnete auf diesem Wege den Kampf gegen die Regierung als ihr Ziel, und dieses Ziel wurde fortan mit Consequenz verfolgt.

Für die Verwaltung erhielt das Reich eine völlig neue Eintheilung. Es zerfiel nach derselben in 83 Departements, und diese in Districte und Cantone. Die Gemeinde-Vorstände (44,000) gingen aus der Wahl der Activbürger hervor; Activbürger war jeder großjährige Franzose, welcher eine directe Steuer zahlte. An die Spitze der Departements stellte man Directorien, die durch Wahl-Ausschüsse der Cantone ohne jede Einwirkung der Regierung ernannt wurden. Der Regierung war durch diese Organisation aller Einfluß auf die Verwaltungsbeamten genommen, da diese nicht von ihr, sondern von der Majorität ihrer Wähler abhängig waren. Die gesammte Verwaltung war zum Spielball der Partheien gemacht. Die wichtigsten Angelegenheiten wurden in die Hände der Municipalitäten gelegt; wir erinnern hier nur daran, daß nach dem Gesetz vom 10. August 1789 ihnen die alleinige Verfügung über die bewaffnete Macht, Nationalgarden und Linientruppen, im Inneren zustand. Die auf die neue Organisation des Landes bezüglichen Gesetze waren im Februar 1790 vollendet und traten sofort in Kraft; diese gewaltige Umformung der bestehenden Verhältnisse konnte natürlich nicht ohne gesteigerte Unruhen im ganzen Lande durchgeführt werden.

So wie das Ansehen und der Einfluß der Regierung in der Verwaltung vernichtet wurde, so auch in der Justiz, mit deren Reform die National-Versammlung sich vom Februar bis October 1790 beschäftigte. Den ganzen Frühling und Sommer hindurch war Frankreich thatsächlich ohne Gerichte, denn die alten hatten jedes Ansehen so verloren, daß sie ihre Thätigkeit ganz einstellten. Das Wesen der Justiz-Reform bestand in der Einführung der Geschworenen-Gerichte für alle Criminalsachen; die Richter und öffentlichen Ankläger wurden aus der Zahl der gebildeten Juristen durch die Activbürger gewählt; die Regierung hatte bei jedem Gerichte nur einen Commissar zu bestellen, welcher die Interessen des Staates wahrnehmen und für die Vollstreckung der Urtheile sorgen sollte.

Im Juli 1790 wurde die neue Kirchenverfassung beendet. Nach derselben wurde die Einsetzung der Geistlichen von der Wahl der Activbürger abhängig gemacht, dem Papste die Rechte der Dispensationen und der canonischen Einsetzungen entzogen, von den Geistlichen die Ableistung des Bürgereides gefordert. Durch diese neue kirchliche Ordnung wurde die Gährung im Lande auf's Aeußerste gesteigert, es kam in einzelnen Theilen zum offenen Bürgerkriege.

Erwähnen wir noch die Abschaffung des Adels, welche am 19. Juni 1790 decretirt wurde, und die zahlreichen Bestimmungen, welche für die finanziellen Verhältnisse des Landes getroffen wurden, so haben wir die gesetzgeberische Thätigkeit der National-Versammlung vom October 1789 bis zum October 1790, so weit sie die bewaffnete Macht nicht unmittelbar berührt, in großen Zügen vor Augen. Wir wenden uns nunmehr zur eingehenden Betrachtung der Armee in demselben Zeitraume. —

Nachdem es gelungen war, die Armee zum ersten Abfalle von ihrem Könige zu verführen, sie in die Revolution und in das Treiben der Partheien zu verwickeln, traten alle Erschütterungen, von denen das Land betroffen wurde, mit gesteigerter Intensität in der Armee zu Tage. Wir haben gesehen, daß die Armee sich in ihrer großen Mehrheit aus den rohesten Kräften der Nation recrutirte; von einer Erziehung des Soldaten war damals wenig die Rede, man glaubte Alles erreicht zu haben, wenn dem Soldaten die nothwendige äußere Dressur beigebracht war, und wenn er durch unerbittliche Disciplin im Zaume gehalten wurde. Nun die Disciplin gebrochen war, trat die ganze Rohheit zu Tage, anfänglich schüchtern, aber täglich zunehmend. Nirgends wirken revolutionaire Gedanken, wenn sie einmal Eingang finden, gewaltsamer, als in einer Armee, weil sie hier die Organisation vorfinden, an deren Mangel die meisten Revolutionen scheitern. Mit größtem Eifer wühlten daher die Revolutions-Partheien in dem Heere, die Einen, um es von dem Könige fern zu halten, dessen Macht sie noch nicht genug gebrochen glaubten, die Anderen, um es bei dem letzten entscheidenden Schlage gegen die Gesellschaft benutzen zu können. Die Regierung war machtlos der Armee wie dem Lande gegenüber; die National-Versammlung aber theilte in ihrer großen Mehrheit die Ansicht der Leute, welche meinten, man müsse eine Armee mit strenger Disciplin mehr als eine zuchtlose fürchten. Auf keinem anderen Gebiete hat die National-Versammlung größere und verderblichere Sünden begangen, als auf dem militairischen.

Wenn man erwägt, mit welchem Eifer die Armee seit dem Frühjahr 1789 in das politische Treiben eingetreten war, daß zahlreiche Agenten und die Clubs, welche sich im Herbste dieses Jahres überall zu bilden anfingen, unablässig bemüht waren, sogenannte Bürgertugend unter den Soldaten zu verbreiten, sie mit den politischen Tagesfragen zu beschäftigen, um sie dem Einflusse ihrer Vorgesetzten zu entziehen, so begreift man, daß Grundsätze, wie sie die Menschenrechte predigten, bei den unerfahrenen Soldaten zu den verworrensten Vorstellungen führen mußten. So wie die Bauern die Zahlung der Steuern einstellten, weil sie dieselben nicht bewilligt hatten, so achteten die Soldaten nicht mehr die Autorität ihrer Offiziere, weil sie diesen nicht ausdrücklich durch das souveraine Volk übertragen war; den Beweis für die Richtigkeit ihrer Ansicht erkannten sie auch darin, daß die Nationalgarden sich ihre Offiziere selbst wählten. Alle Menschen haben gleiche Rechte, nur die allgemeine Nützlichkeit kann Unterscheidungen begründen; wo soll da eine Veranlassung zu Unterscheidungen in der bewaffneten Macht, die doch eine Aufgabe hat, hergenommen werden? Weshalb soll die Freiheit bei den Linientruppen durch strengere Zucht beschränkt werden, als bei den Nationalgarden? Das ist Unterdrückung, und der Widerstand gegen dieselbe gehört zu den natürlichen Rechten des Menschen. Zudem befinden sich die Offiziere gar nicht rechtmäßig mehr in ihren Aemtern, ihre Würdigkeit und Fähigkeit ist nicht geprüft, sie verdanken ihre Stellen den abgeschafften Privilegien. Wenn der freie Austausch der Gedanken und Meinungen zu den kostbarsten Menschenrechten gehört, so wäre es Verrath, die politischen Clubs in den Regimentern zu verhindern. Die Menschenrechte haben nicht nur volle Gültigkeit für den Soldaten, sondern die bewaffnete Macht hat sogar die Aufgabe, sie zu sichern. — Das waren die ganz natürlichen Ideen des politisirenden Soldaten, und wenn er nicht von selbst auf dieselben verfiel, so sorgten Andere hinreichend, sie ihm klar zu machen. Für die ganze Nation begann ein neues Leben der Freiheit, und da alle Bürger vor dem Gesetze gleich sein sollten, so begriff der Soldat nicht, warum seine Freiheit mehr beschränkt werden sollte, als die der anderen Bürger. Die Menschenrechte hatten allerdings von einer besonderen Pflicht für ihn gesprochen; sie hieß Vertheidigung der Menschenrechte. Was die aristokratischen Offiziere ihm Pflichtgefühl nannten, war Vorurtheil oder Mittel zur Unterdrückung.

Wohin solche Ideen führen mußten, kann nicht zweifelhaft sein. Die Offiziere wagten nicht mehr zu befehlen und zu bestrafen, sie suchten durch Zureden und Bitten ihre Leute in Schranken zu halten, und mußten glücklich sein, wenn es ihnen gelang, wenigstens die gröbsten Excesse und offene Emeuten zu verhüten. Aber ihr Ansehen sank bei diesem Laviren natürlich immer tiefer in demselben Grade, als der Geschmack des Soldaten an der Ungebundenheit sich steigerte. Von irgend einer dienstlichen Beschäfti=

gung war seit dem 1. Juli in der Armee nicht mehr die Rede.

Im December 1789 endlich, als die traurigen Nachrichten aus der Armee sich immer mehr häuften, ließ Mirabeau der Jüngere in der National-Versammlung seine warnende Stimme vernehmen: „Die Armee ist ohne Disciplin, die Subordination ist verloren gegangen; die Gefahr ist dringend: gebt den Führern ihre Autorität wieder, und die Gefahr wird verschwinden." Vermochte sich auch die Versammlung weder jetzt, noch später auf diese Höhe der Anschauung zu schwingen, von welcher das Gespenst der Contre-Revolution sie beständig abschreckte, so wurden wenigstens endlich die Gesetze für die Reorganisation der Armee in Angriff genommen.

Die National-Versammlung hatte zur Bearbeitung aller Angelegenheiten, welche auf die Armee Bezug hatten, ein Militair-Comité, bestehend aus 12 Mitgliedern, eingesetzt. Die Mehrzahl der Mitglieder dieses Comité's waren active Offiziere der Armee und gehörten fast sämmtlich der gemäßigteren demokratischen Parthei an; wir nennen als die bedeutendsten von ihnen den Vicomte Noailles, Emmery, Baron Felix Wimpffen, Mirabeau (der Jüngere), Menou, Lameth, Dubois de Crancé, letzterer der radicalste unter ihnen. In den Plenar-Sitzungen thaten sich außerdem Broglie, Montmorency, Custine und Biron bei Verhandlung der Militairfragen hervor. Mirabeau war der einzige entschiedene Vertreter der rechten Seite des Hauses; er wirkte im Anfang manches Gute, emigrirte jedoch im Laufe des Sommers, wie wir sehen werden. Der größere Theil von den übrigen vorerwähnten Mitgliedern wurde durch das Streben beeinflußt, sich für künftige Zeiten eine gute Carriere zu sichern, wozu vor allen Dingen Popularität erforderlich schien. Das Militair-Comité hatte alle Materialien herbeizuschaffen und zu sammeln, es bearbeitete dann die einzelnen Fragen und legte sie mit seinem Gutachten der National-Versammlung zur Entscheidung vor. Es zog zu seinen Verhandlungen, wo es nöthig schien, Sachverständige aus der Armee heran, forderte von dem Kriegsminister die Materialien, auch Vorschläge und Gutachten ein. Immer aber behielt es der Regierung gegenüber die Initiative; und da der Kriegs-Minister so wenig, wie ein anderer Minister, das Recht hatte an den Debatten der National-Versammlung Theil zu nehmen, so verschwand der Einfluß der Regierung auf die Reorganisation vor den Augen der Armee völlig. Die schwere Sünde der früheren Regierung, welche nichts gethan hatte, um die Lage der Unteroffiziere und Soldaten zu verbessern, während sie ihre Höflinge mit unvernünftigen Gnaden überhäufte, wurde jetzt hart bestraft. Alle Verbesserungen, welche in der Lage des Soldaten geschaffen wurden, waren für diesen ausschließlich ein Geschenk der National-Versammlung, auf welche sich fortan alle seine Hoffnung stützte, während der König, der ihm bisher der Urquell aller Macht und Gnade war, immer mehr aus seiner Vorstellung verdrängt wurde. Das war nun gerade das Streben der National-Versammlung, welches sie mit verderbenbringender Consequenz verfolgte. Sie wollte nicht etwa, weil die Regierung augenblicklich ohnmächtig war, für diese vorübergehend eintreten, um die Armee aus gänzlicher Auflösung zu erretten; sie wollte die Macht des Königs in dem Heere dauernd brechen, wollte eine parlamentarische Armee haben. Wir werden sehen, wohin dieses Streben führte und führen mußte.

Gleich beim Beginne der Debatten über die Militair-Organisation kam ein Zwischenfall vor, der das Streben der

National-Versammlung zu sehr kennzeichnet, als daß wir ihn hier nicht erwähnen sollten. Der radicale Abgeordnete Dubois be Crancé ließ einige schimpfliche Aeußerungen über die Armee fallen. Darüber gingen Beschwerden einzelner Truppentheile ein, in Folge deren die National-Versammlung ihren Präsidenten beauftragte, einen Brief, enthaltend eine Ehrenerklärung, an alle Regimenter zu schreiben, und gleichzeitig bestimmte, daß dieser Brief jedem Corps auf Appell vorzulesen sei. Die Einwendung, welche von der rechten Seite des Hauses gemacht wurde, man könne doch den Brief und den Befehl, ihn den Soldaten vorzulesen, nur durch den König an die Armee gelangen lassen, fand keine Beachtung. Der Brief sprach in einem Athem von dem heldenmüthigen Abfalle der Armee, durch welchen das Glück der Nation für ewig begründet sei, und von der Nothwendigkeit der Subordination und des Respects vor dem Könige; verkündete aber besonders den Segen, welchen die National-Versammlung allen Soldaten spenden werde. Einzelne Regimenter antworteten in Gegen-Adressen.

Die Arbeiten der National-Versammlung über die Militair-Verfassung verzögerten sich in solcher Weise, daß die Reorganisation erst am 1. März 1791 durchgeführt werden konnte. Man wußte nicht recht, wie man die Sache anfassen sollte, und das beständige Verzögern und Schwanken wirkte höchst nachtheilig auf die Armee. In einem Heere müssen mehr, als irgend wo anders, alle Verhältnisse fest und geordnet sein; in dem französischen aber war alles Bestehende in Frage gestellt, und diese Unsicherheit wurde durch das Auftreten der National-Versammlung erst recht zum allgemeinen Bewußtsein gebracht und führte zu völliger Anarchie. Die alten Bestimmungen hatten keine Kraft mehr, man wagte sie nicht mehr anzuwenden. Der Kriegsminister suspendirte un=

sinniger Weise im April 1790 alle Thätigkeit der Kriegsgerichte bis zum Erlaß einer neuen Militair-Gerichtsordnung, und trotz alles Drängens wurde diese erst am 22. September decretirt und am 15. October sanctionirt; in der Zwischenzeit gab es keine Kriegsgerichte. Aehnlich stand es mit vielen anderen Dingen. Bei solchen Verhältnissen kann in keiner Armee Disciplin und Ordnung herrschen, viel weniger kann eine zuchtlose Armee dabei ihre Festigkeit wieder erlangen. — Es ist nicht wahrscheinlich, daß die National-Versammlung absichtlich die Reorganisations-Arbeiten verzögert hat, aber jedenfalls verkannte sie die Tragweite dieser Verzögerung. Der Grund für dieselbe ist wohl in der allgemeinen Unerfahrenheit und Unklarheit auf dem militairischen Gebiete und in der Schwerfälligkeit des Geschäftsganges bei der National-Versammlung zu suchen. Wenn man erwägt, daß die Decrete stets mehrere Wochen gebrauchten, um durch die Registratur an die Regierung zu kommen, so kann man denken, wie viel Zeit mit dem gerade für die Militairfrage so wichtigen Sammeln der Materialien verging, zumal der Geschäftsgang im Kriegsministerium nicht minder schwerfällig war. Die Unordnungen in der Armee drängten nicht nachhaltig zu größerer Thätigkeit, weil man heute vor denselben erschrak und sie morgen wieder schürte, um keinen Reactionsgedanken bei der Regierung aufkommen zu lassen, und um die Armee an sich zu fesseln.

Am 28. Februar 1790 kam endlich nach langen Verhandlungen das erste Decret zu Stande, welches die Grundlage für die Militair-Verfassung bilden sollte. Es wurde im Wesentlichen bestimmt:

1. Der König ist der oberste Führer (chef suprême) der Armee.

2. Die Armee ist hauptsächlich zur Vertheidigung des Vaterlandes gegen äußere Feinde bestimmt.
3. Alle Bürger sind gleichberechtigt rücksichtlich der Zulassung zu allen militairischen Aemtern und Graden. Die Käuflichkeit der Stellen ist abgeschafft.
4. Alle Militairs können ihre Bürgerrechte in den Wahlversammlungen ihrer Heimath ausüben, sofern sie nicht in dem heimathlichen Canton in Garnison stehen.
5. Jeder Militair erhält nach 16jähriger vorwurfsfreier Dienstzeit die Rechte als Activbürger, auch wenn er keine Steuern zahlt; er kann dieselben jedoch nicht ausüben, wenn er in seiner Heimath in Garnison steht.
6. Am 14. Juli jeden Jahres schwören alle Offiziere und Soldaten Treue der Nation, dem Gesetze dem Könige und der Constitution. Die Form des Eides ist im Uebrigen dieselbe, wie die unter'm 10. August 1789 decretirte.
7. Jeder Legislatur-Periode gehört das Recht zu bestimmen:
   a) Die Summe für den jährlichen Unterhalt der Armee,
   b) die Stärke der Armee,
   c) den Sold jedes Grades,
   d) die Regeln für die Zulassung zum Dienst und für das Avancement,
   e) die Form der Anwerbung und die Bedingungen der Entlassung,
   f) die Zulassung der fremden Truppen zum Dienst.
   g) die Strafgesetze,
   h) die Löhnung der Truppen im Falle der Beurlaubung.

Die Rechte, welche hiernach der gesetzgebenden Versammlung vorbehalten wurden, waren so tief eingreifend, daß sie die Macht und das Ansehn des Königs in der Armee an der Wurzel faßten. Der König war fortan in der That für diese nicht viel mehr, als ein in seiner Gewalt beschränkter commandirender General, dem das Commando von der National-Versammlung anvertraut wurde. Der Artikel 1 drückt dieses Verhältniß auch ganz correct aus; ein Amendement, welches zu demselben gestellt war: „Die Armee Frankreich's steht ganz und allein unter den Befehlen des Königs" wurde verworfen; alle Anstrengungen der Parthei der Rechten, dem Könige eine größere Autorität in der Armee zu erhalten, waren vergeblich. Jeder Staat, auch ein constitutioneller, verliert die innere Sicherheit und Festigkeit, wenn die Rechte der Executive über die bewaffnete Macht so beschnitten werden, wie dies hier geschehen. Wenn die gesetzgebende Gewalt die ganze Macht über die Armee an sich reißt, so wird die Executive bei dem ersten Conflict, der die Aufbietung der bewaffneten Macht erfordert, schwach sein und die Regierung der gesetzgebenden Gewalt, welche zu ihrer Führung unfähig ist, übertragen müssen. So stand es gerade in jener Zeit in Frankreich, die Regierung war Null, weil sie über keine materielle Macht verfügen konnte und mußte der National-Versammlung das Regieren überlassen. Konnte sich diese darüber täuschen, daß sie nicht im Stande war, eine starke Executive zu ersetzen?

Der 14. Juli, der Tag des Eidbruches der Armee, wurde in dem Decret vom 28. Februar als der größte Ehrentag derselben bezeichnet; der Eid, welchen der Soldat u. A. auch dem Könige leisten sollte, wurde jedenfalls in das richtige Licht gestellt. Bezeichnete doch das Militair-Comité als den Leitfaden für seine Arbeit die Sorge, „daß die Armee, wie sie die treibende Kraft der Revolution gewesen, die festeste Stütze derselben werde."

Als weise muß das Gesetz anerkannt werden, welches den Militairs in ihrer Garnison das Wahlrecht nicht gewährt. Das Wahlrecht ist mit den Grundsätzen der Disciplin unvereinbar, indem es dem Untergebenen ein gesetzliches Recht giebt, einen etwaigen Gegensatz seiner Ansichten zu denen seines Vorgesetzten von einem völlig gleichberechtigten Standpunkte aus zu vertreten; es drängt aber vor Allem die Armee gewaltsam in das politische Partheitreiben hinein, dessen zersetzenden Einfluß die Revolutionszeit unzweideutig lehrt. Ernste Gefahren wird das Wahlrecht für eine Armee allerdings nur in unruhigen Zeiten herbeiführen; aber gerade dann ist die Festigkeit in derselben am Nothwendigsten. Auf der anderen Seite wird in einer wohldisciplinirten Armee unter den gewöhnlichen Verhältnissen von einer freien Wahl kaum die Rede sein können, das Wahlrecht ist also, wenn es nicht gefährlich ist, illusorisch.

Gleichzeitig mit dem Erlasse des vorerwähnten Decretes wurde dem Kriegsminister aufgegeben, der National-Versammlung einen Organisations-Plan vorzulegen, um diejenigen Punkte festzustellen, deren Entscheidung sie sich vorbehalten hatte.

Für den Soldaten der französischen Infanterie wurde eine Solderhöhung von 32 den. (1 Sgr.) vom 1. Mai ab täglich bewilligt; in gleicher Progression sollte die Löhnung der Unteroffiziere und der Soldaten der übrigen Waffen erhöht werden. Dieser Zuschuß wurde später so vertheilt, daß 16 den. der Löhnung, 6 dem Klein-Montirungs-Fonds zugeschlagen wurden, während 10 den. zur Vermehrung der Brod-Portion verwandt werden sollten.

Die Reorganisation der Armee ruhte nun wieder bis Ende Juli im Schooße des Militair-Comités und des Kriegs-Ministeriums.

In der Armee lockerten sich inzwischen alle Bande der Disciplin mit jedem Tage mehr. Wir können hier nur die wichtigsten Ereignisse berichten, um ein ungefähres Bild von dem gänzlichen Verfall der Armee zu geben.

Das Regiment de Vivarais, welches seit 3 Jahren in Béthune in Garnison stand und sich in den letzten Monaten höchst indisciplinirt zeigte, erhielt am 26. Januar 1790 unerwarteten Marschbefehl nach Verdun. Der Abmarsch erfolgte noch an demselben Tage. Allein in Lens angekommen, kündigte das ganze Regiment mit Ausnahme von 100 Mann den Gehorsam, kehrte mit Fahnen und Kassen nach Béthune zurück und versah dort den Dienst gemeinschaftlich mit der Nationalgarde, nachdem die Mannschaften aus eigenem Antriebe den Bürgereid geleistet. Die Fahnen wurden den Offizieren, welche der Uebermacht weichen mußten, mit Gewalt entrissen.

In Marseille standen 3 Regimenter in Garnison. Dieselben wurden jedoch auf das dringende Verlangen der Stadt Anfangs des Jahres nach Aix zurückgezogen, und nur die Citadelle und die Forts blieben durch starke Detachements des Regiments Vexin besetzt. Am 30. April überrumpelte die Nationalgarde die Forts; die Truppen weigerten sich, dieselben zu vertheidigen, trotz allen Bittens der Commandanten. Die Soldaten waren ein Herz und eine Seele mit den Bürgern, ein großer Theil derselben trat unter die Fahnen der Nationalgarde.

Anfänglich wurden derartige Vergehen, namentlich die ausdrückliche Verweigerung des Gehorsams ganzer Truppentheile, durch schimpfliche Entlassung der Schuldigsten auf dem Disciplinarwege bestraft. Allein die Zahl derselben nahm so überhand, daß dieses Strafmittel nicht mehr durchgeführt werden konnte. Unter'm 8. Juni wurde sogar durch den Kriegsminister den Truppenbefehlshabern die Berechtigung zur schimpflichen Entlassung, als mit den constitutionellen Principien nicht vereinbar, genommen und einem Spruchgerichte übertragen, welches für Gemeine aus 4 Unteroffizieren und 5 Gemeinen und für Unteroffiziere aus 4 Sergeanten und 5 Unteroffizieren gebildet werden sollte. Die Abstimmung fand nach Stimmenmehrheit statt, die Richter wurden nach der Commandirrolle des betreffenden Regiments bestimmt. Die Form des Abschiedes lautete fortan: „Entlassen auf Verlangen seiner Kameraden." Durch eine so demokratische Bestimmung wurde das bisher gefürchtete Strafmittel für damalige Zeit fast illusorisch gemacht. Glaubte man auf diesem Wege das Ansehen der Vorgesetzten zu stärken?

Der Mittelpunkt aller Unordnungen waren die Clubs in den Regimentern, die alle unter einander und mit den zahllosen politischen Clubs im Lande in Verbindung standen. An ihrer Spitze sah man überall die Unteroffiziere. Anfangs beschäftigten sich diese Clubs nur mit Erörterung der politischen Tagesfragen; die Debatten wurden immer bedenklicher seit dem Beginne der Verhandlungen über die Militair-Constitution in der National-Versammlung, an denen sie natürlich den lebhaftesten Antheil nahmen. Da gingen bei den einzelnen Abgeordneten aus allen Theilen der Armee zahlreiche Zustimmungs-Adressen und Mißtrauens-Vota ein. Daß die Soldaten außerdem Mitglieder der politischen Clubs ihrer Garnison waren, ist selbstverständlich, dort wurde die etwa noch fehlende Aufklärung geschöpft. In den Regiments-Clubs, denen die Lehre vom Widerstandsrechte gegen Unterdrückung besonders einleuchtend sein mochte, wurden alle Emeuten beschlossen; in ihnen wurde vor Allem auch die Idee der Offizier-Vertreibung geboren, die bald in so großem Maaßstabe zur Ausführung kam. Das Motiv derselben war theilweise politischer Fanatismus, vorzugsweise aber der Egoismus der Unteroffiziere. Oft vereinigten sich mehrere Regimenter zu einem Club, und in Straßburg bildeten sogar 7 Regimenter einen Militair-Congreß, welchen jedes Regiment durch 3 Abgeordnete beschickte. In Brest schlossen die Unteroffiziere und Soldaten der Regimenter Beauce und Normandie einen politischen Bund. Am Schlusse des von ihnen unterzeichneten Vertrages hieß es: „Wir schwören endlich, zu verhindern, selbst mit unserem Blute, daß irgend Einer von uns das Opfer der freien Bezeugung seiner patriotischen Gesinnung werde. Aber wir halten auch für niederträchtig und unwürdig soldat-citoyen zu sein, Jeden von uns, der so schwach wäre, daß er sich scheute, öffentlich Beweise seines Patriotismus zu geben." Man mag daraus entnehmen, zu welcher Bedeutung das Clubwesen in der Armee heranwuchs. Die National-Versammlung und das Kriegs-Ministerium wurden von den Deputationen der Regimenter bestürmt, die bei der ersteren schmeichelnd ihre Wünsche und unverschämt ihre Beschwerden vortrugen, während sie dem Kriegsminister drohend ihre Forderungen überbrachten.

Der Mangel an politischer Uebereinstimmung führte wiederholt zu blutigen Kämpfen der Regimenter gegen einander. In Lille führten im April zwei Tage lang zwei Infanterie-Regimenter gegen ein Infanterie- und ein Chasseur-Regiment den heftigsten Straßenkampf mit Feuergefecht aus rein politischer Veranlassung. Der schwächere Theil wurde in die Citadelle zurückgedrängt, ein Adjutant, welcher einen Commandantur-Befehl dorthin bringen wollte, unterweges erschossen, der Commandant, als er sich persönlich nach der Citadelle begab, dort gefangen gesetzt. Der Friede konnte nur durch Entfernung aller Regimenter aus der Garnison wieder hergestellt werden. Auch in Tarascon, Nimes und in Aix vertheidigten die Regimenter ihre politischen Anschauungen mit den Waffen in der Hand gegen einander; dabei waren die Veranlassungen fast immer untergeordneter Natur, denn die betheiligten Regimenter gehörten sämmtlich der demokratischen Richtung an.

Wie bedeutend die Armee in ihrer Zügellosigkeit numerisch geschwächt wurde, davon mag die Emeute des Regiments Royal-Liégois in Avesnes ein Beispiel geben. Dieses Regiment war seit einiger Zeit, um es im Zaume zu halten, in der Kaserne consignirt. Am 7. Februar kündigte das versammelte Regiment plötzlich den Gehorsam und erzwang sich den Ausgang aus der Kaserne mit bewaffneter Hand. Erst nachdem das halbe Regiment, darunter natürlich die Unruhestifter, desertirt war, gelang es, den Rest der Truppe wieder zu beruhigen.

Von dem allerübelsten Einflusse auf die Armee waren die Uebergriffe der Municipal-Behörden. Die Functionen derselben waren durch die Gesetze nur mangelhaft geregelt; die Verfügung über die Truppen im Inneren, welche ihnen durch das Gesetz vom 10. August 1789 ausschließlich zugestanden war, und einzelne andere Decrete der National-Versammlung, wie z. B. die Bestimmung über die Eidesleistung der Offiziere, die in Gegenwart der Municipal-Behörden stattfinden mußte, veranlaßten diese bald, ihre Einmischungen in die Militair-Verhältnisse weiter auszudehnen. Die Soldaten, welche sich in ihrem neuen Bürgerverhältnisse fühlten, achteten die

Autorität der Municipal=Behörden, den Andeutungen der National=Versammlung folgend, höher als die der Offiziere, und so wagten die Truppenbefehlshaber oft nicht, sich den Befehlen zu widersetzen, welche ihnen von Civil=Behörden in Bezug auf den inneren Dienst ꝛc. ertheilt wurden. Dadurch wurde das Ansehen dieser Behörden bei den Truppen dann so gesteigert, daß bei Unordnungen die Commandeure sie häufig um Vermittelung bei den Soldaten angehen mußten. Auf welche andere Unterstützung konnten sie auch hoffen? Aber wie gefährlich mußte der gesteigerte Einfluß dieser aus den Urwahlen der Revolution hervorgegangenen Behörden werden! Wenn wir hören, daß sie hier und da eine Emeute durch ihren Einfluß unterdrückten, so sehen wir sie auf der anderen Seite die Emeuten gegen mißliebige Offiziere unterstützen. Sie arretiren Truppenbefehlshaber, die ihren unverständigen Willen nicht befolgen, unterstützt durch die revoltirenden Soldaten. Die National=Versammlung gab ihnen darin ein gutes Beispiel, indem sie wiederholt auf vague Anschuldigungen hin Commandeure vor die Barre forderte, um sich über militairische Anordnungen zu verantworten. Alle Grenzen der Befugnisse wurden verwischt. Wenn der Kriegsminister einem Regimente Marschbefehl sandte und die Soldaten keine Lust zum Marschiren hatten, so steckten sie sich hinter die Municipal=Behörden, und diese ertheilten dem Regimente Contre=Befehl. Hätte ein Commandeur trotzdem marschiren wollen, so würden die Soldaten ihm kurz den Gehorsam gekündigt haben. Welche Auffassung der Soldat durch solche Autoritätsverdrehungen bekam, zeigte sich bald. Im Frühjahr 1790 fingen einzelne Regimenter an, mißliebigen Commandeuren die Kassen und Fahnen abzunehmen und auf's Rathhaus zu tragen. Dies geschah z. B. vom Dragoner=

Regiment Lorraine in Tarascon im Mai; die Offiziere beschwerten sich darüber bei — der National-Versammlung. Daß die Regierung ohnmächtig war, wußte Jeder; die National-Versammlung aber half nicht, sondern verschlimmerte das Uebel bewußt und unbewußt. Als man die vorerwähnte Klage aus Tarascon dort besprach und zahlreiche andere, nicht weniger erschreckende Nachrichten aus der Armee mitgetheilt wurden, trat Robespierre auf und sagte: „Man muß vor Allem nach den Anstiftern dieser Unordnung forschen; ich fürchte, daß man sie unter den Chefs findet." So schürte die äußerste Linke bei jeder Veranlassung; da nun jedes Wort aus der National-Versammlung in der politischen Armee tausendfach wiederhallte, und in den politischen Clubs sich immer entschiedener der Einfluß der äußersten Umsturz-Parthei Geltung verschaffte, so wirkten die aufregenden Reden, welche die Mitglieder dieser Parthei beständig in der National-Versammlung führten, mehr zum Unheil, als selbst eine einzelne zweckmäßige Maßregel zum Guten, wenn sie von der Majorität nach diesen Debatten in Bezug auf die Armee beschlossen wurde. Das ist die natürliche Folge von dem Streben, die Armee, welche nur durch einfache Klarheit der Pflichten und Bestimmtheit der Leitung zusammengehalten werden kann, an einen hundertköpfigen Chef zu fesseln, der, bevor er einen Befehl giebt, vor der Front die hundert verschiedenen Motive für und gegen den Befehl erörtert!

Unter so traurigen Einflüssen sank die Armee immer tiefer. Zu allem Unglück gaben die im Frühjahr 1790 auftauchenden Kriegsgerüchte den Vorwand, das Mißtrauen der Soldaten gegen ihre Offiziere noch mehr zu schüren; man sagte jenen, daß die Offiziere beim ersten Kanonenschusse zum Feinde übergehen würden. Ein anderes Mittel zur Aufreizung war die Verdächtigung, daß von den Offizieren bei Verwaltung der Kassen Betrügereien verübt worden seien, durch welche die Soldaten um das Ihrige verkürzt wären. Dieses Mittel war um so erfolgreicher, als die Unregelmäßigkeit der früheren Verwaltung oft zu begründetem Verdachte Veranlassung gab. Eine solche Parole brauchte aber nur ausgegeben zu werden, um fast gleichzeitig in allen Theilen der Monarchie den traurigsten Erfolg durch die That zu haben. So begannen im Sommer überall die Vertreibung der Offiziere, die Forderungen nach Kassen = Revision, an welche sich bald Plünderungen der Kassen und Geld=Erpressungen, an Offizieren verübt, also Verbrechen der niedrigsten Art, anschlossen.

Im Juni wurden die Verbrüderungsfeste zwischen den Nationalgarden und den Linientruppen Mode. Die Regierung begünstigte diese Feste so, daß der König den Regimentern nicht nur die Theilnahme an denselben empfahl, sondern auch die Kosten trug. Man hoffte, daß die Nationalgarde einen günstigen Einfluß auf den Geist der Truppen ausüben würde! Obschon diesen Festen meistens ein Anstrich gegeben wurde, den man für damalige Verhältnisse loyal nennen kann, so dienten sie doch in der That nur dazu, demokratische Gesinnung in dem Soldaten auf Kosten der militairischen zu nähren. Wenn man die Soldaten mit den Nationalgarden verschmelzen wollte, um sich gegen gefährliche Reibungen zu sichern — das war wohl, abgesehen von dem Zwange, in welchem sich die Regierung befand, ihr leitender Gedanke —, so wurde in jenen das Streben nach gleicher Ungebundenheit, gleichen Rechten, wie sie den Nationalgarden gewährt wurden, erst recht zum Bewußtsein gebracht. Die Föderationsfeste boten den Partheigängern der Anarchie eine neue Gelegenheit zu erfolgreicher Bearbeitung.

In Paris fand am 14. Juli 1790 ein großes National=
Bundesfest statt, zu welchem Deputationen aller National=
garden und Linientruppen (per Regiment 1 Offizier, 1 Unter=
offizier, 4 Gemeine) entboten waren. Der König, die ganze
königliche Familie, die National=Versammlung und hundert
Tausende von Menschen nahmen an dem Feste Theil, welches
ohne Störung verlief und bei welchem der König zahlreiche
Beweise der Liebe des Volkes erhielt — der Franzose ist un=
berechenbar! Zu diesem Feste war der Armee eine neue
Oriflamme\*) geschenkt worden. Nach beendeter Feier trugen
die Deputationen der Armee diese Fahne im Triumphe zur
National=Versammlung, um sie derselben zur Aufbewahrung
zu übergeben. In der Versammlung entspann sich eine
heftige Debatte, die Rechte verlangte stürmisch die Zurück=
weisung der Fahne, welche nur beim Chef der Armee, dem
Könige, deponirt werden könne — vergebens, die National=
Versammlung nahm sie dankend an. Schärfer konnte das
Verhältniß des Königs zur Armee und dieser zur National=
Versammlung kaum gekennzeichnet werden!

Die Vertreibung der Offiziere begann bei den Regi=
mentern zum Theil in sehr naiver Form. Das Dragoner=
Regiment Lorraine beschloß, „Herrn Oberstlieutenant Gibert,
welcher zu seinem Posten durch alle Grade avancirt ist, zu
bitten, das Commando des Regiments zu behalten; daß die
abligen Offiziere jedoch das Regiment zu verlassen haben, da
ihr längeres Verbleiben Unordnungen erzeugen könnte." -
Das Dragoner=Regiment der Königin setzte ein permanentes
Comité ein, um zu bestimmen, welche Offiziere abgehen

---

\*) Hauptfahne der Armee. Die alte ist nach den Einen in der
Schlacht bei Roßbach verloren gegangen, nach Anderen bei Plünderung
der Abtei St. Denis in die Hände der Engländer gerathen.

müßten. Ein Offizier, der sich mißliebig machte, wurde abgesetzt, aber beim nächsten Föderationsfeste feierlichst begnadigt. — Das Regiment Royal=la=Marine beschloß, sämmtliche Offiziere aufzufordern, sich binnen 24 Stunden zu entfernen; gleichzeitig aber wurde eine lobende Anerkennung über die Aufführung der Offiziere in das Protocoll aufgenommen und beschlossen, dieselben dem Wohlwollen und der Sorge der National=Repräsentanten zu empfehlen! Die National=Versammlung, in welcher dieser Vorfall zur Verhandlung kam, forderte das Regiment auf, zur Ordnung zurückzukehren, widrigenfalls seine Deputation nicht zum Föderations=Feste zugelassen werden würde; und das Regiment — nahm die Offiziere wieder auf!

Allein so harmlos ging es keinesweges überall zu; besonders seit der Abschaffung des Adels (den 19. Juni) trat der Haß der Soldaten gegen die Offiziere immer erbitterter auf. Das Infanterie=Regiment Touraine, zu Perpignan in Garnison, verjagte einen Theil seiner Offiziere. Das Regiment Vermandois, zur Unterdrückung der Revolte aufgeboten, versagte den Gehorsam. Der König schickte den Commandeur des Regiments, Mirabeau den Jüngeren, Mitglied der National=Versammlung, nach Perpignan, um die Ordnung herzustellen; allein keine Bitte, keine Drohung nützte mehr, Mirabeau selbst kam wiederholt in Lebensgefahr, da er der Emeute energisch entgegentrat. Das Regiment schickte eine Deputation an die National=Versammlung, welche dort ihre Beschwerden in der empörendsten, aufrührerischsten Redeweise unter beständigem, lebhaften Beifallsklatschen der Versammlung vortrug. Da auch bei einzelnen Deputirten Klagen über Mirabeau's Auftreten aus Perpignan eingingen, so beschloß die National-Versammlung, ihn zurückzuberufen und zur Ver=

antwortung zu ziehen. Mirabeau's einziges Vergehen war der Versuch, gegen revoltirende Soldaten seine gesetzliche Autorität zur Geltung zu bringen; gleichwohl und trotz der energischen Vertheidigung seines Bruders, der sein entschiedenster politischer Gegner war, nahm sein Proceß eine so bedenkliche Wendung, daß er das Ende nicht abwartete, sondern emigrirte. Das Regiment blieb unbestraft, die National-Versammlung hatte dem Verhalten desselben laut Beifall geklatscht — solches Beispiel mußte reiche Früchte tragen!

Das Regiment Forés zwang seinen Commandeur und die Offiziere unter Anwendung von Gewalt und Bedrohung des Lebens, welches nur mit Mühe durch Vermittelung einiger Unteroffiziere gerettet wurde, an einem Tage 39,500 liv., am folgenden Tage 20,000 liv., am dritten 7000 liv. aus der Kasse zu zahlen. In Brest erpreßten mehrere Regimenter auf dieselbe Weise an einem Tage zusammen 70,000 liv.

Die Garnison von Metz, bestehend aus 4 Infanterie-Regimentern (Picardie, Hainaut, Auxerrois und Salm) und dem Dragoner-Regiment Condé, stand Anfangs August in vollem Aufruhr. Mißliebige Offiziere wurden ab-, die anderen auf ein verabredetes Zeichen bis zur vollendeten Plünderung der Kassen gefangen gesetzt, im Uebrigen aber mit Hochachtung behandelt, unter der Bedingung, daß sie sich nicht unterfingen, einen Befehl zu geben. Ein großer Theil dieser Offiziere reichte seinen Abschied ein und verließ die Truppe. Die Plünderung der Kassen lieferte reichen Ertrag; das Dragoner-Regiment allein entnahm 70,000 liv. und ließ großmüthig 2000 liv. zur Bestreitung der Verpflegungskosten in der Kasse. Ununterbrochene Saufereien mit Excessen jeder Art folgten natürlich diesem Raube; aller Verkehr in der Stadt war unterbrochen, die Soldaten requirirten die Equipagen zum

Spazierenfahren — kurz, die Bürger hatten die ganze Tyrannei einer entfesselten Soldateska auf's Bitterste zu empfinden.

Es würde ermüdend sein, wollten wir alle die zahllosen Emeuten jener Zeit aufführen; wir haben uns begnügt, einige der bedeutendsten herauszuheben, um ein Bild von dem zügellosen Zustande der Armee zu geben. Ende Juli und Anfangs August schien die Armee sich in der That in Räuberbanden auflösen zu wollen. In Paris kamen in dieser Zeit täglich Couriere mit Meldungen von neuen Revolten; der Kriegsminister hatte an einem Tage die Deputationen von 15 Regimentern zu empfangen, welche ihn mit den unsinnigsten Forderungen bestürmten. Die Regiments-Clubs nahmen, wenn sie nicht die Plünderung beschlossen, die Verwaltung der Kassen, die Regelung des Dienstes, den Erlaß neuer Reglements ꝛc. in die Hand; die Offiziere durften, sofern sie überhaupt noch geduldet wurden, sich um Nichts mehr kümmern. Sie wurden in der Regel scharf überwacht, nicht selten gefangen gesetzt, bis sie sich loskauften. So erlangte der Commandeur des Infanterie-Regiments Poitou seine Freiheit nur durch Ausstellung von Bons im Betrage von 40,000 liv.

Der Kriegsminister de la Tour-du-Pin hatte bereits am 4. Juni die National-Versammlung dringend gebeten, die Regierung gegen die Armee zu unterstützen, die Reorganisations-Arbeiten zu beschleunigen, namentlich die neue Militair-Gerichts-Verfassung zu geben, da die Armee ohne Strafgesetze und ohne Richter sei. Der Präsident antwortete mit schönen Redensarten und Alles blieb beim Alten. Wie die Unterstützung der Regierung aber verstanden wurde, zeigt das Verhalten in der Affaire des Mirabeau'schen Regiments. Am 6. August trat der Kriegsminister nochmals im Auftrage des Königs vor die National-Versammlung und entwarf ein

Schrecken erregendes Bild von dem Zustande der Armee. „Frankreich," sagte er, „welches nicht ohne Soldaten bestehen kann, wird bald nicht mehr mit ihnen existiren können. Von Ihnen erwartet das Vaterland seine Rettung. Das Ansehen des Königs ist unzureichend; vereinigen Sie Ihre ganze Kraft mit der der Krone, um den gefährlichen Sturm in der Armee zu brechen." Gleich darauf erstattete das Militair=Comité Bericht über denselben Gegenstand, welcher die trostlose Schilderung des Kriegsministers vollkommen bestätigte. Der Schrecken in der National=Versammlung war allgemein; es wurde sofort ein Decret angenommen, welches im Wesentlichen folgende Bestimmungen enthielt:

1. Alle bestehenden Militair=Gesetze und Ordonnanzen haben volle Gültigkeit bis zum Erlaß der neuen.
2. Unmittelbar nach der Veröffentlichung dieses Decrets sind außer dem Verwaltungs=Rathe alle Verbindungen und Berathungen in den Regimentern, welche Form und Benennung sie auch haben mögen, aufzuheben.
3. Der König wird gebeten, außerordentliche Inspecteure, unter den Generälen ausgesucht, an alle Truppentheile zu senden. Dieselben haben in Gegenwart von dem Commandeure, den Aeltesten aller Chargen und von 4 durch das Loos bestimmten Soldaten die Kassenführung der letzten 6 Jahre zu revidiren, völlig zu ordnen und dem Kriegsminister die Protocolle einzusenden.
4. Schimpfliche Entlassungen können fortan nur noch auf Grund kriegsgerichtlicher Erkenntnisse stattfinden.
5. Die seit dem 1. Mai 1789 ohne diese Form ertheilten schimpflichen Entlassungs=Scheine sind nicht als schimpflich zu betrachten.

6. Die Offiziere sollen die Soldaten mit Gerechtigkeit und Achtung behandeln, wie dies vorgeschrieben; andernfalls werden sie bestraft werden. Die Soldaten dagegen schulden ihren Offizieren und Unteroffizieren Respect und unbedingten Gehorsam, und die, welche hiergegen verstoßen, werden nach der ganzen Strenge der Gesetze bestraft werden.
7. Von Veröffentlichung dieses Decrets an ist den Anstiftern und Theilnehmern neuer Excesse der Proceß zu machen. Sie sind für immer der Rechte als Activbürger verlustig, für Verräther am Vaterlande, Schurken und unwürdig des Waffenrechtes zu erklären, und von ihrem Truppentheile fortzujagen. Sie können selbst nach den Ordonnanzen mit schimpflichen Strafen belegt werden.
8. Jeder Offizier und Soldat kann seine Klagen ohne weitere Vermittelung oder Erlaubniß direct bei seinen Vorgesetzten, dem Minister und der National-Versammlung anbringen. Die Verwaltungs-Behörden aber haben sich in keiner Weise um die Truppen zu bekümmern; ausgenommen hiervon sind nur Requisitionen, welche sie zu ihrer Unterstützung an die Chefs etwa zu richten haben.

Der Präsident wird beauftragt, dieses Decret dem Könige zur Sanction zu überbringen.

Abgesehen von der Cassation der bereits ertheilten schimpflichen Entlassungsscheine, von der Amnestie, welche das Decret für das Vergangene indirect aussprach, und von der Erlaubniß der directen Beschwerdeführung, bei welcher die National-Versammlung nur ihren eigenen Einfluß auf Kosten der Disciplin im Auge hatte, konnte dieser Beschluß doch, wenn er mit Consequenz durchgeführt wurde, viel zur Beendigung der Zügellosigkeit beitragen. Allein er war nur das Product eines augenblicklichen Schreckens, einer Ahnung von den Folgen, welche die Willkür der bewaffneten Macht haben konnte und mußte; der Schrecken ging nach einigen Tagen vorüber, und die National-Versammlung ließ sich von ihrem Dämon wieder zu den alten Sünden verführen.

Am 7. August erstattete das Militair-Comité Bericht über die empörenden Excesse, welche seit längerer Zeit die Regimenter Poitou und Royal-Champagne nach allen Richtungen begangen hatten. Die National-Versammlung beschloß, den König zu bitten, auf das Energischste gegen diese Regimenter einzuschreiten, wenn sie nicht sofort zur Ordnung zurückkehrten, und gleichzeitig zu bitten, daß dieses Decret allen Regimentern mitgetheilt werde.

Diese Wendung in dem Auftreten der National-Versammlung hatte theilweisen Erfolg. Eine nicht unbedeutende Zahl von Regimentern sandte Ergebenheits-Adressen an die National-Versammlung und selbst an den König. Aber der Schaden lag zu tief, als daß er so leicht zu heilen gewesen wäre. Die Garnison von Nancy nahm gar keine Notiz von dem Decrete des 6. August. Das Regiment des Königs, das Schweizer-Regiment Château-vieux und das Cavallerie-Regiment Mestre-de-Camp, welche die Garnison bildeten, gingen in ihrer Emeute immer weiter; die Offiziere wurden gemißhandelt, gefangen gesetzt, geplündert; die Kassen, in denen bedeutende Summen waren, erbrochen, ein Theil des Geldes an den Pöbel vertheilt, um ihn in die Insurrection mit hineinzuziehen. In derselben Weise steigerte sich die Insurrection des Regiments Royal-Champagne in Hesdin, der Garnison von Metz u. a. In Folge der hiervon eingehenden Nachrichten beschloß die National-Versammlung am 16. August, daß gegen die Anstifter der Insurrection zu Nancy der Proceß wegen Hochverraths von den hierfür eingesetzten allgemeinen Tribunalen einzuleiten, desgleichen gegen alle Theilnehmer, wenn sie nicht binnen 24 Stunden ihre Reue schriftlich erklärten. Der König wurde gebeten, dieses Decret nöthigenfalls mit Waffengewalt durchzuführen.

Allein mit diesem Beschlusse hatte auch die Energie und die richtige Einsicht der National-Versammlung ihr Ende erreicht. Die Unzufriedenheit mit dem Ministerium Necker wuchs, man sann auf den Sturz desselben und durfte es daher nicht zu sehr unterstützen. Als der Kriegsminister am 19. August bat, ein gleiches Decret, wie gegen Nancy, auch gegen Metz zu erlassen, da hier alle friedlichen Mittel, wie dort, fehlschlugen, stemmte sich der ältere Mirabeau entschieden gegen diese Forderung. „Man möge sich doch nicht, sagte er, mit all' diesen Einzelnheiten befassen; man müsse gegen allgemeine Uebel auch allgemeine Maaßregeln ergreifen." Diese Mahnung war weise und traf die Verirrung der National-Versammlung an der rechten Stelle. Die Einzelnheiten in der Verwaltung durften nur Sache der Regierung sein, selbst wenn die Verhältnisse eine directe Unterstützung der Regierung in Verwaltungs-Angelegenheiten durch die National-Versammlung erheischten. Aber welche allgemeinen Maaßregeln schlug Mirabeau vor! Eine Proclamation an die Armee, um sie über ihre Irrthümer zu belehren; dann die Auflösung der Armee und sofortige Wiederzusammensetzung aus denselben Individuen, aber auf Grund des neuen Reorganisations-Planes, welche Handlung am 10. September stattfinden sollte. Für den ersteren Vorschlag gewann Mirabeau vermöge seiner gewaltigen Autorität die Versammlung; es ist undenkbar, daß er in seinem Allen überlegenen Geiste geglaubt haben sollte, Militair=Emeuten von diesem Umfange, die bei offenem Mord und Raub angelangt waren und vor keiner Drohung zurück=schracken, wären durch eine Belehrung nachhaltig zu unter=drücken! Was seinen zweiten Vorschlag anbetrifft, so wäre er in seinem Erfolge mindestens zweifelhaft gewesen, denn den Insurrectionen lagen offenbar ganz andere Motive zu Grunde, als die ungeduldige Sehnsucht nach der Reorganisation. Außerdem aber mußte Mirabeau ganz genau wissen, daß die wichtigsten Vorarbeiten für die Reorganisation noch lange nicht beendet werden konnten; die Folge lehrt, daß sein Vor=schlag erst am 1. März 1791 zur Ausführung kommen konnte. Aus diesem Grunde mußte die National=Versammlung den=selben auch für jetzt ablehnen. Aber Mirabeau, der an der Spitze derer stand, welche auf den Sturz des Ministeriums hinarbeiteten, hatte seinen Zweck erreicht; die Regierung hatte nicht nur keine Unterstützung für die beabsichtigte Action gegen die revoltirenden Regimenter gefunden, sondern diese Action war sogar indirect gemißbilligt worden. Marat's Toben\*) gegen den Antrag Mirabeau's zeugt höchstens von der Kurz=sichtigkeit jenes Anarchisten, das Urtheil über Mirabeau's ver=derbliche Absicht kann dadurch nicht zweifelhaft gemacht werden; hätte dieser sich damals seinem Ziele, der Leitung der Regie=rung in seinem Sinne, näher gesehen, so würde er seinen Einfluß in anderer Richtung geltend gemacht haben.

---

\*) Marat schrieb damals in dem von ihm redigirten „Ami du peuple", welcher auch in der Armee eifrigst verbreitet wurde: „Ici je vois la nation entière se soulever contre cet infernal projet. Si les noirs et les ministres gangrenés et archigangrenés sont assez hardis pour le faire passer, citoyens, élevez huit cent potences, pendez-y tous ces traîtres et à leur tête l'infâme Riquetti l'aîné etc." (Riquetti war der neue Name Mirabeau's nach Abschaffung des Adels.)

Die üblen Folgen zeigten sich sofort. Die Regierung wurde in ihrem entschiedenen Auftreten wieder schwankend, der König ertheilte den Regimentern, welche sich jetzt unterwarfen, in frevelhafter Schwäche abermals völlige Straflosigkeit für das Vergangene. Auch zwei Regimenter der Garnison Nancy hatten ihre Unterwerfung erklärt; allein da sie in dem ihnen ertheilten Pardon die Ohnmacht der Regierung erkannten, so schlossen sie sich sogleich wieder dem Regimente Château=vieux an, welches jede Unterwerfung verweigerte, bevor ihm 200,000 liv. ausgezahlt wären, mit der Erklärung, daß es diese Forderung nöthigenfalls durch Waffengewalt realisiren würde. Ein Theil der Nationalgarde und der Pöbel von Nancy vereinigten sich mit der Garnison. Jetzt endlich gab der König Befehl, die Revolte durch Gewalt zu unterdrücken, und betraute den General Bouillé mit der Execution.

Am 31. August setzte der Kriegsminister die National=Versammlung von diesem Befehle in Kenntniß. Hier herrschte nur eine Stimme darüber, daß man der Revolte in Nancy so schnell als möglich ein Ende machen müsse, wenn sie sich nicht über das ganze Reich verbreiten sollte. Allein der An=trag, die Versammlung möge ihre Zustimmung zu dem vor=erwähnten Befehle erklären, wurde abgelehnt; „dies hieße ja den Bürgerkrieg eröffnen," meinte Robespierre, „man muß Nachsicht mit den Soldaten üben, die nur durch ihren Patrio=tismus irre geführt sind." In der That beschloß die National=Versammlung, eine neue Proclamation an die Armee zu erlassen, als das richtigste Mittel zur Unterdrückung der Un=ruhen! Sie fiel lang und sanft und wohlwollend aus, diese Proclamation: „Soldaten, gehorcht dem Gesetze, die National=Versammlung will es, sie befiehlt es."

Glücklicherweise kam der General Bouillé diesmal der

National-Versammlung zuvor. Da der Commissar, welcher in Folge des Decretes vom 6. August mit der Berichtigung der Kassenbücher in Nancy beschäftigt war, fliehen mußte und von einem großen Theile der Garnison verfolgt wurde, so ließ Bouillé das Carabinier-Regiment aus Lüneville zu seiner Rettung gegen die Verfolger anrücken. Es kam zu blutigem Kampfe, aber bald wurde das Carabinier-Regiment von der Insurrection mit fortgerissen und lieferte den Commissar selbst der Garnison Nancy aus. Nun sammelte Bouillé schnell die zuverlässigen Regimenter der nächsten Garnisonen, ca. 2300 Mann Linien-Infanterie, worunter 2 Schweizer-Regimenter, 1000 Mann Cavallerie und 8 Geschütze, zu welchem Detachement noch ca. 800 Mann Nationalgarden des Departements stießen. Am 31. August erschien er mit dieser Macht vor Nancy, und da die Garnison mit der unbedingten Unterwerfung zögerte, auch die Thore geschlossen und besetzt hielt, gab er den Befehl zum Angriff. Eine mörderische Kartätschenladung empfing seine Avantgarde; dieselbe nahm jedoch das Thor mit Sturm und drang in die Stadt ein. Der Kampf wurde mit äußerster Erbitterung in den Straßen fortgesetzt; da indeß Bouillé immer weiter vordrang, streckte zuerst das Regiment des Königs (4 Bataillone) die Waffen. Es wurde sofort nach Verdun escortirt. Von dem Cavallerie-Regiment Mestre-de-Camp gelang es einem Theile zu entweichen, der Rest wurde gefangen genommen. Der größte Theil des Schweizer-Regiments Château-vieux war niedergemacht; die noch übrig waren, wurden gleichfalls gefangen genommen. Die Rädelsführer der beiden französischen Regimenter wurden an die Hochverraths-Tribunale übergeben, die Mannschaften des Regiments Château-vieux jedoch vor ein Kriegsgericht der Schweizer-Regimenter gestellt; 1 Mann desselben wurde zum

Tode durch das Rad, 22 zum Tode durch den Strang, 41 zu 30jähriger Galeerenstrafe verurtheilt und das Erkenntniß sofort executirt. Bouillé hatte bei dieser Affaire, in welcher sich die Linientruppen, wie die Nationalgarden durch große Bravour auszeichneten, ca. 300 Mann verloren.

Die National-Versammlung votirte dem General Bouillé, sowie den Behörden, Truppen und Nationalgarden, welche zur Unterdrückung der Insurrection mitgewirkt hatten, den Dank des Vaterlandes.

So wurde die Affaire von Nancy zum großen Glück für Frankreich durch die Entschlossenheit des Generals Bouillé beendet. Der Ausgang war von dem größten Einfluß, denn die Augen des ganzen Landes und besonders der Armee waren längst darauf gerichtet. Hätte hier die Schwachheit noch länger fortgedauert, so wäre die Armee vor Ende des Jahres aufgelöst gewesen und hätte das ganze Land in das tiefste Elend gestürzt; es wurde schon ohnedies schwer genug heimgesucht!

Die National-Versammlung entsandte Commissare nach Nancy, um diese Angelegenheit genau zu untersuchen. In dem Berichte, welchen dieselben erstatteten, wurde ausdrücklich hervorgehoben, daß gegen die Offiziere in keiner Weise begründete Klagen vorgelegen hätten; in Bezug auf die politischen Verhältnisse hatten sie eine völlig reservirte Haltung beobachtet. Als Hauptgrund für die schweren Excesse wurde dagegen ganz richtig die Nachsicht anerkannt, mit welcher die ersten Unordnungen behandelt worden waren.

Das Exempel, welches in Nancy statuirt war, wirkte so gut, daß bis zum Ende des Jahres keine größere Revolte mehr vorkam. Allein die Rückkehr einer nur leidlichen Disciplin war doch unmöglich; dazu war die Grundlage aller Autorität zu tief erschüttert, der militairische Sinn zu weit zersetzt, die Anarchie zu thätig.*) Die National-Versammlung verfolgte mit immer gleicher Rührigkeit und gleichem Unverstande das Princip, die Armee an sich zu fesseln, nährte dadurch die Schwankungen und die Unruhe beständig und zog die Armee für immer in alle Wechsel der Volkslaune hinein. Die Zahl der Deputationen aus der Armee, welche mit Bitten und Forderungen die National-Versammlung angingen, stieg im Laufe des Herbstes so, daß die Versammlung im Begriffe stand, ein eigenes Comité für die Militär-Reclamationen einzusetzen, da das Militair-Comité sie nicht mehr bewältigen konnte. Natürlich sollte jede Deputation befriedigt, und durch die National-Versammlung befriedigt zurückkehren. Wir haben an dieser Stelle noch zwei Decrete dieser letzteren zu erwähnen, welche für ihr Verfahren sehr charakteristisch sind. Am 6. December beschloß sie in Folge des Berichtes ihrer Commissare über die Affaire von Nancy:

1. Alle Soldaten und Bürger, welche sich wegen der Ereignisse in Nancy noch in den Gefängnissen befinden, sind sofort wieder in Freiheit zu setzen und die Untersuchungen niederzuschlagen.
2. Der Präsident wird den König bitten, die Auflösung der Regimenter „des Königs" und „Mestre-de-Camp" zu veranlassen. Die Soldaten erhalten den gesetzlichen Abschied und dreimonatlichen Sold.
3. Das Militair-Comité wird jedoch schleunigst der National-Versammlung die Mittel angeben, wie die Offiziere

---

*) Das Verbot jedes schriftlichen Verkehrs zwischen den Truppen und den Clubs, welches durch Decret vom 19. September erlassen wurde, hatte nur geringen und nicht dauernden Erfolg.

und Soldaten der beiden Regimenter, welche fort=
zudienen wünschen und dessen würdig befunden werden,
wieder anzustellen sind.*)
4. Der König ist zu bitten, sich wegen der Begnadigung
der zur Galeerenstrafe verurtheilten Schweizer mit der
Schweiz in Verbindung zu setzen.

Dieses Decret bedarf keines Commentars; aber nicht
weniger deutlich ist der folgende Zug. Der König hatte in
Folge der Revolten des Cavallerie=Regiments Royal=Cham=
pagne, welche v o r dem 6. August stattgefunden hatten, unter
dem 21. August die einfache Entlassung von 36 Hauptunruhe=
stiftern des Regimentes befohlen — gewiß eine milde Strafe.
Allein die National=Versammlung erklärte am 11. Décember
diese Entlassung für null und nichtig und bestimmte, daß den
fraglichen Leuten der Sold für die ganze Zeit nachzuzahlen wäre,
daß sie aber vor ein Kriegsgericht gestellt werden sollten, wenn
sie noch nach der Publication der Decrete der National=Ver=
sammlung vom 6. und 7. August revoltirt hätten. Duchatelet
rief der Versammlung bei dieser Gelegenheit zu: „Aber ich
frage, nach welcher unbegreiflichen Verdrehung der Grundsätze
es seit einiger Zeit genügt, irgend eine Autorität auszuüben,
um Unrecht zu haben, und warum die Untergebenen, sie mögen
noch so schuldig sein, stets Recht erhalten, wenn sie der
Autorität ihrer Vorgesetzten entgegentreten. Wenn ihr den
Führern jedes Ansehn nehmt, wenn ihr sie nicht unterstützt,
so muß die Subordination zu Grunde gehen." Die Zukunft
lehrte wie die Vergangenheit, wie begründet diese War=
nung war.

---

*) Es wurde aus ihnen ein neues Infanterie=Regiment à 2 Ba=
taillone und ein Cavallerie=Regiment à 3 Escadrons formirt.

Die Armee war in der allgemeinen Verwirrung bis zum Ende des Jahres 1790 auf eine Effectiv-Stärke von 120,000 Mann heruntergesunken, worauf der Umstand, daß die Thätigkeit der Werbe-Büreaus einige Monate vor Erlaß des neuen Recrutirungs-Gesetzes suspendirt wurde, einen verhältnißmäßig nur sehr geringen Einfluß gehabt haben dürfte.

## Die Reorganisation der Armee.

In dem vorigen Abschnitte ist der ersten Arbeiten der National-Versammlung zur Reorganisation der Armee, besonders des Decretes vom 28. Februar 1790, welches die Grundlage für die ferneren Berathungen bilden sollte, bereits Erwähnung geschehen. Wir betrachten jetzt die weiteren Bestimmungen für die Reorganisation und die Durchführung derselben im Zusammenhange.

Der Titel IV der französischen Verfassung, welche im September 1791 beendet wurde, handelt von der bewaffneten Macht. Folgende Artikel desselben haben Bezug auf die Armee:

Art. 1. Die bewaffnete Macht ist bestimmt, den Staat gegen äußere Feinde zu vertheidigen und im Innern die Aufrechterhaltung der Ordnung und die Befolgung der Gesetze zu sichern.

„ 2. Sie besteht:
    a) aus der Armee und der Seemacht;
    b) aus der speciell für den inneren Dienst bestimmten Truppe;
    c) und zur Aushülfe aus den Activbürgern und deren Kindern, welche im Stande sind, die

Waffen zu tragen und die in die Liste der Nationalgarde eingeschrieben sind.

Art. 7. Alle Theile der bewaffneten Macht, welche zur Sicherheit des Staates gegen die äußeren Feinde verwandt werden, agiren unter dem Befehle des Königs.

„ 8. Kein Corps oder Detachement von Linientruppen kann im Inneren des Königreiches ohne gesetzliche Requisition agiren.

„ 10. Die Requisition der bewaffneten Macht im Inneren des Königreiches steht den Civil=Beamten nach den festgestellten Regeln zu.

„ 11. Wenn ein ganzes Departement von Unruhen bewegt wird, so giebt der König unter der Verantwortlichkeit seiner Minister die erforderlichen Befehle zur Aufrechterhaltung der Gesetze und zur Herstellung der Ordnung, unter gleichzeitiger Benachrichtigung des gesetzgebenden Körpers.

„ 12. Die öffentliche Gewalt ist wesentlich (essentiellement) gehorchend; kein bewaffnetes Corps kann berathen.

„ 13. Die Land= und die See=Macht sind in Bezug auf die Erhaltung der Disciplin, das Gerichtsverfahren und die Strafen für militairische Vergehen besonderen Gesetzen unterworfen.

Die National=Versammlung behielt in der Verfassungs= Urkunde außerdem dieselben Fragen in Bezug auf die Armee ihrer alleinigen Entscheidung vor, welche sie in dem Decret vom 28. Februar 1790 aufführte;\*) der Einfluß des Königs be=

---

\*) Jährliche Festsetzung der Stärke der Armee, des Soldes und der Zahl der Individuen jedes Grades, der Regeln über die Zulassung zum schränkte sich in diesen Fragen auf die Vorschläge, welche er zu machen hatte. Die Phrase, daß der König der oberste Chef der Armee sei, stand in dem Capitel von den Rechten des Königs. Die Feststellung des Budgets war der National-Versammlung allein vorbehalten. Mitglieder der königlichen Familie durften nur mit Genehmigung des gesetzgebenden Körpers ein Armee-Commando erhalten.

Wenn in jedem constitutionellen Staate die Sorge für die innere und äußere Sicherheit desselben, sowie die Durchführung und Aufrechterhaltung der Gesetze die Hauptaufgabe der Executivgewalt; und wenn andererseits die bewaffnete Macht, wie dies auch die französische Constitution ausspricht, zur nachdrücklichen Durchführung dieser Aufgabe bestimmt ist, so muß der Executive ein unbeschränkter Einfluß auf die bewaffnete Macht eingeräumt werden. Jede Beschränkung dieses Einflusses schwächt das Ansehn der Regierung in der Armee und lähmt mithin den Impuls, welchen die Armee von jener erhalten soll, zum Schaden für das Staatswohl. Daß das Einschieben fremden Einflusses in die oberste Leitung, wenn er sichtbar und durch alle Glieder der Armee empfunden wird, einer Schwächung gleichkommt, die bis zur Staats-Krisis gesteigert werden kann, das zeigt die Revolutionszeit deutlich. Der freieste Staat gräbt seiner Freiheit das Grab, wenn er die Principien der Freiheit auf seine Militair-Verfassung und, was stets die Folge davon sein wird, auf den Geist seiner Armee übertragen will. Mögen, wenn die historische Entwickelung eines Staates dies erheischt, Garantieen gegen den Mißbrauch der Gewalt, welche der Executive anvertraut ist,

---

Dienst und das Avancement, der Form der Anwerbung und Entlassung, der Zulassung fremder Truppen zum Dienst, der Besoldung der Truppen im Falle der Entlassung oder Beurlaubung.

auf jedem anderen Gebiete gesucht und gegeben werden: die Armee darf nie im Zweifel darüber sein, welchen Willen sie als den obersten zu befolgen hat, wenn man ihr nicht die innere Festigkeit und Energie rauben will, deren der Staat zu seiner Sicherheit und Freiheit bedarf. Von diesem Grundsatze wich die französische Constitution des Jahres 1791 eben so weit ab, wie die National-Versammlung in ihrem ganzen Verhalten. Der König sollte der oberste Chef der Armee sein; allein sein Einfluß und der seiner Minister auf dieselbe war für jetzt und, durch die Bestimmungen der Verfassung, für immer gebrochen; die National-Versammlung vermochte ihn ebenso wenig dauernd zu ersetzen, wie dies jemals ein öffentlich berathender Körper, dessen Befehle als ein Compromiß von hundert verschiedenen Meinungs-Aeußerungen erscheinen, vermögen wird.

Im August 1790 bestimmte die National-Versammlung die Stärke, Zusammensetzung und das Budget der Armee für das folgende Jahr. Die Stärke wurde nach rein defensiven Rücksichten auf 150,000 Mann festgestellt, nämlich 110,000 Mann Infanterie, 30,000 Cavallerie, 10,000 Artillerie und Genie. Die Zahl der Generäle sollte nicht mehr als 94 betragen, die Stärke der fremden Truppen nicht über 26,000 Mann. Die Regimenter wurden nach durchgehenden Nummern bezeichnet. Jedes Infanterie-Regiment behielt 2 Bataillone, die jedoch in 9 Compagnieen formirt wurden, nämlich 8 Füsilier- und 1 Grenadier-Compagnie, jede Compagnie zu 3 Offizieren, 8 Unteroffizieren und 42 Gemeinen. Die Gesammtstärke eines Regimentes betrug 1029 Köpfe. Die Cavallerie- und Dragoner-Regimenter zerfielen in 3 Escadrons à 2 Compagnieen und waren 38 Offiziere 382 Pferde stark; die Chasseur-, Husaren- und Carabinier-Regimenter in 4 Escadrons à 2 Compagnieen zählten 48 Offiziere 508 Pferde. Die Zahl der Infanterie- und Cavallerie-Regimenter wurde nicht verändert. Die 12 leichten Infanterie-Bataillone wurden in 8 Compagnieen und in einer Stärke von 460 Köpfen incl. 28 Offizie reformirt. In der Organisation der Artillerie wurde eine wesentliche Aenderung nicht vorgenommen.

Zur Complettirung der Truppen im Kriegsfalle wurde die Einführung von einer Art Reserve-System beschlossen. Es sollten 100,000 Mann bereit gehalten werden, welche auf den ersten Befehl sofort den verschiedenen Truppentheilen übersandt werden könnten. Jedes Departement wurde angewiesen, für diese Auxiliar-Armee — so wurde sie genannt — eine bestimmte Anzahl womöglich gedienter oder doch wenigstens felddienstfähiger Leute anzuwerben; dieselben sollten im Frieden ungestört in ihrer Heimath leben und täglich 3 sous Löhnung erhalten. Im Falle einer Mobilmachung sollten 50,000 Mann zur Complettirung der Infanterie-, 10,000 der Cavallerie- und 4000 der Artillerie-Regimenter verwandt, aus den übrigen 36,000 Mann aber eine Reserve-Armee gebildet werden (Decrete vom 28. Januar und 16. April 1791). Das System kam jedoch wegen Mangels an Theilnahme nicht zur Ausführung; es fehlte in damaliger Zeit durchaus an kriegerischem Sinne in der Nation.

Für den Ersatz der Armee wurde das System der freiwilligen Werbung beibehalten, jede andere Art der Recrutirung als eine Verletzung des Principes der individuellen Freiheit bezeichnet. Die Anwerbung von Ausländern wurde nur den Fremden-Regimentern gestattet. Die Engagementsdauer blieb auf 8 Jahre festgesetzt, jedoch ohne Berechtigung zur Entlassung während eines Krieges. Die französischen Regimenter behielten das Recht der Werbung im ganzen Lande, die

Thätigkeit der Werbe-Commando's wurde indeß unter strenge Controlle der Municipal-Behörden gestellt, von deren Prüfung und Bestätigung die Gültigkeit aller Anwerbungen abhängig gemacht wurde. (Decrete vom Februar und März 1791.)

Von größter Wichtigkeit war das neue Avancementsgesetz, welches die National-Versammlung am 20. September 1790 decretirte. Das System der Wahl der Vorgesetzten durch die Untergebenen wurde für die Armee entschieden verworfen, weil es die Autorität untergrabe und in seinen Consequenzen staatsgefährlich sei.*)

Für die Ernennung zum Unteroffizier und die Beförderung in den Unteroffizier-Chargen wurde das Verfahren allgemein eingeführt, welches bisher schon bei den Grenadier-Compagnieen beobachtet war. Wenn nämlich eine Corporals-Stelle vacant wurde, so nannte jeder Corporal der Compagnie seinem Capitain denjenigen, welchen er für am meisten geeignet zur Beförderung hielt; aus den so Bezeichneten wählte der Capitaine die 3 tüchtigsten aus, und der Oberst ernannte einen derselben in die Stelle. In derselben Weise wurde bei Beförderungen zu den übrigen Unteroffizier-Chargen verfahren. Bei den Beförderungen in den oberen Unteroffizier-Chargen ging die Wahl durch das Bataillon, bezüglich Regiment.

Drei Viertel der Sous-Lieutenants-Stellen sollten an junge Leute, Söhne von Activbürgern, vergeben werden, die

---

*) In dem Berichte des Militair-Comité's heißt es: „La liberté de Rome fut perdue quand les légions nommèrent leurs chefs, car elles nommèrent bientôt les empereurs. Ces empereurs élus dans les camps firent du peuple leur victime et furent eux-mêmes le jouet des caprices de leurs soldats." Diese Bemerkung ist nur theilweise richtig; die Legionen usurpirten das Recht der Wahl ihrer Führer erst nach der Erhebung Otho's zum Kaiser. S. Tacit. hist. I, 46, auch Lange, historia mutationum rei militaris Romanorum pag. 22 et 77.

ihr Recht durch Ablegung von Prüfungen erwarben, mindestens 18 Jahr alt waren und in den unteren Chargen nicht gedient zu haben brauchten. Der König hatte auf die Besetzung dieser Stellen keinen Einfluß, sie wurden nach dem Ausfalle der Examina vergeben, welche sich über die Principien der Constitution, die Elemente der Arithmetik und Geometrie, so wie über die Fortification erstrecken sollten. Das andere Viertel blieb den Sergeanten vorbehalten, und zwar zur Hälfte rein nach der Anciennetät, zur Hälfte nach der Wahl des gesammten Offizier-Corps. Das Avancement zum Lieutenant und zum Capitaine folgte ausschließlich der Anciennetät. Bei der Beförderung zum Oberstlieutenant und zum Oberst blieben $^2/_3$, zum Maréchal-de-Camp und zum Generallieutenant die Hälfte der Stellen der Anciennetät vorbehalten. Den Rest dieser Stellen, so wie den Marschall-Stab hatte der König zu vergeben, jedoch mit der Einschränkung, daß die Betreffenden in jeder Charge mindestens 2 Jahre gedient haben mußten, bevor sie avancirten. Die Stellung der Regiments-Inhaber, so wie die der Majors wurde unterdrückt. Die übrigen zur Zeit vorhandenen Offiziere wurden theils sofort in die neue Organisation nach ihren Patenten übernommen, theils mit dem Rechte auf Wiederanstellung zur Disposition gestellt, wenn sie nicht mit Pension ihren Abschied nehmen wollten.

Aus diesen Bestimmungen geht in erster Reihe das Bestreben hervor, den Einfluß des Königs auf das Offizier-Corps zu brechen. Denn wenn der König nach wie vor die Patente für alle Offiziere auszustellen hatte, in welchen es hieß: „ich ernenne den N. in die und die Stelle", so erscheint dies, abgesehen von den wenigen oberen Chargen, die theilweise zu seiner Verfügung standen, als Ironie. Die, welche solche Patente erhielten, nahmen die Beförderung als ein

Recht in Anspruch, welches ihnen keine Unfähigkeit und Ver=
dienstlosigkeit nehmen konnte. Die Regsamkeit im Offizier=
Corps wurde auf diesem Wege nicht weniger ertödtet, wie
durch die sinnlose Willkür, welche früher in der Besetzung der
Stellen herrschte. Talent und Verdienst förderten jetzt in
ebenso seltenen Fällen, wie ehemals.

Wir haben an einer anderen Stelle auf die Nothwendig=
keit eines ungetrübten einheitlichen Geistes im Offizier=Corps
hingewiesen und deshalb gefordert, daß unter denen, welche
in dasselbe aufgenommen worden sind, fernerhin keine anderen
Unterschiede gemacht werden, als die, welche Talent und Ver=
dienst bestimmen. Der Schaden, welcher früher durch die
Willkür im Avancement ausgeübt war, wurde jetzt durch das
Gesetz auf anderem Wege erzeugt: die Einheit des Offizier=
Corps wurde durch die Aufnahme zweier ganz verschieden=
artigen Elemente in das Corps gesprengt. Der 18jährige
Jüngling wird in Folge eines Examens, der 40jährige Sergeant
nach schwerem Dienste Mitglied dieses Corps; welches Band
soll beide vereinigen? Die aus dem Unteroffizierstande hervor=
gegangenen Offiziere müssen dazu getrieben werden, ein
gesondertes Corps zu bilden, sie werden sich bald unbefriedigt
und zurückgesetzt fühlen. Daß diese Erscheinung in nach=
theiligster Weise alsbald auch in der französischen Armee her=
vortrat, zeigt eine Petition, welche, unterzeichnet von allen
aus dem Unteroffizierstande hervorgegangenen Offizieren,
am 29. Mai 1792 bei der gesetzgebenden Versammlung
einging. Diese Offiziere\*) beklagten sich darin über die

---

\*) Das Avancement war in Folge des starken Abganges an Offi=
zieren, welchen die Armee durch Vertreibung derselben und Emigration
erlitt, sehr rasch gewesen.

Ungerechtigkeit der neuen Organisation; sie hätten meistens 30—50 Dienstjahre und sollten sich durch jüngere Leute von geringerer Erfahrung commandiren lassen; sie verlangten das Avancement durch alle Grade nach dem Dienstalter ohne Rücksicht auf das letzte Patent.

Das neue Disciplinargesetz (vom 14. und 15. September 1790) verdient die vollste Anerkennung; man sieht demselben an, daß es unter dem Eindrucke der Ereignisse von Nancy geschrieben ist. Die Prügelstrafe, die schimpfliche Entlassung und die Cassation wurden als Disciplinarstrafen beseitigt; ebenso die Strafwachen mit dem sehr richtigen Bemerken, daß der Wachdienst unter allen Umständen als Ehrendienst betrachtet werden müsse. Für die Dauer der Arreststrafen wurde ein Maximum festgestellt (z. B. Quartier=Arrest für Offiziere und Soldaten 2 Monat, Mittel=Arrest für Unteroffiziere und Soldaten 14 Tage, strenger Arrest für beide nur 4 Tage). Eine Verlängerung dieser Strafen bis zu unbegrenzter Dauer konnte jedoch durch den Disciplinar=Rath des Regiments, welcher aus 3 Stabs=Offizieren, 3 Capitaines und 1 Lieutenant bestand, ausgesprochen werden; die Verhandlungen dieses Disciplinar=Rathes waren öffentlich, jedoch an keine bestimmten Formen gebunden. Er hatte auch über alle Beschwerden zu entscheiden; diese durften indeß erst nach Ausführung des Befehles ꝛc. angebracht werden, und unbegründete Beschwerdeführung wurde bestraft. Die Vorgesetzten jedes Grades konnten über ihre Untergebenen Disciplinarstrafen bis zum höchsten Maaße verhängen, doch war sofort auf dem Instanzenwege Meldung an den Regiments=Commandeur zu erstatten, der die Strafe modificiren durfte. — Dieses Gesetz ist streng und durchaus geeignet, die Autorität des Vorgesetzten, wie das Ehrgefühl des Soldaten zu heben. Es fehlt demselben nur die Abstufung der Strafgewalt nach den Dienstfunctionen oder Chargen.

Verderblich in jeder Hinsicht war dagegen die neue Militair=Gerichts=Ordnung, decretirt am 22. September 1790 und am 30. September 1791. Sie stellte zunächst den Grundsatz auf, daß alle von Militairs gegen die allgemeinen Landesgesetze begangenen Vergehen vor die Civilgerichte ge= hörten; von denselben Gerichten wurden militairische Vergehen abgeurtheilt, wenn sie mit gemeinen Vergehen zusammen be= gangen oder wenn Civil=Personen bei denselben betheiligt waren. Wenn daher ein Soldat bei einer Revolte eine Fensterscheibe einschlug, so urtheilte das Civilgericht über beide Vergehen, und man kann das Resultat ahnen, wenn man an die Zu= sammensetzung dieser Gerichte denkt. Es entsprangen aus diesem Verfahren zahlreiche Conflicte, die namentlich durch die Competenz der Hochverraths=Tribunale herbeigeführt wurden. Wir haben schon gesehen, daß die Rädelsführer der beiden französischen Regimenter, welche in der Revolte zu Nancy die Hauptrolle spielten, vor ein solches Tribunal wegen Hoch= verraths gestellt wurden, statt ihr militairisches Vergehen durch ein Kriegsgericht aburtheilen zu lassen. So wie man hier ein mildes Urtheil erzielen wollte, so suchte man in entgegen= gesetzter Absicht stets die Vergehen von Offizieren so aus= zulegen, daß diese den Civilgerichten übergeben werden mußten. Die Folgen eines solchen Verfahrens sind für die Armee destructiv. — In jedem Militair=Arondissement wurde ein Kriegsgericht eingesetzt, ganz nach Art der Civil=Geschworenen= Gerichte. Ein Militair=Anwalt verfolgte alle militairischen Vergehen, die ihm aus seinem Arondissement in irgend einer Weise bekannt wurden. Ein Präses und zwei Richter, gelernte Juristen, waren permanent angestellt; sie theilten sich in die

Untersuchungsgeschäfte und bestimmten das Strafmaaß nach den Gesetzen, wenn die Geschworenen das Schuldig aussprachen, sorgten auch für die Execution. Behufs Bestimmung der Geschworenen wurde eine Liste für das ganze Arondissement geführt, in welche alle Militairs in 7 verschiedenen Klassen nach den Chargen aufgenommen wurden; aus jeder Klasse wurden 4 durch das Loos ausgewählt, aus der Klasse des Angeklagten aber 12; aus diesen bezeichnete der Angeklagte je einen, resp. drei als seine Geschworenen, so daß die Zahl derselben beim Kriegsgerichte stets 9 betrug, die nach einfacher Majorität urtheilten. Da nur die 4 ersten Geschworenen-Klassen den verschiedenen Offizier-Graden gehörten, so überwogen in jedem Kriegsgerichte über Unteroffiziere und Soldaten die Stimmen dieser letzteren die der Offiziere. Gegen alle Grundsätze militärischer Disciplin urtheilten in den Kriegsgerichten über Vorgesetzte die Untergebenen mit. Das Verfahren in der Untersuchung war auf's Aeußerste schwerfällig und umständlicher, als wohl jetzt bei irgend einem Civil-Gerichte. Wenn eine Untersuchung beendet war, so wurde zunächst ein Schwurgericht eingesetzt, welches nach Verlesung aller Acten, nach öffentlicher Zeugen-Vernehmung, Anklage und Vertheidigung bestimmte, ob überhaupt Grund zur Anklage vorliege. Wurde diese Frage bejaht, so begann die ganze Procedur von Neuem vor einem zweiten Gerichte, welches definitiv entschied. Der Angeklagte sowohl als auch der Auditeur konnten gegen das Urtheil Berufung einlegen, und wurde dann die Entscheidung den allgemeinen Cassations-Tribunalen des Landes anheimgegeben. Man wird sich einen Begriff von der grenzenlosen Verschleppung machen können, welche das Straf-Verfahren durch solche Bestimmungen erlitt, wenn man hört, daß im Juli 1792 bei der französischen

Nord-Armee 600 Mann im Untersuchungs-Arrest auf die Entscheidung ihres Processes warteten; in der einen Garnison Donai allein 200 Mann!*) Die Disciplin aber fordert, daß die Strafe allen militairischen Vergehen möglichst auf dem Fuße folge, und diese Rücksicht ist für das allgemeine Interesse so wichtig, daß sie durch große Sorgfalt im Gerichts-Verfahren nicht zurückgedrängt werden darf. — Bis zum Erlaß eines neuen Strafgesetzbuches, welches die National-Versammsammlung erst am 30. September 1791 vollendete, blieben die alten Ordonnanzen, welche die Stelle desselben vertraten, in Kraft.

Das neue Strafgesetz ließ in seiner Strenge Nichts zu wünschen übrig. Es sei hier nur angeführt, daß der einfache Ungehorsam im Frieden mit 6 Monat Arrest, im Kriege mit Todesstrafe bedroht wurde. Bei jeder Revolte sollten die Rädelsführer mit dem Tode, die Theilnehmer mit 10 Jahren Galeerenstrafe bestraft werden.

Jeder commandirende General oder detachirte Offizier im Kriege und in Lägern erhielt das Recht, besondere Strafbestimmungen zu erlassen, die während der Dauer seines Commando's Gesetzeskraft hatten. Auf Todes- und Ehrenstrafen durfte jedoch auch dann nur in der gesetzlichen Form erkannt werden, es konnte aber keine Berufung gegen das Erkenntniß eingelegt werden.

Die Verwaltung wurde durch die Decrete vom 18. August 1790 und 1. Februar 1791 geregelt. Bei allen Truppentheilen sollten die Löhnungs-, Bekleidungs-, Recrutirungs- 2c. Fonds, deren Stärke pro Kopf festgestellt wurde, getrennt geführt werden. Diese Fonds waren Staats-Eigenthum,

---

*) Bericht des General Luckner an die gesetzgebende Versammlung.

Niemand hatte Ansprüche auf etwaige Ersparnisse, die in denselben gemacht wurden. Sie wurden auf die Etatsstärke ausgezahlt, die Ueberschüsse jedoch, welche durch Manquements bei den Truppen entstanden, zurückgerechnet. Zu dem Ende hatten die Kriegs=Commissare vierteljährlich Musterungen abzuhalten und dem Kriegs=Minister die Rechnungs=Abschlüsse einzusenden, welche dieser einer Commission der National=Versammlung zur Prüfung vorlegte.

Wichtig waren die Gesetze, welche in den Monaten Mai, Juni und Juli in Betreff der Festungen, des Dienstes in denselben und des Ressort=Verhältnisses der Civil= und Mili= Behörden in den Garnisonen erlassen wurden. Von den festen Plätzen, Castellen ꝛc., welche zur Zeit bestanden, wurden 161 beibehalten und 22 gestrichen. Alle Gouvernements und Commandanturen wurden beseitigt und die Geschäfte derselben den ältesten Offizieren der Garnisonen übertragen. In den 50 größten Garnisonen wurden Platz=Adjutanten fest angestellt. Das ganze Reich wurde in 23 Militair=Arondissements oder Divisionen eingetheilt, in denen das Ober=Commando über die Truppen und festen Plätze einem General übergeben wurde. Kein Offizier konnte die Commandantur=Geschäfte in einem Orte ausüben oder die Garnison verlassen ohne vorherige Anzeige bei der Municipalität; dieselbe Anzeige hatten die Arrondissements=Commandanten den Departements=Directorien zu erstatten. In allen rein militairischen Dienst=Angelegenheiten waren die Militair=Behörden von den Civil=Behörden völlig unabhängig; dagegen durften sie in Allem, was die innere Polizei und Ordnung der Plätze betraf, nur nach der Requisition dieser Letzteren handeln. Wenn es erforderlich wurde, daß die Nationalgarden mit den Linientruppen gemeinschaftlich Dienst thaten, so rangirten sie zwar vor den Linien=

truppen, das gemeinschaftliche Commando hatte jedoch stets der Garnison=Aelteste, auch wenn in der National=Garde Offiziere waren, die im Range über ihm standen. Die Nationalgarde durfte nie ohne vorherige Anzeige beim Garnison=Aeltesten versammelt werden. Keiner Civil=Behörde wurde das Recht zugestanden, Marschbefehle, welche die Truppen von vorgesetzten Behörden erhielten, abzuändern. Den Offizieren und Soldaten wurde streng verboten, Festessen im Corps zu geben oder anzunehmen. Den Civil=Beamten, wenn sie in Uniform erschienen, sollten die Soldaten dieselben Honneurs erweisen, wie den Capitaines. — Ist auch an diesem Gesetze noch Manches auszusetzen, so würde es doch viel Unheil verhütet haben, wenn es zwei Jahre früher erschienen wäre und mit Entschiedenheit hätte durchgeführt werden können. Die Beeinflussung der Truppen durch die Civil=Behörden hatte sich jetzt schon so festgesetzt, daß ihr erst der Krieg ein Ende machte.

Dem Könige wurde das Recht zuerkannt, eine persönliche Garde (maison militaire) von 1200 Mann Infanterie und 600 Mann Cavallerie zu halten. Diese Garde gehörte jedoch nicht zur Armee, auch konnten die Offiziere derselben nicht in die Armee versetzt werden. Sie sollte den Dienst beim Könige mit der Nationalgarde gemeinschaftlich verrichten. Der Militair=Ausschuß hatte auch die Frage erwogen, ob es nicht einfacher sei, abwechselnd Linientruppen zur Garde des Königs zu commandiren. Allein er hatte sich einstimmig dagegen ausgesprochen, weil die Armee auf diesem Wege leicht ein zu großes Interesse für die Person des Königs gewinnen könnte. Ludwig XVI formirte seine Garde im December 1791, Infanterie und Cavallerie in je 3 Divisionen, durch Abgaben aller Nationalgarden und Linientruppen des Reiches. —

Wir haben in Vorstehendem die wichtigsten Bestimmungen wiedergegeben, welche für die Reorganisation der Armee erlassen wurden. Da die Vorarbeiten im Wesentlichen bis zum 1. März 1791 endlich beendet waren, so fand die Umformung der Armee mit diesem Tage statt. Die lange Verzögerung der Reorganisation, die Unsicherheit aller Verhältnisse in der Armee, welche die natürliche Folge davon war, haben mehr dazu beigetragen, die Zuchtlosigkeit unter den Truppen zu steigern, als alle Mängel der neuen Organisation.

Unter dem 8. März 1791 erließ der Kriegsminister Duportail einen langen Brief an die Armee, worin er die Wohlthaten der National-Versammlung in den breitesten Redensarten aufzählte und pries und an die Pflicht der Dankbarkeit gegen diese mahnte. Die Armee möge nunmehr zur Disciplin zurückkehren und die Exercitien wieder beginnen, die, wie Jedermann wisse, seit zwei Jahren völlig geruht hätten.

### Frankreich und die Armee im Jahre 1791.

Die innere Lage des französischen Reiches beim Beginne des Jahres 1791 war trostlos. Die Folgen des Systemes, welches alle Autorität im Staate nach unten gelegt hatte, während sie von oben ausgeübt werden sollte, traten nach allen Richtungen zu Tage; die Souverainetät des Volkes fand ihren Ausdruck in der unbändigen Willkür der Einzelnen, der Uebergang zur Tyrannei der unteren Volksklassen prägte sich immer deutlicher aus. Es klingt wie Ironie, wenn die National-Versammlung, nachdem sie jede Action der Regierung gelähmt hat, diese der Schwäche zeiht. Und doch war hauptsächlich auf Grund dieser Anschuldigung das Ministerium Necker, welches allerdings den Verhältnissen nicht gewachsen und von diesen weit überholt war, im October 1790 gestürzt. Die neue Ministerliste wurde durch den damals noch mächtigen Lafayette aus seinen Gesinnungsgenossen aufgestellt; das Portefeuille des Kriegs-Ministeriums erhielt sein Freund Duportail.

Die finanziellen Zustände des Landes wurden so traurig, daß der Staats-Banquerott bald nur noch künstlich verdeckt werden konnte. Die Staats-Ausgaben hatten sich durch die Revolution natürlich vermehrt; aber damit durch das Ge=

ständniß dieser Wahrheit die Revolution im Volke nicht mißliebig gemacht werde, wurde die wahre Sachlage stets bemäntelt und auf diese Weise die Unordnung in den Finanzen noch gesteigert. Ein großer Theil der indirecten Steuern wurde aufgehoben, um die unteren Volksschichten zu erleichtern; die Erhebung der directen Steuern aber, welche man zur Deckung des Ausfalles ausschrieb, stieß in der allgemeinen Confusion auf die größten Schwierigkeiten und ergab stets bedeutende Ausfälle gegen die Voranschläge. Um das Deficit zu decken, schritt man zur Creirung neuer Assignaten, und diese mußten sofort wieder zur Deckung neuer unvorhergesehener Ausgaben verwandt werden, während das Deficit fortbestand und die Tilgung der drückenden Staatsschuld verschoben wurde. Auf diesem Wege wurde das ganze Land bald mit Assignaten überschwemmt; und da man sich bei dem sehr fühlbaren Mangel kleinen Silbergeldes auch genöthigt sah, Papiergeld von geringem Werthe auszugeben, so wurde die ganze Nation in den demoralisirenden Schwindel der Agiotage fortgerissen. Die Emigranten führten bedeutende Summen baaren Geldes mit aus; wer es sonst irgend konnte, brachte seine Baarschaft im Auslande unter oder hielt sie doch für den Fall der Noth zusammen und behalf sich inzwischen mit den Assignaten, die im Werthe mit dem Vertrauen zur Sicherheit immer tiefer sanken. Die dadurch entstehende Geldnoth trieb die Volksmassen zur Wuth gegen die Capitalisten und Wechsler, die fortbestehende Theuerung zur Erbitterung gegen Gutsbesitzer und Kornhändler. Der freie Getreide-Verkehr konnte im ganzen Lande nur mühsam durch das Einschreiten der Nationalgarden aufrecht erhalten werden, die allgemeine Aufregung zeigte sich in beständigen Tumulten und Excessen.

Da Handel und Gewerbe im ganzen Lande schwer darniederlagen, so brachte die sociale Frage dem Staate unberechenbare neue Ausgaben. Das immer mächtiger werdende Proletariat betrachtete als eine der wichtigsten Segnungen der Revolution die Verpflichtung des Staates, für den Unterhalt seiner Unterthanen unmittelbar einzutreten. So entstanden bald in allen größeren Städten Arbeitsstätten, die der Staat zu unterhalten sich genöthigt sah, um das Proletariat zu beruhigen. Die Arbeiter kamen aber meistens nur, um ihre Löhnung in Empfang zu nehmen. Die Stadt Paris erhielt im Jahre 1791 allein 17 Millionen für den Unterhalt der Arbeiter, deren Zahl sich bis 20,000 steigerte. Allein so große Summen man auch zu diesem Zwecke verschleuderte, es konnte der National-Versammlung nicht gelingen, diese unruhigen Massen im Zaume zu halten; die Tyrannei derselben machte sich um so mehr fühlbar und übte den directesten Druck auf die National-Versammlung selbst aus, als auch die Nationalgarde von Paris ihnen gegenüber durchaus nicht mehr die sichere Haltung bewahrte, wie früher. Die communistischen Tendenzen gewannen mehr und mehr Boden und traten täglich drohender auf.

Das Clubwesen nahm eine äußerst bedenkliche Haltung an. Die Jakobiner-Clubs entwickelten sich zu einer Macht im Staate, vor welcher die ohnmächtigen Staatsgewalten bald zittern mußten. So wie die National-Versammlung mehr und mehr dem Einflusse des Palais-Royal verfiel, in welchem Robespierre, Marat und Consorten die Massen erleuchteten, so mußten die Behörden im Lande sich dem drohenden Willen der Clubs beugen, die durch vortreffliche Organisation mit einander verbunden waren. Ihre Macht wuchs allmälig so, daß sie unmittelbar in alle Zweige der Verwaltung eingriffen.

Nicht weniger traurig, wie in den Städten, sah es auf dem flachen Lande aus. Die größeren Gutsbesitzer waren verjagt und hatten das Capital mit sich fortgenommen. Der Bauer dachte in dem Freudentaumel über seine neuen Errungenschaften weniger an Arbeit und Begründung dauernden Wohlstandes, als an Genuß und möglichst schnelle Ausbeute des ihm Gebotenen. Diesem Schwindel mußten bald Noth und Mangel folgen, die gefährlichen Bundesgenossen der Anarchie.

Die allgemeine Verwirrung wurde auf's Aeußerste durch die kirchliche Frage gesteigert. Im Januar 1791 wurde von der äußersten Linken das Decret durchgesetzt, daß den Geistlichen auf Grund der Civil-Verfassung des Clerus der Bürgereid abzufordern sei, ein Schritt, mit dessen Ausführung man bisher gezögert hatte, aus Besorgniß, einen religiösen Bürgerkrieg anzufachen. Der größere Theil der Geistlichen verweigerte den Eid, und die Aufregung wurde durch die Weigerung des Papstes, die Civil-Verfassung zu genehmigen, noch gesteigert. Während in einzelnen Theilen des Landes, namentlich im Süden, das Volk sich zur Vertheidigung seiner Kirche erhob, begannen in anderen die Verfolgungen der eidweigernden Priester und der Klöster mit doppelter Erbitterung. Der König war zu schwach, um jenem Decrete seine Sanction zu versagen, so sehr sich sein religiöses Gefühl auch gegen dasselbe stemmte. Als er aber zu Ostern mit seiner Familie nach St. Cloud fahren wollte, um das Abendmahl von einem nicht vereideten Priester zu empfangen, fiel der Pöbel seinen Pferden in die Zügel, und da die Nationalgarde versagte, mußte er sich zur Umkehr entschließen. Es war nicht die einzige Tyrannei, welche er von dem Pariser Pöbel ertragen mußte, und der einst so mächtige Lafayette vermochte ihn so

wenig mehr dagegen zu schützen, als die National-Versamm=
lung. Das souveraine Volk war mündig geworden und fühlte
sich in seiner Souverainetät. Der Standpunkt, welchen
Lafayette und seine Genossen eingenommen hatten, als sie
diese Souverainetät verkündeten, war längst überwunden; der
Pöbel von Paris, geführt durch Marat und Consorten, be=
trachtete sich als das wahre Volk, und die Provinzen folgten
dieser Lehre an der Hand der Jacobiner=Clubs.

Daß die Armee seit der Affaire von Nancy zur Besinnung
gekommen zu sein schien, erregte bei allen revolutionairen
Partheien die größten Bedenken, obgleich in der That von einer
Disciplin unter den Truppen noch gar keine Rede war; was
durch den heilsamen Schrecken erreicht worden war, zeigte sich
höchstens darin, daß die Soldaten gegen die Bitten und vor=
sichtig ertheilten Befehle ihrer Offiziere nachgiebiger schienen.
Allein in dieser Nachgiebigkeit documentirte sich nach der
Lehre der Revolutionshelden schon Erschlaffung des Patrio=
tismus, der Freiheitsliebe, aller männlichen Tugend. Ließ
man dieselbe einwurzeln, so konnte die Armee der Revolution
gefährlich werden, während sie doch deren Stütze sein sollte.
Diese Sorge ließ der Majorität der National=Versammlung
keine Ruhe und setzte alle Jacobiner=Clubs in Bewegung.
Der heilsame Schrecken, welchen die Anarchie der Armee im
Sommer des vorigen Jahres einen Augenblick erzeugt hatte,
war längst vorüber, eine bleibende Lehre hatte Niemand
daraus gezogen, so handgreiflich sie auch gegeben war. Die
Majorität der National=Versammlung lenkte in die alten
Bahnen ein, und die äußerste Linke wußte sie darin fest=
zuhalten, wenn sie auf's Neue anfangen wollte zu schwanken.
Die Meinung über die Affaire von Nancy hatte völlig ge=
wechselt, und dieser Wechsel fand in allen Debatten der

National-Versammlung denselben unzweideutigen Ausdruck, wie in den letzten Decreten des vorigen Jahres, welche wir bereits mitgetheilt haben. Gegen Bouillé regte sich laut der ganze Haß der Revolutions-Partheien, und seine Truppen, unter denen die Disciplin am meisten zurückzukehren schien, wurden mit allen Mitteln, durch Schmeicheln, Verdächtigen, Versprechen und Einschüchtern bearbeitet. Mit denselben Waffen wurde der Rest der Disciplin in der ganzen Armee bekämpft, und wenn vielleicht manche wohldisciplinirte Truppe einer so systematischen und wenig behinderten Bearbeitung erlegen wäre, so konnte der Erfolg in der französischen Armee damaliger Zeit nicht zweifelhaft sein. Als äußerst nachtheilig für die Disciplin muß hier noch die beständige Zersplitterung der Truppentheile, besonders der Cavallerie, erwähnt werden. Die Armee hatte den Dienst der Gendarmerie mit zu versehen, da das alte Institut aufgehoben und noch kein neues errichtet war. Bei jeder Veranlassung, deren es zahllose gab, requirirten die Municipalitäten kleine Detachements der Linientruppen, die mit der Entfernung von ihren Truppentheilen allen möglichen fremden Einflüssen ganz verfielen.

In den ersten Monaten des Jahres 1791 begannen die Militair-Emeuten auf's Neue, erst vorsichtig, bald aber wieder kühner. Das 41. Infanterie-Regiment (de la Reine) sollte durch Abzüge die Summe decken, welche es im vorigen Jahre von seinem Commandeur erpreßt hatte. Im Februar widersetzte es sich der weiteren Durchführung dieses Befehles und wurde nur mit Mühe durch das energische Auftreten der Offiziere und die ruhige Haltung der übrigen Garnison zum Aufgeben seines Widerstandes gezwungen. — In Douai wurden bei einer Emeute im März die Behörden vertrieben, ein Theil der Beamten ermordet; die Garnison wurde aufgeboten, versagte aber den Gehorsam mit der Erklärung, daß sie nie ihre Waffen gegen Mitbürger wenden würde. Die betheiligten Regimenter besannen sich jedoch bald und lieferten, nachdem sie aus der Garnison entfernt waren, selbst die Rädelsführer aus. — In Cahors verbündeten sich im Februar 2 Regimenter, um ein drittes aus der Garnison zu vertreiben. Veranlassung waren politische Zwistigkeiten. Es gelang jedoch den Offizieren, die Ruhe wieder herzustellen, und der Zwist fand durch zahlreiche Duelle und Rencontres seine Erledigung. Das 67. Infanterie-Regiment (Languedoc), welches bei diesem Zwiste betheiligt war, plünderte Anfangs April seine Regiments-Kasse, in welcher 25,000 liv. enthalten waren. — In Weißenburg arretirten im April die Offiziere des 57. Regiments (Beauvoisis) mehrere Soldaten, weil sie den Jakobiner-Club besucht hatten. Das Regiment forderte vom Oberst die Freilassung der Soldaten; da diese verweigert wurde, so versuchte es mit Gewalt seinen Willen durchzusetzen. Die übrige Garnison mußte dagegen aufgeboten werden und unterdrückte die Revolte, bei welcher 6 Offiziere des Regiments verwundet wurden. — Diese Einzelnheiten mögen genügen, um zu zeigen, in welcher Weise die alte Zuchtlosigkeit sich wieder Bahn zu brechen begann.

In Folge des zuletzt erwähnten Ereignisses forderte der Kriegsminister die National-Versammlung auf, sich bestimmt darüber zu erklären, ob das Decret, welches die Correspondenz zwischen den Clubs und den Truppen verbot, dahin ausgelegt werden solle, daß den Soldaten auch der Besuch der Clubs zu untersagen sei, wie dies mehrfach geschehen. Er wünsche — so verblendet war der Mensch —, daß die Soldaten geordnet durch ihre Offiziere und Unteroffiziere in die Clubs geführt werden möchten, „damit zwischen Beiden dieser Geist der

Brüderlichkeit genährt werde, welcher, ohne den Unterschied der Grade auszuschließen, fortan alle Mitbürger vereinen soll." Und in demselben Briefe sagte der Kriegsminister, daß, wie ihm gemeldet worden, die Soldaten in den Clubs Bericht erstatteten über die inneren Angelegenheiten ihrer Regimenter, und daß diese Angelegenheiten dort zur Verhandlung kämen! Die National-Versammlung erklärte natürlich, daß der Besuch der politischen Gesellschaften den Soldaten nicht zu untersagen sei. Wenn sie dabei gleichzeitig den Clubs verbot, sich auf Fragen einzulassen, welche die innere Polizei, die militairische Disciplin und die Dienstordnung beträfen, so weiß man, was ein solches Verbot auf sich hatte.

Wir müssen an dieser Stelle die Beziehungen der Armee zu zwei politischen Ereignissen betrachten; welche in jener Zeit das Land lebhaft bewegten. Die Erschütterungen, von denen Frankreich heimgesucht wurde, theilten sich auch den Colonieen mit, unter welchen St. Domingo den ersten Platz einnahm. Diese Insel hatte drei Klassen von Bewohnern: die Weißen waren die Herren; etwa 15,000 freie Mulatten und Neger beschäftigten sich mit Ackerbau; gegen 400,000 Sclaven wurden von den Pflanzern in den Plantagen beschäftigt. Die Nach=richten von der französischen Revolution veranlaßten eine doppelte Bewegung: unter den weißen Pflanzern gaben sich Unabhängigkeits=Gedanken kund; sie wurden durch den ener=gischen General Mauduit mit seinen treuen Truppen im Zaume gehalten. Gleichzeitig forderten die freien Farbigen politische Gleichstellung mit den Weißen; die Versammlung der Pflanzer wies sie mit ihrer Forderung ab, die National-Versammlung, an welche sie sich darauf wandten, zögerte mit der Entschei=dung. Darüber ungeduldig, griffen sie zu den Waffen, wurden aber durch Mauduit gänzlich geschlagen. Dem General wurde der Dank des Vaterlandes für die Erhaltung der Colonie votirt und ihm eine beträchtliche Verstärkung an Truppen gesandt. Allein Mauduit hatte sich durch sein entschiedenes Auftreten bei den Weißen auch mißliebig gemacht. Sobald die Truppen auf der Insel landeten, welche zur Verstärkung dorthin gesandt waren, suchte man sie gegen den General aufzuwiegeln, und sie hatten aus Frankreich zu viel Patriotismus mitgebracht, um gegen die Wünsche des Volkes taub zu sein. Unmittelbar nach der Landung begann unter ihnen die Meuterei der niebrigsten Art; Mauduit wurde massacrirt, der Gouverneur vertrieben. Der Oberstlieutenant des Regiments Artois — es waren die zweiten Bataillone von 12 Regimentern in die Colonieen gesandt — erschoß sich aus Verzweiflung, der des Regiments Normandie wurde aus Kummer wahnsinnig, die Offiziere des Regiments Port=au=Prince konnten sich nur durch die Flucht vor Meuchelmord retten. Als kurz darauf die freien Farbigen sich mit den Sclaven zu neuer Empörung vereinigten, fehlte es den Truppen an aller Führung und Disciplin, um den Aufstand niederzuwerfen. Die ganze Insel mit ihren reichen Plantagen verfiel der furchtbarsten Verwüstung. Die Rückwirkung auf Frankreich war gewaltig. Zahlreiche Handelshäuser fallirten, der Mangel an Zucker und Kaffee, welche Producte bisher für das ganze Land aus der Colonie geliefert waren, machte sich in derselben Weise fühlbar und veranlaßte ebenso viel Unruhen und Excesse, wie die herrschende Brot=Theuerung. In Paris besonders steigerte sich die Aufregung durch diesen Mangel in hohem Grade.

Dieselbe Erfahrung wie auf St. Domingo mußte Frankreich mit seinen Truppen in der Affaire von Avignon machen. Die Grafschaft Avignon in der Provence stand aus alter Zeit

her unter päpstlicher Herrschaft. Die Wirren der französischen
Revolution theilten sich ihr schnell mit. Die Stadt Avignon
verlangte die Aufnahme in das französische Reich, während
der nördliche Theil mit der kleinen Stadt Carpentras für die
päpstliche Herrschaft eintrat. Die National-Versammlung
wagte es nicht, die Incorporation auszusprechen, sandte aber
Ende 1790 auf den ausdrücklichen Wunsch des Papstes zwei
Regimenter (Soissonnais und Penthièvre) nach Avignon, um
dort die Ruhe aufrecht zu erhalten. La Marck schrieb damals
gleich an Mirabeau: Ihr schickt mit Euren Truppen die Pest
nach Avignon. Diese stürzten sich auch sofort in das politische
Treiben hinein. Als im Januar 1791 von Avignon aus eine
Angriffs-Expedition gegen Carpentras unternommen wurde,
schloß ein Theil der Soldaten sich derselben an und der Rest
war nicht im Stande, auch nicht geneigt, das Unternehmen
zu verhindern. Die National-Versammlung mußte in Folge
dessen die Abberufung der Regimenter decretiren. Die Wirren
in Avignon dauerten mit großer Heftigkeit fort, bis die Ein-
verleibung in das französische Reich im September beschlossen
wurde. In der Zwischenzeit hatte die Stadt sich eine bewaffnete Bande organisirt, in welcher jeder Mann täglich 2 frs.
Löhnung erhielt. Diese hohe Löhnung entzog den benachbarten
französischen Garnisonen in kurzer Zeit gegen 400 Deserteure!
Solcher Patriotismus der französischen Soldaten wurde in
allen Clubs hochgepriesen.

Die inneren Unruhen in Frankreich, die Aufregung,
fanden im Frühjahr neue Nahrung durch die drohenden Kriegs-
gefahren und durch die häufig auftauchenden Gerüchte von
Invasionen. Bald sollten die Engländer einen Landungs-
Versuch gemacht haben, bald spanische, bald savoyische Corps
über die Grenze eingedrungen sein. Die Ansammlung der

Emigranten an der Grenze, die drohende Haltung, welche einzelne deutsche Fürsten einnahmen, nährten diese Aufregung. Schon im Januar war die Complettirung von 30 Infanterie- und 20 Cavallerie-Regimentern auf die Kriegsstärke angeordnet und dadurch den Kriegsgerüchten ein officieller Anhalt gegeben. Im ganzen Lande war die Ueberzeugung verbreitet und wurde in den Clubs unablässig abgehandelt, daß die Offiziere im Falle eines Krieges zum Feinde übergehen würden. In der Armee waren wieder die Unteroffiziere die Partheigänger dieser Ansicht, sie warben für die Vertreibung der Offiziere, da ihnen dann deren Stellung zufallen mußte. Zahlreiche Petitionen, welche bei der National-Versammlung eingingen, forderten die Entlassung des gesammten Offizier-Corps, aber ebenso viele verlangten die Auflösung der ganzen Armee oder einzelner Truppentheile, da man sich auf sie im Falle eines Krieges durchaus nicht verlassen könne.

Diese Zustände bewogen die National-Versammlung, sich im Juni eingehend mit den Maaßregeln zu beschäftigen, welche für die Sicherheit des Landes und die Ordnung im Inneren zu ergreifen seien. Vor allen Dingen, heißt es in dem Berichte der vereinigten Comité's, muß die gewaltige Unordnung, welche in der Armee herrscht, beseitigt werden. Als Hauptursachen derselben erkannten die Comité's einerseits die grenzenlose Indisciplin der Soldaten an, welche, überall im Ungehorsam durch die Bürger bestärkt, jede Zügellosigkeit für erlaubt hielten, die sie unter dem Vorwande des Patriotismus begingen; andererseits die Unzufriedenheit der Offiziere mit den neuen Verhältnissen, welche noch durch die Zuchtlosigkeit der Soldaten gesteigert würde. Es wurde daher vorgeschlagen, 1) die Offiziere zu der schriftlichen Erklärung auf Ehrenwort zu veranlassen, daß sie die Constitution aufrecht erhalten

wollten; diejenigen, welche diese Erklärung verweigerten, sollten
ihren Abschied mit ein Viertel des Gehaltes bekommen und im
Uebrigen unter den Schutz der Gesetze gestellt werden; die=
jenigen, welche die Erklärung unterschrieben, sollten ein neues
Patent erhalten; 2) den König zu bitten, daß er den
Truppen befehlen möge, sich zum Abmarsche in Uebungsläger
bereit zu halten.

Die Debatte, welche diesem Antrage folgte, ist so inter=
essant und lehrreich, charakterisirt so sehr die Zeit, daß wir es
uns nicht versagen können, einige Details aus derselben mit=
zutheilen. Nachdem das Comité seinen Vortrag beendet hatte,
entwickelte seine Ansicht zunächst Robespierre, der damals
anfing, aus seiner bisher ziemlich reservirten Haltung offener
hervorzutreten:

„Was ist das für eine Macht," rief er, „die inmitten
der Ruinen aller Aristokratie noch kühn und drohend ihr
Haupt erhebt? Ihr habt alle öffentlichen Functionen nach den
Principien der Freiheit und Gleichheit neu eingerichtet, und ihr
behaltet ein Corps von bewaffneten Beamten bei, welches durch
den Despotismus geschaffen ist, dessen Einrichtung sich auf
die ausschweifendsten Grundsätze des Despotismus und der
Aristokratie gründet; welches in gleichem Maaße die Stütze,
wie das Werkzeug des Despotismus, der Triumph der Aristo=
kratie, die förmlichste Verläugnung der Constitution und die
empörendste Beleidigung der Würde des Volkes ist. Glaubt
ihr, daß eine gewaltige Armee ein gleichgültiger Gegenstand
für die Freiheit sei? Ihr wißt, daß durch sie überall die
Völker von den Regierungen unterjocht sind. Die Offiziere
theilen sich in zwei Klassen; es giebt einige, welche Interesse
für das öffentliche Wohl haben, aber die Grundsätze der
Mehrzahl stehen im Widerspruch mit der Constitution. Ihr

legt das Commando der Armee in die Hand von Führern, die ganz natürlich an den Mißbräuchen hangen, welche die Revolution vernichtet hat. Was erwartet ihr von diesen Führern? Wenn sie ohne Autorität, ohne Einfluß sind, so können sie ihre Functionen nicht ausüben; haben sie aber Ansehen, wozu wollt ihr, daß sie es anders benutzen, als zum Triumphe ihrer Lieblings=Gedanken?

„Werft einen Blick auf die Vergangenheit und zittert für die Zukunft! Seht sie, wie sie Zwiespalt und Verwirrung säen, wie sie die Soldaten gegen einander und gegen die Bürger hetzen, ihnen jeden Verkehr mit den Bürgern untersagen und sie sorgfältig von den Orten fern halten, wo sie zur Er=kenntniß der heiligen Pflichten kommen könnten, welche sie an die Sache des Vaterlandes und der Constitution fesseln würden; wie sie bald ganze Corps auflösen, deren Civismus die Pläne der Verräther vereitelte, sie durch Ungerechtigkeiten und Quälereien zu angeblich subordinationswidrigen Handlungen drängen, um gegen sie strenge Entscheidungen zu veranlassen; bald von der Armee einzeln die muthigsten, einsichtsvollsten und eifrigsten Vertheidiger der Constitution mit schimpflichen Entlassungsscheinen fortjagen, sie beseitigen durch willkürliche Befehle jeder Art, welche der Despotismus selbst sich nicht zu erlauben gewagt haben würde vor der Revolution, die zum großen Theile der Vaterlandsliebe der Armee zu verdanken ist. Was ist aus dieser Macht geworden, die durch einen heiligen Ungehorsam gegen die gottvergessenen Befehle der Despoten der Unterdrückung ein Ziel gesetzt und die Macht des sou=verainen Volkes wieder hergestellt hat? Mehr als 50,000 Bürger, welche derselben angehörten, irren jetzt, ihrer Stelle und des Rechtes, dem Vaterlande zu dienen, beraubt, ohne Hülfsquelle und ohne Brot im ganzen Reiche umher, für

ihre Dienste und ihre Tugend in Elend und Schande büßend
..... wenn Schande der Tugend durch das Verbrechen angedichtet werden könnte! Was ist aus diesen Corps geworden, welche einst unter den Mauern dieser Hauptstadt, zu Füßen des erwachten Vaterlandes ihre Waffen niederlegten, diese Waffen, welche sie erhalten hatten, um seine Brust zu zerfleischen?

„Zeigen euch nicht die Offiziere unablässig auf der einen Seite den Monarchen, dessen Sache sie angeblich gegen das Volk vertheidigen wollen, und auf der anderen Seite die fremden Armeeen, mit denen sie euch drohen, während sie gleichzeitig mit Gewalt die eurige aufzulösen und zu verführen suchen? Und ihr glaubt, daß es euch erlaubt sei, diese Offiziere beizubehalten! Ihr, die ihr selbst an die Möglichkeit einer Ligue der Despoten Europa's gegen eure Constitution zu glauben scheint! Es schien einige Male selbst, als wolltet ihr Maaßregeln ergreifen, um den nahen Angriffen zuvorzukommen: nun, ist es denn nicht zu unsinnig, daß ihr gerade gleichzeitig die Maaßregeln treffet, eure Armee in den Händen erklärter Feinde unserer Constitution zu lassen?

„Ich würde erröthen, wollte ich länger beweisen, daß die Entlassung der Offiziere der Armee die gebieterischste Nothwendigkeit ist. Was kann euch davon befreien, sie auszusprechen? Ihr fürchtet die Folgen dieser durchgreifenden Maaßregel. Ihr fürchtet! und ihr habt die Vernunft, die Gerechtigkeit, die Nation und die Armee für euch; da habt ihr Bürgen, welche euch wenigstens jedes Bedenken über die Durchführung eures Decretes nehmen sollten. Duldet nicht, daß die Intrigue länger triumphire, indem sie ohne Unterlaß die Soldaten, das Volk, die Menschlichkeit verleumdet.

„Die Soldaten haben sich im Allgemeinen nur durch die

Sanftmuth bemerkbar gemacht, mit welcher sie die wildesten Ungerechtigkeiten ertragen, die Disciplin und die Gesetze ihren Offizieren zum Trotze befolgt haben; sie haben den staunens= werthen Contrast gewaltiger Macht und grenzenloser Geduld gezeigt. Nach welch' sonderbarer Fügung scheinen heute bei uns die einfachsten Begriffe verwirrt zu sein? Man duldet ruhig, daß die Offiziere öffentlich die Gesetze und die Con= stitution verletzen, beschimpfen, und fordert von den Unter= gebenen mit schonungsloser Strenge die tieffte Ehrerbietung, blinden und unbegrenzten Gehorsam gegen dieselben Offiziere! Man ist entrüstet über eine Bewegung, über ein Lebenszeichen, welches der Ungeduld entschlüpft und aus einer lobenswerthen, hochherzigen Gesinnung entspringt, und schildert die ganze Armee wie eine undisciplinirte Räuberbande! Warum darauf bestehen, treue Krieger mit revoltirten Führern zu vereinen? Bringt sie ja nicht dahin, daß sie zwischen dem Gehorsam, welchen ihr ihnen gegen ihre Offiziere auferlegt, und der Liebe wählen, welche sie ihrem Vaterlande schuldig sind. Hütet euch davor, halsstarrig auf Widersinnigkeiten zu bestehen, die Ordnung ohne Gerechtigkeit herstellen zu wollen. Glaubt nicht, daß ihr weiser seid als die Vernunft, noch mächtiger als die Natur!

„Was schlagen uns die Comités vor? Die Soldaten zu bestrafen; abzuwarten, bis das persönliche Interesse die Offi= ziere an die Constitution fesselt; ihr Ehrgefühl zu stacheln; ein Gehalt denjenigen zu bewilligen, welche sich weigern, den Eid zu leisten; die Armee in Lägern zusammenzuziehen: da habt ihr das ganze System. Von welcher Ehre hat man uns gesprochen? Welches ist diese Ehre, die über der Tugend und über der Liebe zum Lande stände? Man kann Alles aufgeben, so lange man noch dieses feudale Princip beibehält. (Beifall der Linken.)

Ich rechne es mir zum Ruhme an, eine solche Ehre nicht zu kennen. Man schlägt uns vor, denen ein Gehalt zu bewilligen, welche sich zu schwören weigern, daß sie ihr Vaterland nicht verrathen wollen. Welche eigenthümliche Art von Freigiebigkeit! Ich schließe mit einem Worte über den Vorschlag, die Armee in Lägern zusammenzuziehen. Durch dieses System würde man die geeignetsten Mittel gewähren, die Soldaten in's Einverständniß zu ziehen, zu bearbeiten und zu dem Ziele zu führen, welches man anstrebt. Ich fordere die Verwerfung des Vorschlages der Ausschüsse und behaupte, daß die Entlassung der Offiziere unbedingt nothwendig ist."

Cazalès: „Ich kann mich nicht entschließen, auf die verläumberische Schmährede zu antworten..... Ich werde auf diese feigen Verläumbungen nicht eingehen. (Heftiges Murren der Linken. — Mehrere Stimmen: Zur Ordnung! In Arrest!) Ist es nicht genug, daß ich meine Indignation zurückgehalten habe, als ich die gegen das Offizier-Corps der französischen Armee gerichtete Schmährede vernahm! Als ich zehntausend Bürger anschuldigen hörte, welche in der politischen Krisis, in der wir uns befinden, das Beispiel wahren Heldenmuthes gegeben ...... (Murren der Linken), Bürger, welche der Beleidigung nur Geduld, der Verläumbung nur die Vernunft entgegengesetzt haben; zehntausend Männer, die in der schwierigsten Lage, zwischen besoldeten Emeuten und Municipalitäten von falschem Patriotismus nicht einen Augenblick ihre Kraft verläugnet haben. Vor Gerichte gefordert, deren Eifer für die Constitution man gewiß nicht verdächtigen wird, sind sie so vorwurfsfrei aus denselben hervorgegangen, daß man auch nicht an Einem den Schatten eines Vergehens gefunden hat. Ich habe den Vorredner angehört, weil ich, wie ich erkläre, ein Anhänger der unbegrenztesten Freiheit bin; aber keine Macht vermag mich zu hindern, diese Schmähreden mit der ganzen Verachtung zu behandeln, welche sie verdienen..... Man spricht euch von einer Invasion, und diejenigen, welche diesen Schrecken unablässig verbreiten, glauben nicht mehr daran, wie ich. Die wahre Gefahr, die dringende Gefahr sind die inneren Unordnungen. Entlaßt die Offiziere, und ihr habt keine Armee mehr. Wenn die Armee in diesem Augenblicke, wo der Geist der Insubordination sich mit unglaublicher Geschwindigkeit verbreitet hat, noch unter ihren Fahnen vereinigt ist, wenn sie sich nicht aufgelöst hat, wenn sie nicht das Königreich der Plünderung übergeben hat, so liegt der Grund dafür nur darin, daß sie durch ihren Respect vor den Offizieren zurückgehalten worden ist. (Stimme von der Linken: Durch das Gesetz!) ...... Ich will diese Verhandlung nicht weiter ausdehnen, weil in dem Augenblick, wo die Armee sie hört, die Folgen furchtbar sein können, wenn sie nicht gleichzeitig erfährt, daß der Vorschlag der Entlassung des Offizier-Corps einstimmig verworfen worden ist."

Dandré: „Beschäftigen wir uns erst mit dieser Entlassung; nachher können wir den Vorschlag des Comités besprechen."

Röderer: „Es würde nothwendig sein, daß der diplomatische Ausschuß morgen seinen Bericht über unsere äußere Lage erstattete, und besonders über die unserer Rheingrenze. Dann könnt ihr die große Frage beurtheilen: ist nicht die ganze Macht des Prinzen Condé in der französischen Armee angestellt? (Beifall.) Die Quellen Condé's sind so erbärmlich, daß es Niemandem in den Sinn kommen kann, er wolle damit irgend eine Unternehmung gegen unsere Grenzen wagen. Es handelt sich daher darum, die Quelle der Besorgniß, welche man über seine inneren Hülfsmittel haben kann, zu stopfen. Ich fordere, daß keine Entscheidung für oder gegen die Entlassung ge=

troffen werde, ehe wir den Bericht des diplomatischen Comités gehört haben." (Beifall.)

Cazalès: „Ich habe Nichts dagegen, daß man die Führung der Offiziere prüfe, obgleich ich sie über jeden Soupçon erhaben glaube".... (Gelächter und Murren.)

Babey: „Ich frage, ob man nicht französische Offiziere beim Prinzen Condé sieht, und ob man dort auch Soldaten erblickt." (Beifall der Linken.)

Diese Probe mag genügen. In der ganzen Verhandlung war Cazalès der Einzige, welcher den Muth hatte, das Offizier-Corps zu vertheidigen. Gleichwohl wurden die Anträge der Comités am 11. Juni angenommen.

Der erste Punkt dieser Anträge enthielt Nichts, als eine für die Offiziere beleidigende Concession an die Soldaten und die Clubs, denn der Wortlaut der zu unterschreibenden Erklärung war so gefaßt, daß sie nur ein Versprechen auf Ehrenwort enthielt, den Eid nicht zu brechen. Dagegen faßte der zweite Punkt die Krankheit an der rechten Stelle. Die Truppen durch Vereinigung in Lägern allen fremden Einflüssen entziehen, sie zu Waffenübungen anhalten, das war der einzig richtige Weg, um die Ordnung wieder herzustellen. Zwar würden die Partheien Alles aufgeboten haben, um die Läger zu insurgiren, aber nie konnten sie hier den ununterbrochenen verderblichen Einfluß ausüben, wie in den Garnisonen, und die innere Polizei der Läger stand ganz in der Hand der Commandanten. Es kommt noch Eins hierbei in Betracht; die National-Versammlung hatte den Beschluß in einem lichten Augenblicke gefaßt; solcher Augenblicke hatte sie schon einige gehabt, war aber dann stets schnell in die alten Fehler zurückverfallen. Das Motiv zu energischen Maaßregeln war immer ein vorübergehender Schrecken; hätte man die Armee in Lägern vereinigt gehabt, so würde sie vor

8*

jeder Insurrection in denselben gezittert haben und dadurch vor fernerer Nachgiebigkeit gegen meuterische Truppen zurückgeschreckt sein. Es war daher in jeder Hinsicht ein unverzeihlicher Fehler, daß die Regierung jenes Decret nicht sofort zur Ausführung brachte, daß ihm vielmehr gar keine Folge gegeben wurde, ein Fehler, welcher später selbst von der National-Versammlung der Regierung zum Vorwurf gemacht wurde. Daß in dem Decret zunächst nur von den Vorbereitungen zu den Lägern die Rede war, gilt der Regierung nicht als Entschuldigung; es war der National-Versammlung damals Ernst mit der Durchführung, und wenn der Kriegsminister die Angelegenheit energisch in die Hand nahm, so würde er, wenn er dies für nöthig hielt, auch das Decret für den Abmarsch der Truppen in die Läger erhalten haben.

Die Wendung, welche sich in dem Decrete vom 11. Juni bei der National-Versammlung zeigte, offenbarte sich auch in anderer Richtung. Die Führer der Majorität fühlten, daß die Nation im Begriffe stand, sie zu überholen. Die Gründer der Jacobiner-Clubs, Barnave, die Lameths, Duport, hatten ihren Einfluß in den Clubs verloren, in denen radicalere Ansichten sich Geltung verschafften. Lafayette's Macht in Paris war gebrochen, er war den Tonangebern zu royalistisch. Jetzt glaubte man dem Fortschreiten der drohenden Bewegung Einhalt thun zu müssen. Waren aber dazu noch die Leute im Stande, welche alle Fundamente erschüttert und die Bewegung bis zu diesem Punkte beständig geschürt hatten? Die Ereignisse gingen über sie fort, und bald sehen wir auch sie flüchtig außer Landes.

Am Tiefsten hatte der König die Unhaltbarkeit der Zustände empfunden. Die Constitution nahte ihrem Abschlusse, und er wußte, daß er mit derselben so wenig regieren, als ihre Annahme verweigern konnte, so lange er in Paris wie ein Gefangener bewacht wurde. Der Aufenthalt in der Hauptstadt war für ihn unerträglich geworden, namentlich hatte ihn die Erniedrigung, welche er zu Ostern erfahren mußte, tief gekränkt. Seit jener Zeit war in ihm der Gedanke eines Fluchtversuches gereift, in welchem er durch seine Gemahlin nachhaltig bestärkt wurde. Er gedachte nach einer Grenzstadt zu entfliehen, sich dort mit treuen Truppen zu umgeben, die im Nothfalle am Auslande einen Rückhalt fänden, und so gerüstet sein Volk zur Umkehr aufzufordern. Die Rückkehr zu den alten Zuständen lag nicht in seiner Absicht, er wollte seinem Lande eine freie Verfassung lassen, aber eine solche, bei der eine Regierung bestehen könnte. Er wollte sein Reich vom sicheren Verderben erretten, glaubte einen Umschwung der öffentlichen Meinung erzielen und nöthigenfalls durch die Unterstützung aller fremden Mächte erzwingen zu können. Es wurden daher geheime Unterhandlungen mit Kaiser Leopold von Oestreich über diesen Plan angeknüpft, der zwar widerrieth, aber dennoch für den Nothfall Hülfe zusagte, sich auch mit den anderen Mächten in Verbindung setzte, um sie theils zur thätigen Theilnahme, theils zur Neutralität einzuladen. Am 1. Juni schrieb Marie Antoinette dem Kaiser, daß die Flucht am 20. desselben Monats ausgeführt werden müsse, und bat ihn, 10,000 Mann an der Grenze bereit zu halten. Der Kaiser sagte zu. Als das Endziel der Flucht war Montmedy, in dem Commando-Bereiche des Generals Bouillé gelegen, ausersehen. Dieser General, welcher unter seinem Befehle den größten Theil der Regimenter vereinigte, auf welche man glaubte rechnen zu dürfen, war von dem Plane genau unterrichtet, er hatte selbst beständig zur Ausführung gedrängt. Seit Anfang des Monats begann er die Vorbereitungen für ein Lager bei Montmedy, unter dem Vorgeben, dasselbe sei gegen das drohende Ausland gerichtet. Er sondirte seine Truppen und suchte sich derer ganz zu vergewissern, die er für treu und zuverlässig hielt. Gegen den 20. Juni wurden einige unsichere Regimenter aus der Nähe von Montmedy verlegt, dagegen andere herangezogen; unter den für zuverlässig erkannten Regimentern, die theils schon in Montmedy waren, theils dahin beordert wurden, befanden sich das Schweizer-Regiment Castella (Nr. 66), die deutschen Regimenter Nassau (Nr. 96), Berwick (Nr. 88) und Royal-Hesse-Darmstadt (Nr. 94), das Cavallerie-Regiment Royal-Allemand, das 1. und 4. Husaren-Regiment (Berchény und Saxe), das 12. Chasseur-Regiment (Champagne); dagegen wurde das 98. Infanterie Regiment (Bouillon) aus der Garnison entfernt. Auf dem Wege von Montmedy nach Paris wurden von Etappe zu Etappe Cavallerie-Detachements à 100 Mann aufgestellt, zu denen das 1. und 13. Dragoner-Regiment (Royal und Monsieur), so wie das 6. Husaren-Regiment (Lauzun) verwandt wurden; sie hatten officiell den Befehl, einen Geld-Transport zu escortiren, und zwar jedes Detachement bis zum nächsten Relais. Die wahre Bestimmung war sämmtlichen Truppen unbekannt, nur die Detachementsführer kannten dieselbe.

In der Nacht vom 20. zum 21. Juni entfloh die königliche Familie unbemerkt aus Paris. Schon in St. Ménéhould wurde sie indeß am 21. erkannt, und den fliehenden Wagen Couriere nachgesandt. Das Dragoner-Detachement, welchem die Garde an dieser Etappe übertragen war, ließ sich ohne Gegenwehr entwaffnen, der Führer wurde gefangen gesetzt. Auch in Clermont weigerten die Dragoner ihrem Führer den Gehorsam, als in dem Orte nach der Weiterreise des Königs, welchem das Detachement folgen sollte, Verdacht laut wurde. In Varennes wurde der König erkannt und angehalten. Die Nationalgarde erhob sich zu seiner Bewachung und erhielt aus der Nachbarschaft schleunige Verstärkung. Das Husaren= Detachement, welches in diesem Orte aufgestellt war, wurde schwankend und ging endlich ganz zum Volke über; das Husaren=Detachement der folgenden Etappe rückte zum Ent= satze des Königs herbei, konnte aber den Eingang nicht er= zwingen. Bouillé war mit dem Regimente Royal=Allemand dem Könige entgegengegangen; als er die Nachricht von der Gefangennahme desselben erhielt, theilte er seinen Reitern den Plan mit, ihn zu befreien, und erhielt deren Zustimmung. Der König zögerte in Varennes mit der Rückreise so lange, daß Bouillé die Zeit gewann, den Ort zu erreichen. Er paßte nun den Moment ab, wo die königliche Familie, um= geben von mehreren tausend Nationalgarden, gezwungen sich auf den Rückweg begab, sandte seinen Sohn mit einer Husaren= Escadron voraus, um dem Zuge den Weg zu verlegen, und wollte dann attaquiren; allein weder seine Reiter, noch die Husaren hatten den Muth zum Angriff auf die an Zahl weit überlegene Masse, und in Folge des langen Zögerns schickte der König ihm den Befehl zum Rückzuge, und verhinderte so die einzige Möglichkeit seiner Rettung. Ohne diesen Befehl hätte Bouillé sein Regiment wahrscheinlich doch noch zum Angriffe bewogen. Man kann Mitleid haben mit dem un= glücklichen Könige, aber die Empörung über seine weibische Schwäche ist doch größer. Bouillé, so vom Könige im Stich gelassen, und mit ihm ein sehr großer Theil von Offizieren der zunächst betheiligten Regimenter flohen über die Grenze. Die Soldaten aber und ein Theil der zurückgebliebenen Offi= ziere deponirten bei den Municipalitäten ihrer Garnisonen die schriftliche Erklärung, daß sie den Befehlen des Generals keine Folge geleistet haben würden, wenn sie seine Absichten gekannt hätten. Die königliche Familie kehrte am 24. Juni Abends, umgeben von 25,000 Mann Nationalgarde, nach Paris zurück, wo sie in den Tuilerien bewacht wurde.

Der Eindruck, welchen die Nachricht von der Flucht des Königs im Lande machte, war gewaltig. Die ganze Nation erhob sich in der größten Aufregung, denn Alle hatten nur den einen Gedanken, daß der König an der Spitze feindlicher Streitkräfte sein Land in die alten Zustände wieder einzwängen wolle. Diese doppelte Furcht vor der feindlichen Invasion und vor der Rückkehr zum Alten einigte jetzt alle Partheien im Lande, so viele Menschen es auch geben mochte, welche die gegenwärtigen Zustände nur mit schwerer Sorge betrachteten. Groß war die Bestürzung in der National-Versammlung, bei vielen Mitgliedern derselben schien die Ungewißheit der Zukunft das Bewußtsein der eigenen Schuld wach zu rufen. Die Versammlung erklärte sich bei der Kunde von der Flucht des Königs sofort in Permanenz; alle Partheien, selbst die Rechte, vereinigten sich in dem einen Gedanken: Vertheidigung des Vaterlandes gegen äußeren Angriff. Man muß es der französischen Nation zum Ruhme nachsagen, daß sie dem Auslande gegenüber zu allen Zeiten einig dastand, selbst in den heftigsten inneren Partheikämpfen. Die ganze Nation würde empört sein, wenn eine Parthei es wagen wollte, sich mit den Schmähungen, welche das Ausland auf den Staat häuft, zu brüsten, weil die politischen Gegner dieser Parthei die Oberhand haben. Man verzeihe diese Abweichung, sie lag so sehr nahe. — Das Ministerium wurde mit der vorläufigen Fortführung der Regierung beauftragt, und ein Aufgebot der Nationalgarden, namentlich in den östlichen

Provinzen, verfügt. Da die nach dem Decret vom 11. Juni von den Offizieren zu fordernde Erklärung noch nicht abgenommen war, so wurde denselben ein neuer Eid auferlegt:

„Ich schwöre, die in meine Hände gelegten Waffen zur Vertheidigung des Vaterlandes zu verwenden, und die von der National=Versammlung decretirte Constitution gegen alle inneren und äußeren Feinde aufrecht zu erhalten, lieber zu sterben, als ein Betreten des französischen Bodens durch fremde Truppen zu dulden, und nur den Befehlen zu gehorchen, welche in Folge der Decrete der National=Versammlung gegeben werden."

Commissaire der Versammlung wurden sofort in alle Grenz=Departements gesandt, um diesen Eid abzunehmen. Es war ein Eid für eine republicanische Armee, welcher den auch dem Könige geleisteten Eid der Treue suspendirte; die Armee wechselte durch diesen Eid ihren obersten Chef, sie sagte sich vom Könige los und warf sich unbedingt der National=Versammlung in die Arme. Woher wollte diese einen Rechtstitel nehmen, die Armee von ihrem alten Eide zu entbinden? Die Heiligkeit des Eides, die vor allen Dingen in der Armee aufrecht erhalten werden sollte, wurde durch solches Verfahren mit Füßen getreten. Darf man sich wundern, wenn der gemeine Mann vor dem Eide, mit welchem solcher Mißbrauch getrieben wurde, bald keine Spur von Achtung mehr zeigte? Fragen wir, ob etwa politische Rücksichten der National=Versammlung die besprochene Maaßregel aufdrängten, so müssen wir mit Nein antworten. Solche Rücksichten hätten nur dann entscheiden können, wenn man den König beseitigen wollte; es hätte in diesem Falle im republicanischen Interesse gelegen, durch die Abforderung des fraglichen Eides alle Offiziere zum Austritt aus der Armee zu bewegen, welche nicht republicanisch gesinnt waren. Diese Wirkung erzielte man auch jetzt, obgleich die große Majorität der National-Versammlung nicht an die Beseitigung des Königthums dachte. Die Offiziere, welche den Eid mit Ueberlegung leisteten, konnten nicht mehr als sichere Stützen gegen republicanische Bewegungen angesehen werden. Ein Interregnum war für den Augenblick nöthig geworden; aber der neue Eid setzte den Regierungs-Wechsel voraus. Ueberflüssig war die Maaßregel, weil man bei der bekannten Gesinnung der Armee von dem politischen Einflusse der Offiziere wenig zu fürchten brauchte; gefährlich, weil man die Armee in demselben Augenblicke der Auflösung nahe brachte, wo man sie glaubte gegen das Ausland gebrauchen zu müssen.

Der allgemeine Sturm im Lande legte sich sofort, als man sah, daß die Furcht vor feindlicher Invasion unbegründet war. Nur die Clubs wütheten noch nach, ein großer Theil derselben fing an, mit der Forderung einer republicanischen Verfassung loffen hervorzutreten. Am verderblichsten war die Wirkung des fehlgeschlagenen Fluchtversuches für die Armee. In allen Garnisonen, nach welchen die Nachricht von demselben gelangte, verbrüderten sich die Soldaten mit dem übrigen Volke und ließen sich in alle Bewegungen desselben mit fortreißen. Das allgemeine Mißtrauen gegen die Offiziere, welches so sorgsam genährt war, kam unaufhaltsam zum Ausbruch. Jeder Ungehorsam war jetzt Patriotismus, jeder Offizier, der nicht in die demokratischen Declamationen mit einstimmte, ein Verräther. Die letzte Entscheidung für die Armee war gekommen. Mit größter Selbstverläugnung hatten die Offiziere seit 2 Jahren alle Zuchtlosigkeit und Niederträchtigkeit ertragen, die Hoffnung auf bessere Zeiten nicht aufgegeben und in der Ueberzeugung nicht gewankt, daß sie ihrem Könige und Vaterlande den größten Dienst erwiesen, wenn sie in Geduld auf ihrem Posten ausharrten. Alle Prärogative des Adels waren beseitigt, die sicheren Avancements-Hoffnungen der Offiziere des höheren Adels verschwunden; dieser hatte somit Alles ohne Ersatz verloren und sehnte sich mit wenigen Ausnahmen nach der völligen Rückkehr der alten Zustände. Der niedere Adel hatte auch sehr viel verloren, allein den Offizieren desselben war durch die neuen Verhältnisse der Zugang zu den oberen Stellen geöffnet. Waren sie auch im Grunde durchweg royalistisch gesinnt, so urtheilte doch ein großer Theil derselben über die Neuerungen milder, und diesen schlossen sich alle bürgerlichen Offiziere an, welche die Unterdrückung der alten Zeit nur mit Widerwillen ertragen hatten. Es giebt nun einmal unter den Menschen wenige ideale Naturen, auf deren Denkweise das eigene Interesse ohne Einfluß bliebe! Die Folgen der Zurücksetzungen, welche eine große Klasse des Offizier-Corps früher erfahren hatte, traten jetzt offen zu Tage. Die bisherigen Krisen hatten auf den durch die gemeinschaftliche Gefahr befestigten Corpsgeist nur geringen merklichen Einfluß gehabt; jetzt aber spaltete sich das Offizier-Corps: ein Theil der Offiziere, unter ihnen fast der ganze frühere Hofadel, quittirte den Dienst, ein Theil entschloß sich zu fernerem Ausharren; aber fast in keinem Regimente kam ein gemeinschaftlicher Entschluß zur Ausführung.

Nach dem mißlungenen Fluchtversuche des Königs folgte eine große Zahl von Generälen und Offizieren dem Beispiele Bouillé's, verließ die Fahnen und floh über die Grenze; dies geschah namentlich bei allen Truppentheilen der Rhein- und Mosel-Armee, welche Bouillé commandirt hatte. Die Offiziere des 1. Regiments (Colonel-général) nahmen sogar die Fahnen mit und forderten ihre Soldaten schriftlich auf, ihrem Beispiele und den Fahnen zu folgen. Auch von den flüchtigen Offizieren der anderen Regimenter wurden längs der ganzen Grenze Versuche gemacht, die Truppen zum Uebertritt zu bewegen, jedoch fast 'ohne Erfolg für jetzt. Wenn den ersten Emigrationen der Offiziere hauptsächlich die Absicht zu Grunde lag, von der Grenze aus eine Contre=Revolution zu organisiren, so waren doch auch andere Gründe vorhanden: Alexander Lameth sagte am 28. August in der National=Versammlung, er könne versichern, daß die meisten Offiziere ihren Posten verließen, um nicht gehängt zu werden.

Die Commissare der National=Versammlung, welche in den Grenz=Departements umherreisten, um den neuen Eid abzunehmen, wurden von den Truppen überall gut empfangen. Allein ein großer Theil der Offiziere verließ die Garnisonen und floh über die Grenze vor ihrer Ankunft; andere weigerten unbedingt den neuen Eid und forderten ihren Abschied; andere leisteten ihn und reichten gleichzeitig ihr Abschiedsgesuch ein; noch andere entschlossen sich erst nach längerem Zureden zur Eidesleistung. Mißliebige Commandeure wurden unbedenklich von den Commissaren suspendirt und ihre Stellen anderweitig vorläufig besetzt, natürlich stets nach den Wünschen, welche die Soldaten aussprachen.

Man bildete sich ein, daß nach dieser scharfen Sonderung des Offizier=Corps die Truppen zu den Offizieren, welche den Eid geleistet hatten, Vertrauen gewinnen würden. Aber weit gefehlt! Vertrauen erhielten jetzt nur noch die Offiziere, welche auf ihre Autorität verzichteten, welche sich mit Ostentation in das Treiben der Jacobiner=Clubs stürzten und zu jedem größten Unfuge ihre Zustimmung aussprachen. Die Armee kam an den Abgrund völligen Verderbens. Die Offiziere, welche sich den Soldaten nicht unbedingt unterwarfen, wurden gemißhandelt oder verjagt; nur wenige Regimenter machten noch eine Ausnahme, selbst ein großer Theil der Schweizer-Regimenter wurde wankend und beging Excesse aller Art. Wo die Soldaten nicht zu offenen Gewaltthätigkeiten gegen ihre Vorgesetzten schritten, nahmen sie den Commandeuren wenigstens die Fahnen und Kassen ab und trugen sie entweder auf's Rathhaus oder nahmen sie in die Kasernen. So weit von einer Autorität überhaupt noch die Rede war, wurde sie von den Municipal-Behörden und den Clubs ausgeübt. Erstere forderten von den Commandanten in vielen Festungen die Schlüssel zu den Thoren und Magazinen ein und änderten ganz nach eigenem Gutdünken die Truppenbewegungen, welche der Kriegsminister anordnete. Es gab bald Regimenter, die keinen einzigen Offizier mehr bei der Fahne hatten.

Die National-Versammlung zeigte sich diesen Zuständen gegenüber Anfangs wieder auf's Aeußerste schwach, und die Robespierre, Pethion u. A. suchten den Brand auf alle Weise zu schüren. An zahlreichen Veranlassungen dazu fehlte es nicht. Den in Givet stehenden Regimentern wurde z. B. lebhaft applaudirt, als die Nachricht einging, daß sie ihre Fahnen auf's Rathhaus getragen. Schon am 24. Juni wurde den commandirenden Generälen aufgegeben, für die vacant werdenden Sous-Lieutenants-Stellen Bürger vorzuschlagen, die ihnen geeignet schienen, aber die H ä l f t e der vacanten Stellen den Unteroffizieren des betreffenden Regiments zu lassen – eine Concession, die nur zu ferneren Gewaltthätigkeiten ermuntern konnte. Die alten Fahnen und Standarten sollten als nicht mehr zeitgemäß beseitigt werden, statt dessen die ersten Fahnen aller Regimenter die drei Nationalfarben, die folgenden die Farben der Regimenter führen. Auch die Bestimmung, welche den

Militairs die Ausübung der Bürgerrechte in der Garnison untersagte, wurde am 6. Juli wieder aufgehoben. — Dieselbe Art der forcirten Bearbeitung, welche einst die Regimenter erfahren mußten, welche die Revolte von Nancy unterdrückt hatten, kam auch jetzt wieder gegen diejenigen Truppentheile zur Anwendung, welche Bouillé bei Montmedy hatte verwenden wollen, und die sich durch ihre ruhige Haltung nachher verdächtig machten. Das Regiment Nauffau erhielt Marschbefehl nach Sedan; die Stadt verweigerte jedoch die Aufnahme; das Regiment wurde darauf nach einem anderen Orte geschickt, welcher den Einlaß mit Gewalt verwehrte; dasselbe wiederholte sich noch zwei Mal, und jedes Mal wurde dem Regimente Contre-Ordre geschickt. So kam es endlich ermüdet und mißmuthig nach Metz, gerieth aber dort sogleich in thätlichen Conflict mit anderen Truppen und erhielt daher wieder Marschbefehl nach Toul. Allein jetzt hatte seine Geduld ein Ende; 500 Mann verweigerten den Weitermarsch, blieben in Metz und legten die Waffen nieder. Der Rest entschloß sich zum Marschieren nur noch unter der Bedingung, daß ihm zum Schutze zwei Municipal-Beamten mitgegeben würden. In Folge dieses Ereignisses beschloß die National-Versammlung am 21. Juli, alle bisherigen deutschen, irländischen und niederländischen Regimenter der französischen Infanterie völlig einzuverleiben.

Ludwig XVI wurde in Paris seit seiner Rückkehr als Gefangener bewacht und sollte als solcher bis zur weiteren Entscheidung der National-Versammlung behandelt werden. Die Untersuchung über den Fluchtversuch wurde sofort eingeleitet und gegen den größten Theil der betheiligten Personen, wie gegen Bouillé und die Führer der auf dem Fluchtwege aufgestellten Detachements die Anklage wegen Hochverraths beschlossen. In Rücksicht auf den König war die große Majorität der Versammlung darüber einig, daß er in seine verfassungsmäßigen Rechte wieder einzusetzen sei; es konnte Niemandem mehr zweifelhaft sein, daß die Erklärung der Republik sofort die Pöbelherrschaft und völlige Anarchie zur Folge haben müsse. Für die Beseitigung des Königthums arbeitete deshalb auch fast nur der Pöbel und seine Wortführer, die besitzenden Klassen der ganzen Bevölkerung erblickten in der Erhaltung des Königthums ihre einzige Rettung, und standen zur Majorität der National-Versammlung, als diese am 15. Juli erklärte, daß dem Könige die erbliche Regierung wieder zu übergeben sei, wenn er die Verfassung annähme. Eine Bewegung, welche der Pöbel gegen diese Resolution am 17. Juli in Paris versuchte, wurde durch die Nationalgarde energisch unterdrückt, die Arbeitsstätten geschlossen, die fremden Arbeiter aus Paris verjagt und der Belagerungszustand verkündet. Die Macht der anarchischen Parthei war momentan vollständig gebrochen, ihre Führer wagten es nicht, sich sehen zu lassen.

Nachdem die National-Versammlung in diese Wege eingelenkt war, konnte sie auch die Augen nicht länger gegen die Unhaltbarkeit der Zustände in der Armee verschließen, die sich mit jedem Tage verschlimmerten. Sie beauftragte daher ihren Militair-Ausschuß, Bericht über die Mittel zu erstatten, welche zur Herstellung der Disciplin zu ergreifen seien, und kam nach mehrtägigen Berathungen am 25. Juli zu folgendem Beschlusse:

„Die National-Versammlung, unterrichtet davon, daß mehrere Regimenter der Armee einen großen Theil ihrer Offiziere verloren haben, von denen die Einen auf ungesetzliche Weise durch die Soldaten abgesetzt sind, während Andere aus eigenem Antriebe ihren Posten verlassen haben, trotzdem die Ehre es ihnen zur Pflicht machte, auf demselben für die Aufrechterhaltung der Disciplin zu sterben; auf das bestimmteste entschlossen, diese Disciplin in ihrer ganzen Strenge herzustellen ꝛc., decretirt:

1. Diejenigen Offiziere, welche seit dem 1. Mai c. freiwillig ihr Corps oder ihre Fahne verlassen haben, ohne ihre Entlassung einzureichen, und welche danach auf frembes Gebiet übergetreten sind, werden sofort als Ueberläufer verfolgt und durch die Kriegsgerichte abgeurtheilt. Ebenso wird mit denjenigen Offizieren verfahren, welche in's Ausland gegangen sind, nachdem sie ihre Entlassung erhalten, wenn sie sechs Wochen nach Veröffentlichung dieses nicht in das Königreich zurückgekehrt sind. Die Versammlung beauftragt speciell die Behörden, in Betreff derselben die Ausführung der Gesetze zu überwachen, welche das Eigenthum und die Freiheit der Personen betreffen.
2. Die Offiziere, welche, ohne in's Ausland zu gehen, freiwillig ihr Corps oder ihre Fahne verlassen haben, ohne Erlaubniß oder Urlaub, werden so betrachtet, als hätten sie für immer dem Dienste entsagt, und haben keine Ansprüche auf Wiederanstellung oder Beförderung.
3. Diejenigen Offiziere, welche in Folge von Verdächtigungen, die sich nicht als begründet erweisen, gezwungen worden sind, ihr Corps zu verlassen, nehmen ihre Stellen wieder ein oder erhalten, wenn sie dies vorziehen, entsprechende Stellen in anderen Corps, vorausgesetzt, daß sie den am 22. Juni vorgeschriebenen Eid schon geleistet haben oder binnen 14 Tagen leisten.

4. Die Bestimmung des Decretes vom 24. Juni c., nach welcher die Hälfte der vacanten Offizierstellen für die Unteroffiziere des betreffenden Corps reservirt wird, findet keine Anwendung auf die Regimenter, welche sich Absetzungen erlaubt haben; und in denselben Regimentern bleibt die Aussicht auf Ernennung zu Offizieren, wie sie durch das Gesetz vom 23. September 1790 den Unteroffizieren eröffnet ist, aufgehoben bis auf Weiteres und bis die Wiedergewährung auf Grund der Berichte der oberen Vorgesetzten über die gute Führung des Corps erfolgt.
5. Alle bisher begangenen militairischen Vergehen, mit Ausnahme der ad 1 und 2 erwähnten, der Desertion, der betrügerischen Werbung und des Verrathes, werden als nicht geschehen betrachtet. Die noch schwebenden Untersuchungen werden niedergeschlagen, und die Gefangenen erhalten ihren Abschied mit einfachen Entlassungsscheinen.
6. Vom Tage der Publication dieses Decretes an wird jede Insubordination, jeder Verstoß gegen die Disciplinar=Gesetze nach den Umständen und nach der Strenge der Gesetze bestraft werden. Die Auditeure werden für die gerichtliche Verfolgung jeder ihnen zugehenden Klage verantwortlich gemacht.
7. Fortan werden die Unteroffiziere für alle Bewegungen in den Regimentern gegen die Offiziere zur Rechenschaft gezogen, wenn die Schuldigen nicht sogleich erkannt werden. Sie sind vor die Kriegsgerichte zu fordern und mindestens mit Cassation zu bestrafen, wenn sie nicht ihre Unschuld nachweisen können.
8. Bei verabredeten Bewegungen in den Regimentern

gegen die Ordnung und militairische Disciplin werden die Aeltesten aller Chargen der Unteroffiziere und Gemeinen kriegsgerichtlich, wie ad 7 bestimmt, verfolgt, wenn die Schuldigen nicht entdeckt werden. Desgleichen die Offiziere, wenn sie auf etwaige Meldungen der Unteroffiziere nicht sogleich gesetzlich eingeschritten sind.

9. Es werden als verabredete Bewegungen gegen die Ordnung und Disciplin betrachtet und verfolgt alle Vereinigungen von Mannschaften ohne Offiziere und Unteroffiziere oder mit solchen, um unter Verhältnissen zu berathen, wo es nicht erlaubt oder nicht gesetzlich vorgeschrieben ist; vor Allem jede förmliche Berathung und Aeußerung gemeinsamer Wünsche.

10. Das Recht, verdächtige Offiziere zu suspendiren, wird den Corps- und Divisions-Commandeuren ertheilt. Die Disciplinar-Räthe der Regimenter erhalten das Recht, mit $^5/_7$ der Stimmen auf einfache Entlassung von Unteroffizieren und Gemeinen zu erkennen, jedoch nur auf Grund eines schriftlichen Antrages, der bei Unteroffizieren durch 9 Kameraden desselben Grades und einen Offizier der Compagnie, und bei Gemeinen durch alle Offiziere oder durch 1 Unteroffizier und 9 Gemeine der Compagnie unterzeichnet ist.

Man sieht an diesem Decrete wieder, daß die Verwerflichkeit der National-Versammlung stets größer war, als ihre Einsicht: die Spitze ist gegen die Offiziere gerichtet. Die Mehrzahl der Offiziere, welche ihre Fahnen verlassen hatten, waren zu diesem Entschlusse durch die Zügellosigkeit der Soldaten getrieben, selbst in den Fällen, wo sie nicht direct verjagt worden waren — eine Thatsache, welche Niemand in der National-Versammlung zu bestreiten wagte.\*) Wir wollen uns nicht für die Emigranten begeistern, sie haben auch in jener Zeit nicht vermocht, sich besondere Achtung beim preußischen Offizier-Corps zu erwerben; aber jedenfalls war die Emigration ehrenhafter noch, als die Ableistung des von der National-Versammlung geforderten Eides. Die Zustände waren in Frankreich dahin gekommen, daß an einer Rettung des Königs und des Vaterlandes durch Aufopferung im Lande mit Recht zu verzweifeln war. Niemand wird erwartet haben, daß die National-Versammlung gegen die Emigration mit unpartheiischer Milde auftreten sollte; aber da es ihr um die Herstellung der Disciplin zu thun war, hätte sie mindestens ebenso streng gegen diejenigen auftreten müssen, welche durch die Ueberschreitung aller Grenzen der Pflicht und der Gesetzlichkeit die Urheber eines so verzweifelten Entschlusses waren. Statt dessen ertheilte sie in sündhafter Schwäche oder erbärmlicher Verblendung diesen wieder völlige Amnestie für alles Vergangene und glaubte durch Drohungen noch etwas erreichen zu können, nachdem sie durch ihr Verhalten während zweier Jahre die Ueberzeugung befestigt hatte, daß sie ihre Drohungen nie auszuführen beabsichtigte. Recht klar mußte dem Soldaten seine Unverletzlichkeit in den Untersuchungen werden, welche gegen die flüchtigen Offiziere angestrengt werden sollten; da wurden alle seine Vergehen öffentlich an's Licht gezogen, und der Offizier wurde für dieselben bestraft, ja, die meuterischen

---

\*) Die Emigranten des Corps von Bouillé sagen in einer Rechtfertigung ihres Schrittes: „Les affronts que nous avons endurés, sont inexprimables. Notre courage nous a fait supporter tout avec patience, parce que nous nous flattions de l'espoir qu'un jour notre modération, notre sagesse seraient récompensées par l'effet qu'elles auraient produit etc."

Soldaten saßen mit unter den Richtern! Zu allem Ueberflusse hatte der Militair=Ausschuß noch beantragt, daß die durch offene Gewalt vertriebenen Offiziere nur dann wieder angestellt werden sollten, wenn innerhalb einer bestimmten Frist keine Denunciationen ihrer Soldaten eingingen, welche als begründet anzuerkennen wären. Das war aber selbst der National=Versammlung zu viel gewesen! Man hatte es nicht mehr mit einer vorübergehenden Insurrection in der Armee zu thun, alle Grundlagen waren erschüttert und die Moral vernichtet. Um die Disciplin herzustellen, mußte man auf die Grundübel zurückgehen; aller fremde Einfluß war zu beseitigen, das Fehlerhafte in der Reorganisation zu verbessern, namentlich im Gerichtswesen; mit der äußersten Strenge hätte anhaltend ohne Schwanken das Ansehn der Vorgesetzten, die Subordination, gestützt werden müssen. Warum führte man nicht die Zusammenziehung der Truppen in Uebungslägern aus? Und wenn man den Befehl dazu nicht erneuern wollte, so hätte den Soldaten jetzt durchaus der Besuch der Clubs verboten werden müssen. Das Treiben derselben war so wüst geworden, daß die Wühler in Paris nach dem 17. Juli die Schließung aller Clubs bestimmt erwarteten. Es fehlte der National=Versammlung gerade in diesem Zeitpunkte nicht an der Macht zu dieser Maaßregel, und man muß annehmen, daß sie die Nothwendigkeit derselben wohl fühlte. Hier aber kam die alte Schwäche wieder zu Tage, die sich auch in dem ganzen auf die Armee bezüglichen Decrete abspiegelt: die National=Versammlung wollte geordnete Zustände haben, aber sie wollte auch durchaus populair bleiben. Deshalb liebäugelte sie beständig auf der einen Seite, während sie auf der anderen drohte; deshalb schwächte sie jede verständige strenge Maaßregel sofort wieder ab und bettelte bei den von ihr als schuldig Bezeichneten um unveränderte Liebe. Jede andere Autorität hatte sie frevelhaft zerstört, in grenzenloser Eitelkeit und Verblendung machte sie ihre eigene zu Nichte.

So schwach sich die National-Versammlung in der Entscheidung der laufenden Fragen zeigte, so kurzsichtig war sie in der Hauptfrage. Die Verfassung nahte sich ihrem Abschlusse; allein alle traurigen Erfahrungen waren nicht im Stande gewesen, der National-Versammlung die Augen darüber zu öffnen, daß eine Regierung mit dieser Verfassung eine Unmöglichkeit war. Es vereinigte sich gerade in diesem Augenblicke Alles, um die Lebensunfähigkeit derselben zu beweisen; die National-Versammlung erkannte ihre Fehler nicht oder wollte sie nicht eingestehen. Statt den Grund des Leidens in dem fehlerhaften Organismus zu suchen, curirte sie nach ihrer Art auf der Oberfläche herum. Wir werden bald sehen, wie die National-Versammlung vergebliche Versuche machte, dem Könige, der Executivgewalt eine Stellung zu geben, zu deren Unhaltbarkeit sie selbst den Grund gelegt hat. Betrachten wir im Speciellen die Armee, so war bei dieser eine entschiedene, dauernde Abstellung der Uebelstände, ein richtiges Verhältniß der bewaffneten Macht im Staate und zu den Staatsgewalten nur durch völlige Umkehr von dem bisher betretenen Wege zu erreichen. **Die Armee mußte dem Treiben der Partheien entrissen und dem Könige wiedergegeben werden.** Die National-Versammlung mußte mindestens den größten Theil der Rechte, welche sie sich in Bezug auf die Armee vorbehalten hatte, der Executivgewalt zurückliefern. Sie that dies nicht, sie ließ die Verfassung unverändert und überantwortete den Staat entweder der Knechtung des Auslandes oder dem Militair-Despotismus.

Um ein Bild von den in den Offizier-Stellen entstandenen Manquements zu geben, sei hier erwähnt, daß am 25. Juli 67 Regiments-Commandeur- und 128 Oberstlieutenants-Stellen neu besetzt werden mußten. Dabei ist zu bedenken, daß in den letzten zwei Jahren bei allen Avancements in den oberen Chargen, die nicht nach der Anciennetät erfolgten, stets die politische Gesinnung hatte berücksichtigt werden müssen; wiederholt war der König schwach und thöricht genug gewesen, wegen Widerspruchs der Clubs ꝛc. Beförderungen rückgängig zu machen. Die Wiederbesetzung der massenhaft vacanten Offizier-Stellen konnte natürlich nicht nach dem für gewöhnliche Verhältnisse festgestellten Modus erfolgen, denn viele Regimenter hatten gar keine oder nur noch wenige Offiziere. Die National-Versammlung erließ daher am 1. August ein provisorisches Gesetz für die Wiederbesetzung der Stellen, dessen wesentlichste Bestimmungen in Folgendem enthalten sind:

1. Die Besetzung der Stabs-Offizier-Stellen erfolgt in der gesetzlichen Weise.
2. Wenn in einem Regimente nicht mehr wie vier Capitaines-Stellen vacant sind, so werden sie an die ältesten Lieutenants des Regiments vergeben; die über diese Zahl vacanten jedoch zu drei Vierteln an die ältesten Lieutenants der ganzen Waffe, ein Viertel an zur Disposition gestellte Offiziere, wenn sie ein von dem Departements-Directorium ausgestelltes Attest über ihre constitutionelle Gesinnung beibringen. Ebenso ist bei der Besetzung der vacanten Lieutenantsstellen zu verfahren.
3. Von den Sous-Lieutenants-Stellen erhalten die Unteroffiziere in den Regimentern, welche ihre Offiziere vertrieben haben, den vierten Theil, in den anderen

die Hälfte. Der Rest wird an Söhne von Activ=
bürgern vergeben, die 16—24 Jahre alt sind, in der
Nationalgarde gedient haben und ein Attest über ihre
constitutionelle Gesinnung beibringen.

Die Demokratisirung des Offizier=Corps von unten herauf
war durch dieses Verfahren gesichert; die Gesinnungen der
Unteroffiziere sind bekannt, und daß die Directorien nur
solchen jungen Leuten das constitutionelle Attest geben durften,
die ihnen von den Jacobiner=Clubs empfohlen wurden, ver=
stand sich damals von selbst. Der Schrecken der Clubs vom
17. Juli war längst vorüber, sie traten jetzt mit doppelter
Thätigkeit auf. Dem Kriegsminister aber wurde durch die
vorstehenden Bestimmungen eine wahre Danaiden=Arbeit auf=
gegeben. Kaum glaubte er einen Abschnitt derselben beendet
zu haben, so kamen neue Nachrichten von massenhaften Emi=
grationen, und Alles war vergeblich gewesen. Eine Ancienne=
tätsliste für die ganze Armee existirte im Kriegs=Ministerium
bisher nicht, sie mußte erst zusammengetragen werden. Sehr
häufig wehrten sich die Offiziere gegen die Versetzung in
andere Regimenter, weil sie lieber auf den kleinen Vortheil
des Avancements verzichteten, als in ein Corps zu kommen,
welches so eben erst seine Offiziere verjagt hatte und sich
voraussichtlich gegen ihre Einrangirung widersetzte. Die
Arbeit kam nicht von der Stelle, und die Corps blieben ohne
Offiziere.

Das Decret, welches die National=Versammlung am
25. Juli zur Herstellung der Disciplin erlassen hatte, blieb,
wie vorauszusehen war, völlig wirkungslos. Wenn die Na=
tional=Versammlung das Bestreben zeigte, die Ordnung im
Lande herzustellen, so arbeitete die anarchische Parthei mit
verdoppeltem Eifer ihr entgegen, und ganz besonders in der

Armee; sie wußte zu gut, daß sie Nichts zu fürchten, sondern Alles zu hoffen hatte, so lange sie der Sache der Ordnung die materielle Gewalt entzog. Robespierre und seine Freunde standen theils durch die Clubs, theils direct in beständigem Verkehr mit einem großen Theile der Armee, eine Thatsache, für welche Robespierre jetzt wiederholt in der National-Versammlung ebenso offene als erfolglose Vorwürfe gemacht wurden. Die Offizier-Vertreibungen und Emigrationen dauerten fort; es wurden nicht mehr allein die adeligen Offiziere verjagt, sondern häufig auch die aus dem Unteroffizier-Stande hervorgegangenen — man wollte überhaupt keine Art von Autorität anerkennen. Sofern auch noch häufig freiwillige Emigrationen vorkamen, muß man sagen, daß die betreffenden Offiziere ehrenhafter gehandelt hätten, damals den von der National-Versammlung geforderten Eid zu verweigern, als ihn jetzt zu brechen. Das Mißtrauen der Soldaten gegen die Offiziere steigerte sich natürlich durch diese Emigrationen noch mehr, und gab den Vorwand zur Versagung jedes Gehorsams und zu neuen, intensiven Insurrectionen. Ein Befehl wurde nur befolgt, wenn die Soldaten ihn für zweckmäßig erachteten; erhielt ein Regiment Marschordre — die Armee wurde nach der Ostgrenze zusammengezogen — und die Clubs erklärten den Soldaten, daß der Befehl thöricht oder unnütz sei, so marschierten diese nicht. In Metz hielt bei den Armirungs-Arbeiten ein Soldat unter großem Applaus eine Rede, worin er erklärte, er würde den Kriegsminister bei dem Arrondissements-Tribunale verklagen, wenn er nicht dafür sorgte, daß die Pallisaden vernunftgemäßer gesetzt würden. Ein Bataillon vom 88. Regiment, welches nach der Grenze beordert war, kam halbnackt, ohne Schuhe, die Mehrzahl der Soldaten ohne Waffen daselbst an; sie hatten Alles verkauft.

In Folge der Bitte des Kriegsministers beschäftigte sich die National-Versammlung am 28. August abermals mit den Zuständen der Armee. Das Militair-Comité führte als Beispiele, wohin die Armee gekommen sei, folgende Thatsachen an: Das 17. Regiment (Auvergne) hat seine Offiziere verjagt, sich als Privat-Gesellschaft constituirt und kennt kein Gesetz mehr, als seinen Willen. Das 38. Regiment (Dauphiné) hat, nachdem es seine Offiziere vertrieben, alle Schranken der Ordnung und Sitte durchbrochen. Das 2. Bataillon 68. Regiments (Beauce) kennt gar keine Zucht mehr und begeht die äußersten Excesse. Anderwärts, fuhr das Comité fort, ist die Revolte nicht ganz so weit gediehen, aber dieselben Principien herrschen noch in manchen Corps. „Das 2. Bataillon 68. Regiments," fügte Alexander Lameth hinzu, „steht im Begriffe, seine Garnison in Brand zu stecken. Alle Generäle versichern, daß sie für Nichts mehr einstehen können. Die Insubordination wird so lange dauern, als die gröbsten Excesse in der National-Versammlung ihre Vertheidiger finden." Darauf forderte Pethion die Vertagung der Frage, Robespierre die Tagesordnung. Die National-Versammlung erließ jedoch mit großer Majorität folgende Bestimmungen:*)

1. Gegen jede Militair-Revolte ist sofort mit allen gesetzlichen Mitteln einzuschreiten.
2. Wo eine solche ausbricht, läßt der Commandant von Viertel- zu Viertelstunde Signale durch Kanonenschüsse oder Salven geben.
3. Die Truppen der Garnison werden unter die Waffen

---

*) Wir müssen uns hier erinnern, daß der neue Code pénal militaire erst am 30. September 1791 decretirt wurde.

gerufen, und wenn es erforderlich ist, läßt der Divisions=Commandeur andere Truppen anrücken.
4. Die städtischen Behörden bieten sofort die National=garde und die Gendarmerie auf und requiriren, wenn es nöthig ist, Hülfe von den nächsten Munici=palitäten.
5. Wenn eine genügende Macht versammelt ist, so wird die revoltirende Truppe aufgefordert, die Waffen nieder=zulegen.
6. Diese Aufforderung wird drei Mal mit Intervallen von einer Viertel=Stunde wiederholt.
7. Schließt sich die Truppe in eine Stadt ein, so wird diese Aufforderung an jedem Thore drei Mal erlassen.
8. Diejenigen, welche sich nach der ersten Aufforderung ergeben, werden disciplinarisch bestraft; die, welche nach der zweiten Aufforderung, aber vor Anwendung der Gewalt, gehorchen, werden mit einem Jahre Gefängniß, Offiziere und Unteroffiziere mit 2 Jahren Gefängniß und Cassation bestraft; die Rädelsführer jedoch mit 5 resp. 10 Jahr Ketten.
9. Nach der dritten Aufforderung wird unbeschränkter Gebrauch von den Waffen gemacht. Dies kann auch früher geschehen, wenn Seitens der Insurgenten irgend ein Angriff erfolgt.
10. Diejenigen, welche die Anwendung der Gewalt ab=gewartet haben, werden: Offiziere und Unteroffiziere mit dem Tode, Gemeine mit 20 Jahr Ketten bestraft.
11. Eine Militair=Commission nimmt von Allem, was sich ereignet, eine Verhandlung auf.

12. Diese Verhandlung dient als einzige Untersuchungs-Acte dem sofort zu etablirenden Kriegsgerichte, welches ohne weitere Form auf der Stelle aburtheilt und executirt.
13. Ueber diejenigen, welche sich vor Anwendung der Gewalt unterworfen haben, wird in der gewöhnlichen Form abgeurtheilt, jedoch nicht von Soldaten desselben Truppentheils.

Der Kriegsminister sandte am 1. September dieses Decret an alle Divisions-Commandeure, empfahl ihnen die ganze Durchführung desselben, wo es nöthig erschiene, und ordnete an, daß das Decret sofort allen Truppen mitgetheilt würde. Endlich traf also die National-Versammlung eine unzweideutige Maaßregel und bewirkte dadurch, daß die Revolten für die nächste Zeit verschwanden. Allein die tieferen Ursachen derselben bestanden und wirkten fort: die gänzliche Demoralisation und die Verdrehung aller militairischen Rechtsanschauungen.

Die National-Versammlung beharrte auf dem jetzt betretenen Wege; sie wollte dem Lande am Schlusse ihrer Thätigkeit die Ordnung und Ruhe wiedergeben, die sie in ihrer Verblendung vernichtet hatte. Sie vermochte aber über die trostlosen Zustände nur einen leichten Schleier zu werfen; ihre Nachfolgerin lüftete diesen wieder, und Alles stand in hellen Flammen.

Die Emigration der Offiziere dauerte ohne Unterbrechung fort, zum größten Schaden für die Armee. Die Zahl der entflohenen Offiziere stieg bis Anfangs October auf 1932. Da von den vacanten Stellen zu diesem Zeitpunkte erst 764 wieder besetzt waren, so mußte die Gültigkeit der Ausnahme-Bestimmungen über die Zulassung zu den Offizier-Stellen und das Avancement bis zum 1. Januar 1792 verlängert werden.

Die National-Versammlung nahm am Ende ihrer Thätigkeit noch einen Anlauf gegen die Herrschaft der Clubs und namentlich deren Einfluß auf die Armee. Sie wies Petitionen und Beschwerden über militairische Angelegenheiten, die von Soldaten und Mitgliedern der Jacobiner-Clubs gemeinschaftlich unterzeichnet eingingen, mit dem Bemerken zurück, daß sich keine Civil-Behörden oder Bürger um die inneren Angelegenheiten der Regimenter zu kümmern hätten, daß übrigens für die Soldaten der Weg der Beschwerde durch die Gesetze vorgeschrieben sei. Als Pethion in der National-Versammlung eine militairische Angelegenheit zur Sprache bringen wollte auf Grund von Briefen, welche die Municipalität von Straßburg und der General Luckner an den Jacobiner-Club in Paris gerichtet hatten, ging die Versammlung mit der Erklärung zur Tagesordnung über, sie brauche keine Clubs als Zwischen-Instanz, dieser Weg sei für Behörden ungehörig. Gleichzeitig decretirte sie, daß keine Gesellschaft oder Club unter irgend einer Form eine politische Existenz haben oder irgend einen Einfluß auf Handlungen der gesetzlichen Gewalten ausüben, noch Einsicht in deren Acten fordern könnte; daß sie unter keinem Vorwande einen Collectivnamen annehmen dürften, um Petitionen oder Deputationen zu formiren oder bei irgend einer officiellen Veranlassung zu erscheinen. Zuwiderhandelnde sollten mit Geldstrafen oder, wenn sie Activbürger wären, mit Untersagung der Ausübung ihrer Bürgerrechte auf Zeit bestraft werden.

Der König nahm die Constitution an, er hatte in seiner Gefangenschaft keine andere Wahl. Leider wurde, diesmal auf seinen thörichten Wunsch, am 14. September wieder eine allgemeine Amnestie für alle militairischen Vergehen decretirt, welche seit dem 1. Juni 1789 begangen waren; doch sollten diejenigen, welche ihre Stellen verlassen hatten, derselben verlustig bleiben.

Da das Provisorium mit der Annahme der Constitution beendet war, so mußte die Armee abermals einen neuen Eid leisten. Derselbe lautete

für Offiziere: „Ich schwöre treu zu sein der Nation, dem Gesetze und dem Könige, mit meiner ganzen Kraft die Constitution zu erhalten, so wie die Gesetze und militairischen Reglements ausführen zu lassen;"

für Unteroffiziere und Soldaten: „Ich schwöre treu zu sein der Nation, dem Gesetze und dem Könige, die Constitution zu vertheidigen, niemals meine Fahne zu verlassen, meinen Vorgesetzten zu gehorchen und mich in jeder Hinsicht den Regeln der militairischen Disciplin zu unterwerfen."

Die ganze Verschuldung der National-Versammlung in Rücksicht auf die Armee findet ihren schärfsten Ausdruck in den selbstanklägerischen Worten, welche in der Sitzung vom 5. September 1791 durch Noailles im Namen des Militair-Comité's ausgesprochen wurden: „Die Verfassung ist fertig, aber eure Armee existirt nicht, oder wenigstens könnt ihr weder auf ihre Stärke, noch auf ihre Mittel rechnen. Die Disciplin fehlt ganz, alle Uebung ist verloren gegangen, denn seit zwei Jahren ruht der Dienst. Das Offizier-Corps ist gesprengt, die Neu-Ergänzung desselben schreitet nicht vorwärts. Die Formation der freiwilligen Nationalgarden vollzieht sich mit äußerster Langsamkeit."

Wir müssen jetzt, um ein klares Bild von der Armee zu behalten, die Kriegsrüstungen näher in Betracht ziehen, zu denen sich Frankreich durch die drohende Haltung des Auslandes veranlaßt sah.

Hier nur noch die Bemerkung, daß die National-Versammlung am 30. September 1791 ihre Aufgabe für beendet erklärte. Am folgenden Tage begann die erste gesetzgebende Versammlung nach den Bestimmungen der Constitution ihre Thätigkeit.

## Die französischen Kriegsrüstungen.

Die europäischen Mächte hatten die Entwickelung der Dinge in Frankreich mit steigender Besorgniß beobachtet. Allein so sehr auch die Emigranten, besonders die Brüder des Königs, an allen Höfen um bewaffnete Intervention warben, so blieben ihre Bemühungen im Jahre 1790 völlig erfolglos. Die Mächte waren zu vielfach durch andere politische Interessen beschäftigt und gegen einander verstimmt, als daß eine Einigung mehrerer derselben, wie es zu nachdrücklichem Auftreten gegen die Revolution in Frankreich erforderlich gewesen wäre, hätte erzielt werden können. Besonders vereitelte die zwischen Preußen und Oestreich herrschende Spannung in diesem Jahre für Frankreich jede Hoffnung auf äußere Hülfe. Erst als im Frühjahr 1791 die Bitten Marie Antoinette's bei ihrem Bruder, dem Kaiser Leopold von Oestreich, eindringlicher wurden, entschloß sich dieser eine Vereinigung zu veranlassen, deren nächster Zweck die Einschüchterung der revolutionairen Partheien durch militairische Demonstrationen war. Preußen, Spanien, Sardinien, die Schweiz und andere Staaten sagten ihre Mitwirkung zu, während England sich zur Neutralität verpflichtete. Im Juli endlich, nachdem die

Lage König Ludwigs durch den vereitelten Fluchtversuch bedenklicher geworden war, kam es zum Abschluß eines Vertrages zwischen Preußen und Oestreich, welcher die übrigen zwischen beiden herrschenden Zwistigkeiten beseitigte und ein gemeinschaftliches Auftreten in der französischen Angelegenheit bestimmter in Aussicht nahm. Von nun an war König Friedrich Wilhelm II derjenige Fürst, welcher am Entschiedensten zum bewaffneten Einschreiten gegen die Revolution trieb, während der Kaiser von Oestreich durch sein System des moralischen Druckes ohne Krieg das gemeinsame Ziel zu erreichen hoffte; er fürchtete durch den Krieg die französische Königsfamilie in noch größere Gefahren zu bringen.

Wenn bisher die Revolutions-Partheien in Frankreich den Krieg als eine Gefährdung ihrer Ziele betrachteten und nur das Kriegsgeschrei im Lande nährten, um die Gemüther zu erhitzen, so änderte sich ihre Meinung in den letzten Monaten des Jahres 1791. Wir müssen zunächst einen Blick auf die neue gesetzgebende Versammlung werfen. Die große Mehrheit ihrer Mitglieder stimmte in ihren Anschauungen mit der Majorität der abgetretenen National-Versammlung überein, nur zeichneten sie sich durch noch größere Unselbstständigkeit und Unklarheit aus. Wie jene wollten sie die Aufrechterhaltung der Menschenrechte und Ordnung im Lande, sie wollten eine Regierung, aber wichtiger war ihnen das Princip der Volks-Souverainetät, und auf Nichts waren sie eifersüchtiger, als auf ihre Popularität. Ihnen gegenüber stand die Parthei der Gironde mit hervorragenden Rednertalenten, im Grunde des Herzens republicanisch, in ihren Mitteln radical, bis sie selbst zur Regierung kam, getrieben von Unternehmungslust nach allen Richtungen. Sie betrachtete den Krieg mit seinen Aufregungen als das sicherste Mittel, das Königthum zu stürzen, und weidete sich

Wolluſt an dem Gedanken, die Revolution mit dem Schwerte über die Nachbarländer auszudehnen. Alle ehrgeizigen und thatendurſtigen Elemente der Nation ließen ſich bald in dieſer Richtung mit fortreißen, während in der Mehrheit des Volkes, in der ganzen Mittelklaſſe ſich bereits in jener Zeit eine auf= fällige Abſpannung, ein Widerwillen gegen das politiſche Treiben und Sehnſucht nach ruhigen, geordneten Zuſtänden zeigte. Auf dieſe Thatſache gründete ſich hauptſächlich das Syſtem des Kaiſers Leopold; er hoffte eine Beſſerung der Zuſtände in Frankreich durch friedliche Unterſtützung der ſich nach Ordnung ſehnenden Klaſſen der Bevölkerung zu erzielen. Allein die Gironde kam ihm zuvor. Am 29. November be= ſchloß die geſetzgebende Verſammlung, den König zu erſuchen, er möge die rheiniſchen Churfürſten zur Auflöſung des Emi= grantenheeres (ca. 4000 Mann) auffordern und ſofort die nöthigen Streitkräfte an der Grenze verſammeln, um der Forderung Nachdruck zu geben.

Der König erſchrak, aber gab nach. Der Kriegsminiſter Duportail reichte ſeine Entlaſſung ein, und ſeine Stelle wurde dem kriegs= und unternehmungsluſtigen Narbonne übertragen, einem Manne, der, obgleich nach ſeinen Anſchauungen nicht Republicaner, doch kein Bedenken trug, jetzt kräftig mit in das Horn der Gironde zu ſtoßen. Dieſe aber begeiſterte ſich immer entſchiedener für den Krieg und riß alle Wankenden mit ſich fort. Der Churfürſt von Trier befahl auf den Rath des Kaiſers Leopold die Auflöſung des Emigrantenheeres, aber der Kaiſer erklärte gleichzeitig, daß er jeden Angriff gegen einen deutſchen Reichsfürſten als casus belli betrachten würde. Am 25. Januar 1792 decretirte die geſetzgebende Verſamm= lung, der König möge den Kaiſer befragen, ob er auf jede Unternehmung gegen Frankreich verzichten wolle, und wenn bis zum 1. März keine genügende Erklärung einginge, den Krieg erklären.

Der Krieg war hiernach so gut wie unvermeidlich, es war kein Zweifel mehr, daß die herrschenden Partheien in Frankreich ihn unter allen Umständen herbeiführen wollten. Betrachten wir jetzt im Zusammenhange die Vorbereitungen, welche zu demselben getroffen wurden.

Die Armee war im Anfange des Jahres 1791 nur noch 120,000 Mann stark. Durch Decret vom 28. Januar 1791 wurde der König aufgefordert, die Complettirung der Regimenter zu beschleunigen, und gleichzeitig 100,000 Mann Auxiliar-Truppen anwerben zu lassen, sowie die Vorbereitungen zu treffen, um durch Einziehung derselben die Regimenter auf die Kriegsstärke zu bringen, sobald die Umstände dies erheischen sollten. An demselben Tage wurde beschlossen, 30 Infanterie-Regimenter auf die Stärke von 750 Mann per Bataillon und 20 Cavallerie-Regimenter auf 170 Mann per Escadron zu bringen; diese Regimenter sollten längs der ganzen Ost-grenze des Reiches vertheilt werden. Die Armirung der Grenz-festungen war bereits im December 1790 in Angriff genommen und dem Kriegsminister für die ersten Arbeiten ein Credit von 4 Millionen liv. eröffnet. Die zur Ausrüstung der Festungen erforderlichen Geschütze waren vorhanden, die Zahl derselben belief sich in den Festungen der Ostgrenze auf 4200; gleich-wohl wurde die schleunige Anfertigung von 340 neuen Ge-schützen verschiedenen Calibers angeordnet. Nachdem zahlreiche Waffen an die Nationalgarden des Reiches aus den Arsenalen abgegeben waren, befand sich in diesen Anfangs Februar 1791 nur noch ein Bestand von 95,000 Gewehren, die also nicht einmal ausreichten, um die ganze Linien-Armee zu bewaffnen, wenn die Auxiliartruppen eingezogen wurden. Es wurde daher die Fabrication neuer Gewehre befohlen.

Trotz der Beschleunigung der Recrutirung gelang es bis zum 1. März nur, die Armee auf die Stärke von 131,000 Mann zu bringen. Rücksichtlich der Complettirung der Regimenter auf Kriegsstärke muß hier bemerkt werden, daß Bekleidungs- und Ausrüstungs-Gegenstände für die Augmentation nicht bereit gehalten wurden, vielmehr mußten dieselben neu angefertigt werden. Die Complettirung auf Kriegsstärke wurde für die gesammte Armee am 3. Juli angeordnet. An demselben Tage wurde dem Kriegsminister aufgegeben, die erforderlichen Maaßregeln zur Zusammenziehung der Truppen in Corps zu treffen und die Armee kriegsmäßig auszurüsten. Die Linien-Armee auf Kriegsfuß (750 Mann per Bataillon und 170 Mann per Escadron) würde eine Stärke von 163,500 Mann Infanterie, 37,500 Mann Cavallerie und 12,300 Mann Artillerie, in Summa 213,000 Mann ergeben haben. Zur Erreichung dieser Stärke gab es kein anderes Mittel, als die Beschleunigung der Recrutirung, denn die Designation der Auxiliar-Mannschaften war noch nicht erfolgt; die hierzu erforderlichen Detail-Bestimmungen waren erst kürzlich gegeben, aber es zeigte sich auch in der Nation durchaus keine Theilnahme an dem neuen Institute. Die Recrutirung hatte indeß bisher, obgleich sie seit Anfang des Jahres mit sehr großem Eifer betrieben wurde, nur geringen Erfolg, während die allgemeine Zuchtlosigkeit beständig bedeutenden Abgang durch Desertionen und nothwendige Entlassungen verursachte. So kam es, daß die Armee Ende Juli erst eine Stärke von 146,000 Mann erreichte, also noch nicht die etatsmäßige Friedensstärke. Davon standen in den Departements längs der Ostgrenze: von Dünkirchen bis Givet 25,000 Mann unter

Rochambeau's Befehl; von Givet bis Bitch 22,000, von da bis Betfort 20,000 Mann, in Summa 67,000 Mann.

Am 22. Juli beauftragte die National-Versammlung die Departements mit der Gestellung von 97,000 Mann freiwilliger Nationalgarden, die zur Verstärkung der Feld-Armee verwandt werden sollten.

Diese National-Garden wurden in Bataillonen à 568 Mann formirt, das Bataillon zu 9 Compagnieen, worunter eine Grenadier-Compagnie, aus den größten und stärksten Leuten ausgesucht. Die Compagnieen waren stark: 1 Capitaine, 1 Lieutenant, 1 Sous-Lieutenant, 7 Unteroffiziere, 52 Grenadiere oder Füsiliere, 1 Tambour. Der Bataillons-Stab bestand aus 2 Oberstlieutenants, 1 Adjutant-Major, 1 Adjutant-Sous-Offizier und 1 Quartiermeister. Die Compagnie-Offiziere und Unteroffiziere wurden durch die Mannschaften der Compagnie gewählt, und die einzige Bedingung für die Wahlfähigkeit war die, daß sie bereits in der Nationalgarde oder bei den Linientruppen gedient haben mußten. Die beiden Oberstlieutenants, von denen der ältere das Ober-Commando hatte, wurden durch Stimmenmehrheit der Mannschaften des ganzen Bataillons gewählt, doch mußte einer derselben bereits eine Linien-Compagnie geführt haben. Die beiden Adjutanten sollten dem Bataillon durch den betreffenden commandirenden General erst gegeben werden, wenn dasselbe in den Armee-Verband eintrat; sie waren beide aus den Linientruppen auszusuchen. Ihnen fiel unter der Leitung des zweiten Oberstlieutenants hauptsächlich die militairische Ausbildung des ganzen Bataillons zu; der Adjutant-Major hatte daher auch Capitaines-Rang.

Die Organisation der Nationalgarden wurde unter der Leitung des Kriegsministers durch die Directorien der Departements ausgeführt. Der Staat lieferte den Mannschaften die erforderlichen Waffen, während sie ihre Bekleidung unter Aufsicht der Departements-Directorien selbst beschaffen sollten; später wurden die Directorien beauftragt, den Freiwilligen die Bekleidung gegen einen Gehalts-Abzug von täglich 5 sous zu liefern. Nach Beendigung der Organisation sollten die Bataillone von den Arrondissements-Commandanten, unterstützt durch Kriegs-Commissare, übernommen werden und von diesem Zeitpunkte an ganz unter dem militairischen Commando stehen. Der Kriegsminister behielt sich vor, die Märsche der Bataillone zur Armee zu reguliren. Der Ersatz der Mannschaften wurde in der Weise geregelt, daß der Bataillons-Commandeur dem Arrondissements-Commandanten von jeder eintretenden Vacanz Meldung machte; dieser benachrichtigte das Directorium des betreffenden Departements, welches für sofortige Ausfüllung der Vacanz sorgen sollte. Alle Reglements der Linientruppen erhielten Gültigkeit auch für die freiwilligen Nationalgarden. Die Mannschaften erhielten täglich 15 sous Löhnung; davon waren sie verpflichtet, ihre Bekleidung zu beschaffen und zu unterhalten, sowie für ihre Verpflegung zu sorgen; in den Lägern wurde ihnen letztere gegen Bezahlung geliefert, desgleichen in Garnisonen und Cantonnements das Quartier. Ihre Uniform — sie durften nie in Civil gehen — war dieselbe, wie die der übrigen Nationalgarden des Reiches; sie trugen also blaue Röcke, während die Linientruppen weiße Uniformen hatten. Die Freiwilligen konnten nach zweimonatlicher Kündigung am 1. December jedes Jahres ihre Entlassung fordern. Desertion wurde bei ihnen nicht wie bei den Linientruppen bestraft, sondern nur durch Untersagung der Ausübung der Bürgerrechte auf Zeit. Urlaub konnte jeder Freiwillige beanspruchen, wenn er ein Dringlichkeits-Attest von den heimathlichen Behörden beibrachte. — Im Frühjahr 1792 erhielt jedes Bataillon 2 leichte Geschütze und formirte ein Kanonier-Corps von 45 Mann.

In Rücksicht auf die bedeutende Vergrößerung der Armee wurde auch die Zahl der Generäle um 16 vermehrt und außerdem bestimmt, daß die in den Colonieen zu verwendenden Generäle über den festgestellten Etat zu führen wären.

Im August 1791 bestimmte die National-Versammlung, unzweifelhaft um die gefährlichsten Werkzeuge für neue revolutionaire Versuche aus Paris zu entfernen, daß aus der besoldeten Nationalgarde der Hauptstadt (9800 Mann) drei neue Linien-Infanterie-Regimenter (Nr. 102, 103 und 104; das aus dem Regimente des Königs formirte neue Regiment erhielt Nr. 105), zwei leichte Infanterie-Bataillone, sowie 2 Bataillone und 4 Escadrons National-Gendarmerie gebildet werden sollten. Sämmtliche Offiziere dieser neuen Truppentheile mußten aus der Nationalgarde übernommen werden, und wurden dabei besonders die Unteroffiziere der früheren französischen Garden bedacht, denen allein 24 Capitainesstellen zufielen.

Die Armee erhielt durch diese neuen Truppen und durch die Nationalgarden einen Zuwachs an demokratischen Elementen, durch welche ihre eigenen revolutionairen Verdienste bald verdunkelt wurden. Die Nationalgarden besonders wurden die Lieblinge der revolutionairen Partheien vom Augenblicke ihrer Creirung an, und die Linientruppen mußten häufig die Beschuldigung unbürgerlicher und constitutionsfeindlicher Gesinnung hinnehmen, seit man ihre Denkweise mit der der neuen Revolutions-Truppen verglich. Von einer Aufnahme der letzteren in den engeren Verband der Linientruppen wollte man für jetzt durchaus noch nichts wissen; sie hätten dadurch gar zu sehr Soldaten werden können. Man begnügte sich damit, die Bataillone einzeln den mobilen Divisionen zuzutheilen. Aus welcher Klasse der Bevölkerung die Bataillone sich hauptsächlich recrutirten, kann man leicht denken: es waren die unruhigen Elemente der Städte, untermischt mit einzelnen Bürgern, die sich wirklich aus Begeisterung für die Vertheidigung des Vaterlandes einschreiben ließen, und anderen, welche im Felde mehr Sicherheit für ihr Leben zu finden hofften, als in der wüsten Heimath. Nur aus einzelnen Departements brachten die Bataillone wahrhaft kriegerischen Sinn mit, und einige derselben übertrafen sogar bald die demoralisirten Linientruppen an Zucht und gutem Geiste; die anderen renommirten dafür mehr und schworen um so öfter „Freiheit oder Tod!" Die tactische Ausbildung der Bataillone konnte keine großen Schwierigkeiten haben; denn ein nicht unbedeutender Theil der Mannschaften hatte bereits bei den Linientruppen gedient, alle anderen aber seit zwei Jahren in der National-Garde, so daß sie wenigstens einige Vorkenntnisse mitbrachten. Daß man an die Disciplin nur sehr geringe Anforderungen stellen konnte, ist einleuchtend. So sehr die Revolutionshelden sich für das Institut der freiwilligen Nationalgarden begeisterten, so verhaßt machte es sich bald bei der Einwohnerschaft, welche das Vergnügen hatte, die Bataillone auf Durchmärschen oder in Cantonnements kennen zu lernen. Von allen Seiten wurden über die beständigen Excesse derselben laute Klagen geführt.

Die Formation der freiwilligen Nationalgarden-Bataillone schritt in der allgemeinen Verwirrung nur sehr langsam vorwärts. Wenn auch die Mannschaften allmählig zusammenkamen, so fehlte es doch immer an Bekleidung und Ausrüstung. Anfangs October 1791 waren erst 60 Bataillone, also etwa der dritte Theil, marschfertig. Beim Beginn der

Campagne von 1792, drei Vierteljahr nach dem Decrete, welches die erste Aushebung von freiwilligen Nationalgarden anordnete, waren sämmtliche Bataillone zwar auf dem Kriegsschauplatze angekommen, doch befanden sich die meisten derselben noch in einem wenig kriegstüchtigen Zustande, auch kann man ihre Stärke durchschnittlich nur auf 500 Mann berechnen.

Die Aufstellung der freiwilligen Nationalgarden-Bataillone brachte aber einen anderen sehr bedenklichen Uebelstand mit sich: die Recrutirung der Linientruppen kam gänzlich in's Stocken. Der bedeutend höhere Sold und die bequemere Disciplin zog natürlich alles Material zu den Nationalgarden hin. So kam es, daß die Linien-Armee im Anfange des Jahres 1792 erst eine Stärke von 162,000 Mann erreichte, mithin noch ein Manquement von 51,000 Mann auszufüllen hatte. Es gab einzelne Regimenter, welche nur die Hälfte ihrer Etatsstärke hatten, und von den Auxiliar-Truppen war keine Rede mehr.

Diesen Uebelstand konnte Narbonne nicht verschweigen, als er den Kriegsmuth der gesetzgebenden Versammlung am 11. Januar durch eine verlockende Beschreibung der Streitmittel des Reiches, welche er so eben flüchtig besichtigt hatte, zu steigern suchte. Er erklärte, daß er die Recrutirung ganz habe einstellen müssen, weil sie in der letzten Zeit nur Kosten ohne allen Erfolg verursachte, und schlug dagegen ein einfaches und wirksames Mittel zur Complettirung der Linientruppen vor: man möge den Uebertritt von Mannschaften aus den freiwilligen Nationalgarden zur Linie gestatten und nachdrücklich begünstigen, so wie streng darauf halten, daß die Departements den dadurch entstehenden Abgang bei den Nationalgarden schnell ergänzten, wozu sie gesetzlich verpflichtet wären. Allein dieser Vorschlag erregte trotz Narbonne's Popularität einen allgemeinen Sturm in der Versammlung, die sich wie Ein Mann zur Vertheidigung ihres Lieblings-Institutes, der freiwilligen Nationalgarden, erhob. Es wurden zahlreiche Stimmen laut, welche forderten, man sollte überhaupt von der Complettirung der Linientruppen ganz absehen und statt dessen neue Nationalgarden-Bataillone ausschreiben. Der Kriegsminister wurde heftig angegriffen, als er erklärte, die Nationalgarden wären doch nicht im Stande, die Linientruppen ganz zu ersetzen, und als er forderte, daß keine neuen Bataillone aufgestellt werden dürften, ehe die Regimenter nicht die volle Kriegsstärke erreicht hätten. Die Demokratie ritt in jener Zeit zum ersten Male ihr principielles Steckenpferd, sie glaubte und wollte glauben machen, daß man wohlgeschulte Armeen mit schönen Phrasen über Nationalgefühl, Volksbegeisterung und Patriotismus schlagen könne. „Braucht man Recruten," rief Charrier, „wenn 25 Millionen Menschen bewaffnet sind? Ich fürchte nicht den Vorwurf der Uebertreibung, denn die Frauen und Kinder haben auch patriotische Herzen. Ihr müßt die Armee in der Lage betrachten, in welcher sie sich befindet. Was ist die Armee? Ganz Frankreich ist sie. Man wollte einen Unterschied zwischen den Linientruppen und den Nationalgarden machen; das ist eine Schlinge, die man euch legen wollte. Alle französischen Bürger bilden die Armee. Nach der Constitution ist der König der oberste Chef derselben, aber sie soll nur aus patriotischen Bürgern bestehen. Wozu Recruten? Zieht die Sturmglocken und alle Patrioten stehen unter den Waffen."

Die gesetzgebende Versammlung lehnte mit großer Majorität den Antrag des Kriegsministers ab und verbot ausdrücklich jeden Uebertritt aus den Nationalgarden-Bataillonen in die Linie. Eine Ausnahme, welche zuerst hinsichtlich der Artillerie bewilligt war, wurde nach neuen heftigen Debatten am folgenden Tage wieder aufgehoben. Interessant ist auch der Vorschlag, welcher u. A. gemacht wurde, man solle alle Soldaten wieder zurückberufen, welche durch Urtheil der Disciplinar=Räthe von den Regimentern entlassen worden seien; der Grund ihrer Entlassung sei fast immer ihr Patriotismus gewesen, und ihre Zahl belaufe sich auf 20,000.

Die gesetzgebende Versammlung bestimmte endlich am 23. Januar:

1. Am ersten Sonntage nach Veröffentlichung dieses Decretes werden in allen Orten sämmtliche waffenfähigen Bürger zusammenberufen und aufgefordert, zur Vertheidigung des Vaterlandes die Waffen zu ergreifen.
2. Jeder waffenfähige Franzose zwischen 18 und 50 Jahren, der sich nach den folgenden Bedingungen engagiren will, läßt sich für einen Truppentheil nach freier Wahl einschreiben und wird, sofern er tauglich ist, von der Municipalität sofort an den gewählten Truppentheil per Marschroute abgesandt.
3. Das geringste Größenmaaß für die Infanterie wird auf 5 ', für schwere Cavallerie und Artillerie auf 5 ' 3½ '', für leichte Cavallerie auf 5 ' 3 '' herabgesetzt.
4. Die Engagements=Dauer für die Infanterie ist 3 Jahr, für Cavallerie und Artillerie 4 Jahr.
5. Der Friede oder die Demobilmachung der Armee hebt alle Engagements, welche von jetzt an geschlossen werden, von selbst auf.
6. Der Engagementspreis beträgt bei der Infanterie 80 liv. (21 Thlr.), bei den anderen Waffen 120 liv. (32 Thlr.).

7. Jeder zur Zeit engagirte Soldat, dessen Engagement vor der Demobilmachung abläuft, kann auf weitere 2 oder mehr Jahre capituliren und erhält dann 25 resp. 30 liv. (6²/₃—8 Thlr.) jährliche Zulage.

Hätte man den Nachrichten trauen können, welche über die gewaltige Wirkung dieses Decretes, über die Erhebung der ganzen Nation in jener Zeit verbreitet wurden, so hätte die Armee hundert Tausende von Recruten erhalten haben müssen. Man wird jedoch annähernd das Richtige treffen, wenn man annimmt, daß die Armee im Ganzen von jetzt an bis zur Eröffnung der Campagne einen Zuwachs von höchstens 25,000 Recruten erhielt. Die Linien-Infanterie-Bataillone traten mit durchschnittlich 600, die Nationalgarden-Bataillone mit 500, die Escadrons mit 120 Mann in die Campagne ein. Da übrigens der halbe Engagementspreis vor dem Abmarsche zur Armee von der Municipalität ausgezahlt werden mußte, so ließen sich viel mehr Menschen engagiren, als bei den Truppen eintrafen.\*)

Die Zusammenziehung der Armee nach den Grenz-Departements war bereits Ende 1791 ausgeführt, und auch die Nationalgarden-Bataillone wurden dorthin gesandt, sobald sie von den Departements übergeben waren. Die Truppen lagen in weiten Cantonnements, meistens in den Städten; nur wenige Regimenter befanden sich noch im Inneren des Landes.

Die ganze kriegsbereite Macht zerfiel in vier Armeen: Nord-, Mittel-, Rhein- und Süd-Armee. Die Nord-Armee stand unter Rochambeau's Befehl längs der flandrischen

---

\*) Circulaire des Kriegsministers an die Departements vom 22. Juni 1792.

Grenze; die Mittel=Armee, deren Führung Lafayette anvertraut war, nachdem er das Commando der Pariser Nationalgarde niedergelegt hatte, Luxemburg gegenüber; die Rhein=Armee war im Elsaß und in Lothringen vertheilt und wurde durch Luckner commandirt; die Süd=Armee unter Montesquiou beobachtete die schweizer, savoyische und spanische Grenze, sie war also für jetzt sehr zerstreut. Rochambeau und Luckner wurden im Januar zu Marschällen ernannt.

Nirgends machte sich die allgemeine Verwirrung fühlbarer, als bei der Armirung der Festungen. Zunächst sandte die National=Versammlung schon im Juli 1791 Commissare mit unbedingter Vollmacht in die Grenz=Departements, um die Vertheidigungs=Anstalten zu beschleunigen. Diese Commissare durchkreuzten laut ihrer Vollmacht alle Anordnungen des Kriegsministers, sie handelten in dem vollen Bewußtsein der Autorität, welche die National=Versammlung usurpirt hatte. Generale und Offiziere holten sich von ihnen Rath und Befehle, und der Kriegsminister erfuhr häufig gar Nichts von ihren Anordnungen, da sie ihre Berichte an das Militair=Comité sandten. Bei den einzelnen Arbeiten übten wieder die Municipal=Behörden eine größere Autorität, als Commandanten und Ingenieure. Aber auch die Clubs brachten ihr Ansehen direct zur Geltung, und endlich wollte jeder Arbeiter vom Civil und Militair nach seinen eigenen Ideen verfahren, wozu sie sich um so mehr berechtigt glaubten, als in Folge der Emigration an tüchtigen Ingenieuren großer Mangel war. Es herrschte eine grenzenlose Confusion in den Arbeiten. Jeder Ort erklärte seine Vertheidigungs=Arbeiten für die wichtigsten, petitionirte und klagte in diesem Sinne; jedes Dorf wollte seine Schanzen und seine Garnison haben, und die National=Versammlung wollte alle befriedigt sehen. Diese hatte in dem Wirrwarr keinen anderen Gedanken, als den der Bewunderung des allgemeinen Eifers und des Patriotismus; ob dabei etwas herauskam, das überlegte sie in ihrer Verblendung nicht. In so viel Zeit, wie sie hier vergönnt wurde, mußte eine Armirung der Festungen wohl schließlich zu Stande kommen; allein sie blieb im höchsten Grade mangelhaft, kostete doppeltes Geld, und die Vertheidigungs-Anstalten entbehrten im Großen wie im Einzelnen jedes festen Systems. Auf unwesentliche Dinge waren Arbeitskräfte und Geld verschwendet, die dann natürlich an wesentlichen Punkten wieder erspart werden mußten. Munition und Proviant waren bereits im Jahre 1791 in ausreichender Masse vorhanden, allein, wie sich später herausstellte, großentheils von sehr mangelhafter Qualität.

Die Feld-Armee hatte 1300 Geschütze, also großen Ueberfluß an Artillerie. Die Lager-Effecten, welche während der Revolution zum Theil zu Grunde gegangen waren, wurden leidlich wieder hergestellt. Auf die Waffen-Fabrication waren bedeutende Summen verwandt, so daß in den Zeughäusern nach der Ausrüstung der Nationalgarden-Bataillone sich noch 75,000 gute Gewehre befanden. Auch die Augmentationspferde gelang es mit bedeutendem Kosten-Aufwande herbeizuschaffen. Es muß hier hervorgehoben werden, daß die Armee für alle diese Mobilmachungs-Geschäfte fast ein ganzes Jahr Zeit hatte; sie wäre aber auch nicht viel eher im Stande gewesen, die Vertheidigungsmittel in der allgemeinen Unordnung kriegsmäßig herzustellen. Geld wurde von der National-Versammlung reichlich bewilligt. Zu den ersten 4 Millionen, die für den Anfang der Armirungs-Arbeiten gegeben waren, kamen am 2. August $16^1/_2$ Millionen und am 30. December 20 Millionen, letztere in Silber, so daß sie in damaliger Zeit 30 Millionen Papiergeld gleichkamen. Zur Besoldung der Nationalgarden war dem Kriegsminister vom 1. August 1791 an ein monatlicher Credit von 4$^1$/$_2$ Mill. eröffnet. Dazu kam die Mehrausgabe für den Sold der Kriegs=Augmentation der Linien=Regimenter. Hiernach haben die Rüstungen dem Staate schon vor dem Erlaß der Kriegs= erklärung und vor dem Beginne der Kriegs=Verpflegung über 100 Millionen liv.*) gekostet.

Im Februar 1792 wurde allen Offizieren ein Mobil= machungsgeld bewilligt von 300 liv. (80 Thlr.) für den Lieutenant, 400 liv. (106 Thlr.) für den Capitaine, 800 liv. (212 Thlr.) für den Oberst u. s. w. Von dem Tage des Abmarsches in die Läger an sollten alle Offiziere eine Feld= zulage erhalten, die für die Lieutenants auf $^1$/$_2$, für Capitaines und Oberstlieutenants auf $^1$/$_3$, für alle höheren Offiziere auf $^1$/$_4$ des ganzen Gehaltes normirt wurde. Unteroffiziere und Mannschaften der Linientruppen sollten unentgeltlich täglich 2 Lth. Reiß und 56 Lth. Brot erhalten, während die Na= tionalgarden für dieselbe Lieferung einen Abzug von 32 den.

---

*) 100 Millionen liv. betrug das Deficit der Staatskasse, als Ludwig XVI die Regierung antrat. Man muß sich erinnern, daß der Staat schon damals in großer finanzieller Verlegenheit wegen dieses Deficits war, um die Bedeutung der Ausgaben, welche jetzt durch die Rüstungen verursacht wurden, ganz zu erkennen. Frankreich hatte mit dieser Ausgabe seine Armee auf etwa 75,000 Mann über den Friedens= Etat gebracht, und diese Mannschaft war höchst mangelhaft. Wir wollen die mäßige Annahme machen, daß eine Ausgabe von 100 Millionen damals für Frankreich so viel bedeutete, als heute eine Ausgabe von 300 Millionen. Wollte nun Frankreich jetzt, wie dies Preußen thut, seine Armee beim Ausbruche eines Krieges von einem Friedens-Etat von 200,000 auf 500,000 Mann bringen, so würde es nach dem Vorbilde der damaligen Zeit darauf 1200 Millionen liv. oder 316 Millionen Thaler verwenden!

(1 Sgr.) zu erleiden hatten; außerdem bekam jeder Mann täglich ½ Pfd. Fleisch, wofür sowohl den Linientruppen als auch den Freiwilligen 1 sous 6 den. (7 Pf.) vom Gehalte abgezogen wurden. Wegen der immer zunehmenden Entwerthung der Assignaten — an der Börse von Paris kosteten am 1. Mai 100 liv. in Silber 157 liv. in Assignaten — mußte die National-Versammlung im April 1792 bestimmen, daß die Soldaten 5 sous ($1^5/_6$ Sgr.) ihrer Löhnung täglich in klingender Münze erhalten sollten; die Offizier-Gehälter sollten zwar in Assignaten ausbezahlt werden, jedoch mit 25 % Zuschlag. Auch die Bekleidungs- und Recrutirungs-Fonds der Truppen erhielten einen Zuschlag von 10 %.

Wir haben hier schließlich noch zu erwähnen, daß im April 1792 nach preußischem Muster die ersten 9 reitenden Batterien zu 6 Geschützen formirt wurden. Dieselben wurden zwar auf die 7 Artillerie-Regimenter vertheilt, doch standen je 3 Batterieen unter dem besonderen Commando eines Oberstlieutenants. — In demselben Monate wurden sechs Legionen für den Sicherheits- und Kundschafts-Dienst errichtet, jede bestehend aus zwei Bataillonen leichter Infanterie, einem Chasseur-Regiment, 4 4pfündigen Geschützen und 30 Pionieren. Zu ihrer Formation verwandte man die bereits bestehenden leichten Infanterie-Bataillone, so wie die 6 ersten Chasseur-Regimenter der Armee.

**Innere Zustände des Staates und der Armee von der Eröffnung der ersten gesetzgebenden Versammlung bis zum Ausbruche des Krieges.**

Wenn die National-Versammlung in der letzten Zeit ihrer Thätigkeit bemüht gewesen war, Ordnung und Ruhe im Lande herzustellen, so erblickten die vorwärts strebenden und treibenden Elemente der ersten gesetzgebenden Versammlung darin eine Aufforderung, ihre unterwühlende Thätigkeit zu verdoppeln. Die Maaßregeln, welche die National-Versammlung in der letzten Zeit getroffen, wurden jetzt dargestellt als ein Zeichen ihres erschlaffenden Patriotismus, durch welchen die heiligsten Rechte der Nation gefährdet worden seien. Eine Erscheinung zieht sich in der eclatantesten Weise durch die französische Revolution: sobald eine Parthei durch Entfaltung der revolutionairen Kräfte ihr Ziel erreicht zu haben glaubt, versucht sie diese Kräfte zur Ruhe zu verweisen; dieser Versuch bringt sie jedesmal zum Sturze, sie ist nicht im Stande, Einhalt zu gebieten, die Revolution wühlt weiter, ihre ganze Macht fällt denen zu, die das nächste weitere Ziel verfolgen. Auf diesem Wege kommt jetzt die Gironde an's Ruder, sie stürzt das Schein-Königthum, will dann conservativ werden und fällt dem Robespierre'schen Blutgerüste zum Opfer.

Die Gironde hatte bei Verfolgung ihres Zieles leichtes Spiel. Sie fand eine demoralisirte Nation und die Vernichtung der letzten Autorität im Staate fertig vor. All' der alte Revolutionszunder, Brotmangel, Geldnoth, religiöse Zwistigkeiten, Geschrei der Arbeiter nach Ernährung durch den Staat — brannte unverändert fort. Die Macht der Jakobiner-Clubs stand in voller Blüthe, und diese arbeiteten mit ungeschwächter Thätigkeit ihren ferneren Zielen entgegen. Neuen Stoff zu Unruhen gab das Steigen der Kaffee- und Zucker-Preise, vor Allem aber der Kriegslärm. Ueberall entdeckte man Verrath und Verschwörungen; Patriotismus schien es, den Emigranten das Besitzthum, welches sie zurückgelassen hatten, zu nehmen oder zu zerstören. Der Verkehr war im ganzen Reiche unterbrochen, überall wurden Getreide-, Geld- und Waffen Transporte angehalten und geplündert unter dem Vorgeben, sie könnten für's Ausland bestimmt sein. Im schneidenden Gegensatze zu der zunehmenden Anarchie in den unteren Volksschichten stand die Abspannung und Erschlaffung der mittleren Klassen; der bei Weitem größte Theil der besitzenden Bürger sehnte sich nach Ruhe, aber ihre Sehnsucht zeigte sich nur in der Passivität. Das Interesse für das Nationalgarden-Institut hatte sichtlich abgenommen. Als bei Gelegenheit einer Emeute in Etampes, in welcher der Maire als Opfer fiel, Generalmarsch geschlagen wurde, erschienen von der Nationalgarde im Ganzen nur 5 Mann. Durch die Schlaffheit des Bürgerstandes erhielten die Anarchisten freieres Spiel; allein das war der Gironde keineswegs genügend, es blieb immer noch zweifelhaft, ob die Nationalgarde von Paris sich nicht dem gewaltsamen Sturze des Königthums widersetzen würde. Sie mußte sich eine zuverlässige Macht für den letzten Schlag organisiren. Der Ruf erscholl, die Bürgerschaft sei der heiligen Sache des

Volkes untreu geworden, und wenn die Muskete die Waffe der Activbürger sei, so sei die Pike die Waffe des Volkes. Mit unglaublicher Schnelligkeit wurde in Paris ein Pikenheer aus dem Pöbel organisirt, über dessen Zweck die Reden seiner Führer keinen Zweifel ließen.

In den Provinzen, besonders im Süden des Reiches, brach im Anfange des Jahres 1792 der Bürgerkrieg in hellen Flammen aus. Ein Theil des Volkes erhob sich zur Beschützung seiner Kirche, entschlossen, den äußersten Widerstand zu leisten; bei Jales wurde zu diesem Zwecke eine kampfbereite Macht zusammengezogen, deren wachsende Stärke und drohende Haltung wohl Besorgniß einflößen konnte. Um so stürmischer trat die Revolutionspartei auf, deren Mittelpunkt im Süden des Reiches Marseille war. Diese Stadt handelte vollständig wie eine unabhängige Republik; dabei beschränkte sie sich keinesweges auf ihre eigenen Angelegenheiten, sondern übte ihre Autorität mit bewaffneter Gewalt in weitem Umkreise aus. Im November 1791 gerieth das Schweizer-Regiment Ernest, welches in Marseille stand, mit einigen Bürgern in Conflikt. In Folge dessen forderte die Municipalität, daß das Regiment in den Kasernen consignirt werde. Der Commandeur erklärte, daß er dies für einen Tag thun wollte, aber nicht länger, da sein Regiment keine Strafe verdient hätte; daß er übrigens jedem seiner Soldaten, welcher wieder auf der Straße Gefahr liefe, ein Detachement zur Hülfe senden würde. Als dieser Vorfall der National-Versammlung gemeldet wurde, bestimmte diese, daß gegen den Commandeur des Regimentes strenge Untersuchung wegen Verletzung des Gesetzes einzuleiten sei, so wie auch gegen den Divisions- und Brigade-General, weil sie auf die Requisition der städtischen Behörde das Regiment nicht sofort aus Marseille zurückgezogen hatten. Dieses wurde darauf nach Aix verlegt. Solcher Erfolg ermuthigte die Stadt zu weitergehenden Unternehmungen. Am 26. Februar erschien ein starkes Corps mit 6 Kanonen aus Marseille vor Aix unter dem Vorgeben, sie hätten gehört, daß die Stadt durch die Aristokraten und das Schweizer-Regiment bedroht sei. Die Municipalität von Aix beauftragte dieses Regiment, die Stadt gegen den drohenden Angriff zu vertheidigen; allein da die Marseiller erklärten, sie würden die Schweizer mit Gewalt vertreiben, wenn sie die Stadt nicht sogleich verließen, so verlangte die städtische Behörde den Abmarsch derselben in die Kaserne. Die Marseiller folgten dahin und zwangen das Regiment, die Waffen niederzulegen und ohne Waffen aus der Stadt zu marschiren.

Der Umstand, daß der General Barbantane, ein Erz-Jakobiner, anwesend war, ohne dem Regiments-Commandeur den Befehl zum Waffengebrauch zu geben, entschuldigt diesen nicht. Der Oberst hätte in solchem Falle nicht gegen die Disciplin verstoßen, wenn er dem General den Gehorsam gekündigt hätte, wie seine und seines Regimentes Ehre es forderte. Aber es war damals bereits gelungen, den Führern alles Selbstvertrauen zu nehmen; der Oberst entschuldigte sich nicht nur damit, daß er keinen Befehl vom General erhalten, sondern auch, daß er ohne Requisition der Municipalität von den Waffen keinen Gebrauch machen durfte! Der Oberst war eingeschüchtert; allein das entschuldigt den Soldaten nicht; die Feigheit eines Commandeurs, welcher die Waffen streckt, ohne Widerstand auch nur zu versuchen, ist unter allen Verhältnissen erbärmlich. Die Schweiz forderte natürlich empört die Zurückgabe des Regimentes, welche auch erfolgte. Den General Barbantane aber suspendirte der König und stellte ihn vor ein Kriegsgericht.

Man sollte glauben, die Gironde, welche doch so eifrig

zum Kriege drängte, hätte sich wenigstens hüten müssen, die Demoralisation der Armee noch weiter zu treiben. Allein an so kleinlichen Rücksichten stießen sich die Männer der Freiheit nicht. Im Gegentheil, die Armee, welche jetzt an der Grenze zusammengezogen war, in welcher der Gedanke an den Krieg wirklich anfing, die Soldaten etwas zur Besinnung zu bringen, konnte der Freiheit höchst gefährlich werden, wenn sie nicht in den Grund-Principien der Revolution erhalten würde, wenn die Soldaten etwa gar anfingen, ihren Offizieren Gehorsam und Vertrauen zu schenken. Die Aufgabe der Revolution war jetzt in der Armee unzweifelhaft schwieriger geworden, deshalb mußte hier das Ziel auch mit größerer Entschiedenheit und Klarheit verfolgt werden, als früher. Die gesetzgebende Versammlung ging darin allen „Patrioten" mit leuchtendem Beispiele voran.

Gleich im Anfange ihrer Sitzungen zeigte sich ihr Bestreben in unzweideutiger Weise. Als ihr häufige Reclamationen von Clubs und durch Clubs befürwortete Gesuche von Soldaten zugingen, wurde die Abweisung derselben gefordert, weil das Gesetz vom 29. September den Clubs ausdrücklich die Berechtigung hierzu nähme. Dieser Antrag wurde jedoch mit großer Majorität verworfen, und dadurch der ganze alte Unfug der Clubs auf's Neue sanctionirt.

Von Soldaten und ganzen Truppentheilen wurde die National-Versammlung mit zahllosen Klagen über unrechtmäßige Bestrafungen 2c. überschüttet. In den ersten Tagen wurden dieselben dem Kriegsminister zugewiesen. Als am 19. October jedoch eine solche Klage von 400 Soldaten des Regiments Beauce einging, forderte ein Mitglied, daß die Versammlung auf der Stelle entschiede, weil diese unglücklichen Opfer überall abschlägigen Bescheid erhalten hätten. Jedermann wüßte, mit welchem verbrecherischen Eifer die geringsten militairischen Vergehen durch grausame Strafen geahndet worden seien. Er widersetze sich daher gegen die Ueberweisung an den Kriegsminister; schon bei der Nennung dieses Namens empöre sich sein Patriotismus. Die Tribünen applaudirten und die Versammlung beschloß, daß alle ähnlichen Reclamationen nicht dem Kriegsminister, sondern dem Militair=Comité zu über= geben seien.

An Gelegenheit, Mißtrauen gegen Generäle und Offiziere zu säen, fehlte es natürlich nicht, es verging kaum eine Sitzung, wo nicht Klagen von Regimentern, Nationalgarden=Bataillonen, Clubs und Municipalitäten gegen den Kriegsminister und gegen Offiziere aller Grade eingingen. Dieselben waren häufig nur auf revolutionsfeindliche Gesinnungen ausgestellt, oder gaben an, daß der und der General nicht das allgemeine Vertrauen besitze; das hinderte aber die National=Versammlung nicht, sie stets anzunehmen und dem comité militaire oder de sur- veillance zu übergeben, nachdem sie von der Tribüne mit den gehörigen Commentaren versehen worden waren.

Das Eintreffen der Nationalgarden=Bataillone bei der Armee war nicht geeignet, die Linientruppen der Disciplin zu= gänglicher zu machen. Nur die Regimenter, welche zu einiger Festigkeit gelangt waren, gewannen dadurch, indem sie bald in offenen Conflikt und in einen entschiedenen Gegensatz zu jenen gedrängt wurden. Im weiteren Verlaufe hat dieser Gegensatz, der so geflissentlich genährt wurde, unläugbar für einen größeren Theil der Armee Nutzen gehabt. Es ist ganz erklärlich, daß nicht nur Truppentheile mit einander in Conflikt geriethen, weil sie verschiedene Ansichten hatten, sondern daß auch die Anschauungen von Truppentheilen auseinandergingen, nachdem sie in Conflikt gerathen waren. Dieser Gewinn ging jedoch wieder verloren, als die Nationalgarden ein entschiedenes Uebergewicht in der Armee erhielten. Für wie „unpatriotisch" man im Allgemeinen die Linientruppen noch immer im Vergleich zu den Nationalgarden hielt, mag man daraus ersehen, daß die Stadt Saarlouis im März 1792 eine freiwillige Escadron errichtete, um, wie es in der Meldung an die National-Versammlung hieß, den Feind zu beobachten und die Linientruppen zu überwachen, welche viel Veranlassung zu Mißtrauen gäben. Und doch hatte man von diesen so viele Beweise ihrer Bürgertugend erhalten!

In den letzten Monaten des Jahres 1791 hatten die Excesse in der Armee etwas abgenommen, der größte Theil der Truppen war in der Concentration nach der Grenze begriffen und wurde dadurch einer gleichmäßigen Bearbeitung durch die Clubs entzogen. Wir müssen jedoch einer Revolte des 38. Infanterie-Regiments (Dauphiné) erwähnen, welches zu Orange im October seine Offiziere theils arretirte, theils vertrieb, die Kassen plünderte und die gröbsten Excesse aller Art beging. Da das Regiment sich weigerte, zur Ordnung zurückzukehren, wurde ihm mit der Anwendung von Gewalt gedroht. Gegen so harte Maaßregeln petitionirten jedoch Behörden und Clubs bei der National-Versammlung, und der Kriegsminister beeilte sich zu versichern, er habe Befehl gegeben, die mildesten Maaßnahmen zu treffen.

Mit besonderem Eifer wurde in Perpignan unter den Truppen gewühlt. Schon im November brach dort eine offene Emeute unter dem 20. Infanterie-Regiment und dem 10. Jäger-Bataillon aus. Wie überall hieß es auch hier lügenhafter Weise, dieselbe sei durch reactionaire Emissaire, welche über die Grenze gekommen, veranlaßt. Im December wurde diesen Truppen befohlen, die Citadelle zu beziehen. Sie weigerten sich jedoch dessen, weil ihre Commandeure keine Requisition der Municipalität hätten, und verklagten, unterstützt durch das Departements=Directorium und die Municipalität, ihre Offiziere, welche die Absicht gehabt hätten, die Citadelle dem Feinde zu übergeben. Die Offiziere entflohen über die Grenze, und jene Denunciation genügte der National=Versammlung, die Anklage wegen Hochverraths gegen sie zu beschließen. Dieselbe Anklage sollte gegen den Divisions=Commandeur Chollet erhoben werden, weil er die Spuren des angeblichen Complotts nicht rechtzeitig entdeckt hätte. Es wurde in diesem Falle wieder darüber gestritten, ob der General Chollet wegen mangelhafter dienstlicher Beaufsichtigung, welche man ihm allein vorwarf, nicht vor ein Kriegsgericht zu stellen sei; allein die National=Versammlung entschied sich hier, wie bei so vielen ähnlichen Veranlassungen für die Aburtheilung durch das Hochverraths=Tribunal, weil man von diesem mehr Partheigeist erwarten konnte, als von dem Kriegsgericht. — Die Truppen wurden aus Perpignan entfernt und durch das 71. Infanterie=Regiment (Vermandois) ersetzt. Dieses Regiment verübte dort im April 1792 die scheußlichsten Gräuel. Mehrere Tage lang wurde die Stadt auf das furchtbarste tyrannisirt, jeder Bürger, der sich auf der Straße sehen ließ, mit der Waffe angegriffen, die Kirchen geplündert; die Nonnen eines Klosters konnten sich nur durch listige Flucht vor dieser Bande retten.

Die Emigration der Offiziere dauerte nicht nur ununterbrochen fort, sondern nahm im Anfang des Jahres 1792 bedeutend zu. Bis zum März hatte die Armee mehr als die Hälfte ihrer früheren Offiziere verloren. Durch diese Emigration erhielt einerseits das Mißtrauen der Soldaten beständige Nahrung, andrerseits blieben die Corps ohne Offiziere, denn der Kriegsminister konnte die Arbeit der Stellenbesetzung nicht bewältigen. Schon im November hatte die National-Versammlung beschlossen, daß das Ausnahme-Gesetz für die Besetzung der Offizierstellen vom 1. August bis zum 1. Februar 1792 in Kraft bleiben sollte. Durch dasselbe wurde die Hälfte der Unterlieutenants-Stellen den Unteroffizieren vorbehalten, die andere Hälfte den Nationalgarden, welche Activbürger oder Söhne von solchen wären. Die äußerste Linke verlangte stürmisch, daß zu diesen Stellen nur freiwillige Nationalgardisten zugelassen werden sollten, weil unter den anderen Nationalgarden noch viele aristokratische Elemente sein könnten — jedenfalls charakteristisch für den Geist der Freiwilligen-Bataillone. Zur Beruhigung der Linken wurde bestimmt, daß die Concurrenten über ihre Liebe zur Constitution nicht nur ein Attest von der Municipalität, sondern auch von der Majorität ihrer Nationalgarden-Compagnie vorzulegen hätten. In der ersten Hälfte des Januar 1792 sollten durch die Kriegs-Commissare in Gegenwart von zwei Municipal-Beamten über die ganze Armee Revüen abgehalten werden, und alle Offiziere, welche dann ohne Urlaub abwesend wären, ihre Stelle für immer verlieren. Den Meldungen der Militairbehörden traute man natürlich nicht. Die Frage des Kriegsministers, ob die National-Versammlung nicht dasselbe Recht hinsichtlich der Zulassung zu den Offizierstellen, wie den Nationalgarden, so auch geeigneten jungen Leuten der Linientruppen, namentlich den Eleven der Militairschulen, gewähren wollte, wurde entschieden verneint. Am 1. März waren noch 1000 Lieutenantsstellen unbesetzt, und die Wirksamkeit des oben erwähnten Ausnahmegesetzes wurde daher bis zum 1. October verlängert. Um den Unteroffizieren einen neuen Vortheil im Avancement zuzuwenden, wurde im April bestimmt, daß bei Besetzung derjenigen Obersten- und Oberstlieutenants-Stellen, welche gesetzlich der

Anciennetät vorbehalten waren, nicht das Patent der letzten Charge, sondern das erste Offizierpatent entscheiden sollte. Nach Erlaß der Kriegserklärung beauftragte der König die Armee-Commandanten, zur Beschleunigung alle Offizierstellen, welche der Anciennetät zufielen, sofort provisorisch zu besetzen, ebenso die Hälfte der Unterlieutenantsstellen, welche vacant würden, stets sogleich an Unteroffiziere zu vergeben. Die Ernennung durch den König war ja auch vordem nur eine leere Form.

In den ersten Monaten des Jahres 1792 erhielten die Regimenter ihre neuen dreifarbigen Fahnen und den Befehl, die alten Fahnen dem Kriegsministerium einzusenden. Das war wieder eine günstige Gelegenheit zur Verführung. Die Jakobiner verbreiteten das Gerücht, mehrere der alten Fahnen wären statt nach Paris nach Coblenz gesandt worden; der Soldat, sagten sie, sei durch seinen Fahneneid verpflichtet, solchem Verrathe vorzubeugen. Es gelang, verschiedene Emeuten auf diese Weise zu veranlassen, von denen die bedeutendste die des 48. Infanterie-Regiments (früher Artois) in Rennes war. Dieses Regiment widersetzte sich im Verein mit der Bürgerschaft der Absendung der Fahne und forderte, daß dieselbe in der Kirche von Rennes niedergelegt würde. Der Oberst erklärte der versammelten Truppe, daß er kein Regiment commandiren wolle, welches nicht gehorche; als er und vier andere Offiziere sich darauf zurückziehen wollten, ließ die Municipalität sie arretiren und durch den Friedensrichter die Untersuchung gegen sie einleiten. Der Kriegsminister theilte diesen Vorfall der National-Versammlung unter dem Bemerken mit, daß er dem Minister des Innern von der ungesetzlichen Handlungsweise der Municipalität Anzeige gemacht habe und dem Justizminister von der des Friedensrichters, daß aber gegen das Regiment vom Könige die strengsten Befehle erlassen und die sofortige

Absendung der Fahne nochmals befohlen sei. Diese grausame Härte zog natürlich dem Kriegsminister die heftigsten Angriffe zu. „Ihr kennt die Stadt," sagte der Bischof von Rennes, „und den Patriotismus, von welchem sie beseelt ist; gewiß, in der Stadt, welche gleichsam die Wiege der Revolution ist, wird der dem Gesetze schuldige Respect niemals verletzt werden. Aber es giebt ein Gesetz, welches über den anderen steht, und dieses ist die Nothwendigkeit. Hätte die Municipalität anders gehandelt, so wäre vielleicht das größte Unglück entstanden." Einige Zeit darauf decretirte die National-Versammlung, daß die alten Fahnen nicht nach Paris zu senden wären, wie vom König befohlen, sondern daß sie im Beisein der Municipalbehörden vor der Front der Regimenter verbrannt und die Protocolle über diesen Act der National-Versammlung eingesandt werden sollten.

Im Januar hatte der Kriegsminister ein neues Reglement für den inneren Dienst und die Disciplin erlassen. Dasselbe war streng, wie es nicht anders sein durfte, wenn es seinen Zweck nicht ganz verfehlen sollte. Man muß es anerkennen, daß Narbonne so viel Energie besaß, um wenigstens bei dieser Veranlassung den militairischen Standpunkt zur Geltung zu bringen. Sein Unternehmen war gefährlich, denn es konnte mindestens sehr in Zweifel gezogen werden, ob er nach der Verfassung zu dem Erlaß eines solchen Reglements berechtigt war; der Artikel XIII, Titel IV der Verfassung bestimmte, daß die Armee in Betreff der Aufrechterhaltung der Disciplin, der Form der gerichtlichen Verurtheilungen und der Art der Strafen für militairische Vergehen besonderen Gesetzen unterworfen sei; Gesetze mußten aber von der gesetzgebenden Versammlung decretirt und vom Könige sanctionirt sein. Jedenfalls bot Narbonne seinen Gegnern einen gefährlichen Angriffspunkt, indem er ohne bringende Veranlassung ein Paar kleine Disciplinarſtrafen durch das Reglement wieder einführte, welche durch ein früheres Geſetz ausdrücklich aufgehoben waren, wie z. B. die Strafwachen, deren Beſeitigung für ganz zweckmäßig gehalten werden mußte. Den Soldaten war, wie man denken kann, beſonders die Beſtimmung höchſt unangenehm, daß die Truppentheile im Laufe jedes Tages viermal zum Appell verſammelt werden ſollten — eine ſtrenge, aber damals gewiß ſehr gute Maaßregel.

Das Reglement ſtieß in der Armee auf den äußerſten Widerſtand. Als der Commandeur des 14. Infanterie-Regiments (früher Forès) in Bethune daſſelbe ſeinem Regimente vorleſen ließ, erklärte dieſes unter großem Tumulte, es wolle von dem Reglement nichts wiſſen, daſſelbe ſei nicht das Werk der Nationalverſammlung, ſondern das eines Ariſtokraten. Am folgenden Tage ſollte der Dienſt nach dem Reglement gehandhabt werden, allein das Regiment kündigte jeden Gehorſam. Die Offiziere reichten, da alle ihre Bemühungen, die Ordnung herzuſtellen, erfolglos blieben, ihren Abſchied ein. Erſt die Androhung der Waffen-Gewalt, zu deren Anwendung bereits andere Truppen im Anmarſch waren, vermochte das Regiment ſich zu unterwerfen. Zahlreiche Reclamationen und Proteſte gegen dieſes Reglement gingen beim Könige, beim Kriegs-Miniſter und bei der Nationalverſammlung aus allen Theilen der Armee ein. Wir wollen als Beiſpiel hier nur eine der Adreſſen anführen, welche von dem 1. freiwilligen Nationalgarden-Bataillon des Departements du Nord, dem 24., 56. und 90. Infanterie-Regimente und dem erſten 1. Cavallerie-Regimente, ſämmtlich in Garniſon zu Lille, der Nationalverſammlung eingereicht wurde; ſie lautete: „Vertreter eines freien Volkes, die Unteroffiziere und Soldaten der Garniſon Lille drücken euch den Schmerz aus, welchen ſie empfinden, da ſie sich einer Disciplin unterworfen sehen, die nur Tyrannei und Sclaverei athmet, und einer Menge von anderen Quälereien, die dem Besten des Dienstes und der Freiheit zuwider sind. Sie können nicht glauben, daß dies euer Werk sei, sondern das eines despotischen Ministers, der das Feuer der Zwietracht und der Insubordination in der französischen Armee entzünden möchte, um die Zwecke einer nichtswürdigen Partei zu fördern. Wir überlassen eurer Weisheit die Prüfung dieser Disciplinar-Bestimmungen und denunciren Louis Narbonne, ihren Urheber, als Pflichtvergessenen und Verletzer des Gesetzes. Die Vertheidiger der Freiheit bedürfen keiner Ketten, um zum Siege zu fliegen. Ihr werdet sie Alle, unwiderruflich durchdrungen von der Heiligkeit ihrer Pflichten, bei jeder Gelegenheit in Pünktlichkeit und Muth wetteifern sehen." Die Nationalversammlung applaudirte lebhaft und überwies die Adresse dem Militair-Ausschuß. Lille gehörte zum Commando-Bereiche des Marschalls Rochambeau, und dieser seichte Mensch versicherte damals wiederholt, die Disciplin unter seinen Truppen ließe wenig zu wünschen übrig, sie seien von vorzüglichem Geiste beseelt. Wir werden bald sehen, wie dieser Geist sich in der ersten Feuerprobe bewährte.

Das Militair-Comité erstattete seinen Bericht über das Reglement des Kriegs-Ministers in der Abend-Sitzung des 19. April, also einen Tag vor der Kriegs-Erklärung. Das Comité schlug vor, 1) den Kriegs-Minister zu beauftragen, bis zum 1. Mai der National-Versammlung ein neues Reglement zur Genehmigung vorzulegen, welches weniger streng wäre, der Willkür mehr vorbeugte und mit den Principien der Constitution übereinstimmte; 2) sofort die gesetzwidrigen Strafen zu unterdrücken; 3) dem Militair-Comité die Ausarbeitung eines vollständigen Militair-Strafgesetzbuches bis zum 1. Juli aufzugeben.

Wir wollen den geehrten Lesern die geistvollen Gedanken nicht vorenthalten, welche der ältere Carnot bei dieser Veranlassung entwickelte:

„Das Disciplinar-Reglement, sagte er, giebt zu drei Fragen Veranlassung: 1) Konnte der Kriegsminister irgend ein Straf-Reglement ohne die Zustimmung des gesetzgebenden Körpers erlassen? 2) Ist das Reglement, um welches es sich handelt, in Uebereinstimmung mit den constitutionellen Principien? 3) Was hat die National-Versammlung zu thun?

„Die erste Frage ist nicht schwer zu entscheiden. Wenn das Reglement ein Gesetz ist, so hat die Executiv-Gewalt die Constitution verletzt; denn sie kann nur Proclamationen erlassen, die mit den Gesetzen übereinstimmen, um deren Ausführung anzuordnen oder zu erinnern. Wenn es kein Gesetz ist, so ist ebenfalls gegen die Constitution verstoßen, denn sie sagt: alles, was das Gesetz nicht verbietet, ist erlaubt. Wenn daher dieses Reglement nicht den Charakter eines Gesetzes hat, so ist es nur ein willkürlicher Act, und Niemand kann gezwungen werden, es auszuführen. Die Soldaten hatten Recht, nicht zu gehorchen, und der Kriegsminister hat Unrecht, wenn er sich über ihren Ungehorsam beklagt. Man wirft mir entgegen, die constituirende Versammlung hätte durch eines ihrer Gesetze den Kriegsminister autorisirt, Reglements zur Ausführung der allgemeinen Decrete zu erlassen. Ich erwidere, daß dieses Gesetz nur provisorisch war, daß es ein Verrath gegen die Constitution wäre, wenn die Executive auch nur einen Augenblick die Grenzen ihrer Macht, die Gesetze auszuführen, überschritte. Wenn man ihr hierzu die Berechtigung zugestände, so würde man bald zwei Gesetzgeber im Reiche sehen, von denen der Eine unfehlbar den Anderen durch die Macht vernichten würde, welche ihm die vereinigte Ausübung beider Gewalten gäbe. Die Executive würde bald die Armee durch quälende Reglements mißmuthig machen, um sie zur Insurrection zu treiben, und sich dann über die offenbare Unzulänglichkeit ihrer Mittel beklagen, um eine Erweiterung ihrer Macht zu erhalten; oder aber sie würde die Armee wieder zu einem passiven Gehorsam zurückbringen, um die Nation zu knechten.

„Narbonne's Reglement ist also eine Macht-Usurpation, die ihr nicht dulden könnt.

„Die zweite Frage ist die, ob das Reglement in Allem mit den Principien der Constitution übereinstimmt. An der Spitze dieses Codex ist das allgemeine Princip der Executiv-Gewalt ausgesprochen, ein Princip, dessen Verbreitung in ihrem Interesse liegt, das des passiven Gehorsams des Soldaten. Wenn man dieses Princip zuließe, so würde daraus folgen, daß ein Soldat, wenn ihm von seinem Offizier befohlen würde, die Waffen gegen die Bürger zu wenden, eine Festung zu übergeben, die Flucht des Königs zu begünstigen u. s. w. verpflichtet wäre, sein Vaterland auf Befehl seines Führers zu verrathen. Ich verlange im Gegentheil, daß ein Soldat nur gehorchen soll, wenn ihm im Namen und kraft des Gesetzes befohlen wird. So will es die Constitution; man soll nur dem Gesetze gehorchen. Diejenigen, welche willkürliche Befehle veranlassen, ausfertigen, ausführen und ausführen lassen, sollen bestraft werden. Der passive Gehorsam ist daher unconstitutionell, und unter allen Verhältnissen ist der Widerstand gegen die Unterdrückung ein natürliches Recht.

„Euer Militair-Comité hat mehrere sehr richtige Bemerkungen über dieses Reglement gemacht; aber es scheint so, als wenn es sich nicht an die große Frage des passiven Gehorsams herangewagt hätte, diese Frage, welche in dem Augenblicke abgehandelt zu werden verdient, wo die Freiheit sich bei einem

Volke einbürgert. Der Despotismus war einst nur auf diesem nämlichen passiven Gehorsam gegründet. Man sagt mir, daß die Führer allein verantwortlich seien; ich möchte wissen, wem die Verantwortlichkeit von Bouillé etwas genutzt hätte, wenn im Juni 1791 die Truppen seinen Befehlen gehorcht hätten; oder die von Breteuil, wenn die Armee des Champ=de=Mars im Juli 1789 ihm einen passiven Gehorsam geschenkt hätte? Mit einem Worte, ich begreife nicht, wie man gewagt hat, in diesem Tempel der Freiheit euch gleichzeitig das Princip des passiven Gehorsams und das der militairischen Triumphe vor=zulegen, die beiden mächtigsten Mittel zur Vernichtung der Freiheit. Man giebt an, die Soldaten hätten der Freiheit entsagt, sie könnten nicht in eine Linie mit den Bürgern ge= stellt werden. Die Constitution antwortet abermals für mich, daß die Freiheit unveräußerlich und unverjährbar ist, daß man sich wohl verpflichten kann, seine Waffen zur Durchführung der Gesetze zu verwenden, dieses oder jenes militairische Ma= növer auszuführen; aber man kann sich nicht verpflichten, sich so weit den Befehlen seiner Vorgesetzten zu unterwerfen, daß man gezwungen wäre, auf ihren Befehl seinen Nachbar zu tödten. Dieses constitutionelle Princip muß gerade in der Ar= mee mit unerbittlicher Strenge beobachtet werden, weil ein ein= ziger durch die bewaffnete Macht ausgeführter willkürlicher Be= fehl die Freiheit vernichten und das Reich auflösen kann. Man wird noch sagen, daß es kein Mittelding giebt zwischen dem passiven Gehorsam des Soldaten und der Indisciplin, welche die Armeen vernichtet; dieses Mittelding ist genau das, was den Menschen vom Lastthier unterscheidet, es ist der vernünf= tige Gehorsam. Ja, eine Armee, welche aus Vernunft ge= horcht, wird immer eine maschinenmäßig handelnde Armee be= siegen, weil der freie Soldat besser ist, als der Sklave.

„Fahren wir in der Prüfung des Reglements fort. Hängt das Schicksal einer Schlacht vielleicht davon ab, ob ein Soldat kurzgeschnittene oder frisirte Haare hat, ob er den Bart über oder unter dem Ohre trägt, daß er wie ein Hammel auf Stroh liegt, oder daß man seine Kräfte entnervt, indem man ihn jeden Augenblick auf Wasser und Brot setzt? Nein, gewiß nicht, und ich glaube nicht mehr sagen zu brauchen, um nachzuweisen, daß dieses Reglement zugleich unconstitutionell und vernunftwidrig ist.

„Es bleibt nun die Frage übrig, was ihr in dieser Hinsicht thun werdet. Ich glaube, daß die vorläufige Ausführung des Reglements unerläßlich ist, denn man kann nicht große Neuerungen machen, wenn die feindliche Armee an der Grenze steht. Ihr müßt das Militair-System im Ganzen reformiren. Vorläufig muß man die gegenwärtigen Reglements mit gewissen Hinhaltungsmitteln und mit Milderung einiger Artikel in Kraft setzen. Aber wie diese vorläufige Ausführung erzielen? Ihr braucht sie nur zu wollen. Decretirt, daß die Reglements in gleicher Weise für den Offizier, wie für den Soldaten gelten; daß, wenn letzterer in seinem Arrest zu Wasser und Brot verurtheilt ist, ersterer darin keinen Wein trinken kann; daß, wenn der Eine auf Stroh liegt, der Andere nicht auf einem Bett ruhen darf; daß, wenn man den Soldat für Trunkenheit zum Leeren von drei Maaß Wasser verurtheilt, der Offizier sechs Maaß für dasselbe Vergehen trinkt, weil sein Fehltritt schwerer ist; endlich, daß die Offiziere sich wie die Soldaten bei allen Appells einfinden, daß sie mit ihnen in der Kaserne zusammen schlafen, daß sie niemals ihre Waffenbrüder verlassen. Wenn die Schnurrbärte für den Krieg nöthig sind, so müssen auch sie welche tragen; kurz, fordert, daß sie das Beispiel der Unterwürfigkeit geben, und ich stehe euch für den Gehorsam der Soldaten.

„Wenn die Führer so verpflichtet wären, das auszuführen, was sie befehlen, so würden sie ein wenig mäßiger in den Reglements sein; und gewiß, es macht einen üblen Eindruck, wenn man etwas befiehlt, was man selbst weder ausführen will noch kann......

„Ich schlage vor, daß der Kriegsminister kein Reglement erlassen könne, ohne es wenigstens einen Monat vorher der National-Versammlung vorgelegt zu haben; daß, wenn irgend ein Militair von seinem Vorgesetzten einen Befehl erhält, von dem er glaubt, daß er im Widerspruch mit der Constitution und dem Gesetze stehe, er berechtigt ist, auf Pflicht und Gewissen zu erklären, er könne nicht gehorchen; aber daß er sich in diesem Falle denjenigen Disciplinarstrafen unterwerfe, welche sein Ungehorsam zur Folge haben könnte, wenn er unbegründet wäre; daß im Kriege die von den Generälen erlassenen Reglements vorläufig ausgeführt, aber der gesetzgebenden Versammlung sogleich eingesandt werden; endlich, daß eine Abtheilung des Militair-Comité's sich damit beschäftige, die bestehenden Reglements zu revidiren und Alles daraus zu entfernen, was im Widerspruch mit den Gesetzen und der Constitution steht."

Carnot zog klar und offen die Consequenzen aus den Grundsätzen, welche sich in den letzten drei Jahren Schritt für Schritt entwickelt hatten. Er stand bei der Darlegung seiner Ansichten vollkommen auf dem Boden der Constitution und der Menschenrechte. — Ganz folgerichtig wurde im weiteren Verlaufe der Verhandlung die Frage discutirt, ob die Special-Bestimmungen der einzelnen Regimenter über den inneren Dienst Gesetzeskraft hätten und daher von den Soldaten befolgt zu werden brauchten. Warum nicht auch die Parolebefehle? Es ist in der That fast unglaublich, wohin die Partheileidenschaft die Menschen willenlos zu treiben vermag!

Der damalige Ingenieur-Hauptmann Carnot veröffentlichte in jener Zeit eine Denkschrift, in welcher er forderte, man solle alle Citadellen, diese Bollwerke der Tyrannei, schleifen!

Die Entscheidung über das Reglement wurde vertagt, bis dasselbe allen Mitgliedern in seinen Details durch den Druck bekannt gemacht wäre. Am 5. Mai wurde dann die Aufhebung desselben ausgesprochen, jedoch alle übrigen bestehenden Reglements ausdrücklich bestätigt. Der Kriegsminister wurde beauftragt, bis zum 25. Mai ein neues Dienst-Reglement zu erlassen, welches in allen Punkten den Grundsätzen der Constitution entspräche.

Die Disciplin war nicht allein bei den Soldaten zerstört, es sah damit auch bei den Generälen und Offizieren traurig aus. Das politische Partheiwesen hatte alle Verhältnisse der Armee zersetzt. Die Spaltungen der Offizier-Corps wurden durch die Emigration keinesweges beseitigt; Constitutionalismus und Republicanismus standen sich in denselben mit Erbitterung gegenüber. In Thionville kam der politische Zwist der Offizier-Corps Ende März im Theater zu offenem, skandalösem Ausbruche. Die Erbitterung war so groß, daß bei dem darauf folgenden Massen-Duelle je zwei Offiziere darum würfelten, wer den Anderen wehrlos erschießen sollte. Hochstehende Offiziere erschienen, wenn sie in der National-Versammlung angegriffen wurden, unaufgefordert und ohne Genehmigung des Königs an der Barre derselben, um sich zu rechtfertigen, so daß selbst Narbonne gegen solchen Unfug auftrat. Es gab schon damals kaum etwas gefährlicheres für einen General, als bei der National-Versammlung verdächtigt zu sein, zumal seine Autorität sich fast nur noch auf seine Popularität stützte. Deshalb verkehrten auch die Generäle häufig zu militairischen Angelegenheiten direct mit dem Militair-Comité. So kritisirte

Noailles als Brigade-Commandeur in einem Schreiben an dieses Comité Ende 1791 die Anordnungen seines Armee-Commandanten, Rochambeau. Sein Schreiben kam in die Oeffentlichkeit, und wir finden in den Zeitungen jener Zeit eine weit ausgedehnte, polemische Correspondenz zwischen Rochambeau, Noailles und dem Divisions-Commandeur des letzteren, Wittgenstein, über die Zweckmäßigkeit der bei der Nord-Armee getroffenen Anordnungen.

Anfangs März 1792 beschied Narbonne die drei Armee-Commandanten, Rochambeau, Luckner und Lafayette, nach Paris, um sich mit ihnen über die Lage des Reiches zu berathen. Was die politische Richtung dieser Generäle betrifft, so wandelte Rochambeau ganz die Wege der unselbstständigen Majorität der National-Versammlung; er hatte eine gewisse Anhänglichkeit an den König behalten, ließ sich aber willenlos von der Revolution mit fortreißen. Luckner hatte wenig Interesse für die innere Politik. Eigenthümlich war der Standpunkt, welchen Lafayette einnahm; im Inneren seines Herzens war er Republicaner, wollte aber doch von der Beseitigung Ludwig's XVI nichts wissen, weil er wußte, daß mit dem Sturze desselben seine eigene Macht zusammenbrechen würde; mächtig war er aber nicht nur durch seine Popularität, die sich bei einem beträchtlichen Theile der Bürgerschaft erhalten hatte, sondern jetzt auch durch seine Armee, die er an sich zu fesseln wußte, und in welcher er durch seine Autorität eine bessere Zucht erreicht hatte, als wir sie in den anderen Theilen der französischen Armee finden. Getrieben durch seinen Ehrgeiz und gestützt auf seine Macht, spielte er in allen politischen Fragen eine große Rolle. Jetzt war er für den Krieg begeistert und daher ein entschiedener Gegner der inneren Unordnungen, deren Gefahren für den günstigen Ausgang des Krieges er durchaus nicht verkannte. Er war aus dieser Rücksicht schon im Anfange des Jahres für den Plan thätig gewesen, der König solle zu seiner (Lafayette's) Armee entfliehen und gestützt auf dieselbe eine neue Verfassung octroyiren; der König hatte diesen Plan verworfen, der auch wenig Erfolg gehabt haben würde, da die neue Verfassung selbstverständlich von Lafayette dictirt worden wäre.

Die Berathungen der Generäle in Paris beschränkten sich keinesweges auf die militairischen Angelegenheiten, sondern verbreiteten sich über alle politischen Tages-Fragen. Narbonne theilte die Ansichten der Generäle über die Lage des Reiches am 6. März der National-Versammlung mit, und sicherlich würde diese gegen die Macht-Usurpation, welche sich in diesem Verfahren aussprach, energisch protestirt haben, wäre das Gutachten nicht in ihrem Sinne ausgefallen. Die ausgesprochenen Ansichten waren aber darauf berechnet, einen Druck auf die Entschlüsse des Königs auszuüben. Bei dieser Veranlassung zeigte sich der König endlich einmal energisch. Er schickte Narbonne am folgenden Tage seine Entlassung zu und beschied die drei Generäle zu sich, um sich wegen ihres unbefugten Eingreifens in die Politik zu verantworten. Sie gaben alle drei ausweichende Antworten, aber Lafayette äußerte ergrimmt auf dem Heimwege, er werde doch mal sehen, wer im Reiche mächtiger sei, er oder der König. Nach wenigen Tagen war das Ministerium gestürzt und ein neues Ministerium am Ruder, dessen Zusammenstellung die Gironde dictirte. Minister des Auswärtigen wurde der General Dumouriez, welchen die Gironde damals als den Ihrigen betrachtete, einer der hervorragendsten Männer der Revolution; das Kriegs-Ministerium erhielt der Oberst de Graves, intimer Freund von Pethion, dessen Anschauungen uns bekannt sind. Lafayette war nicht im Stande gewesen, die von ihm aufgestellte Minister=

liste durchzusetzen, und nahm deshalb erbittert von jetzt an eine entschieden feindselige Haltung gegen die Gironde an.

Gegen den Ex=Minister Narbonne beantragte der Prinz von Hessen, Commandeur der 10. Division, im Verein mit mehreren Civil=Behörden die Hochverraths=Anklage, weil er den Vertheidigungszustand der spanischen Grenze vernachlässigt hätte. Allein die National=Versammlung lehnte diese Anklage als unbegründet ab.

Bevor wir den Beginn des Feldzuges von 1792 betrachten, müssen wir noch ein Ereigniß erwähnen, welches uns den Fort= schritt der Revolutionszeit in erschreckender Weise vor das Auge führt. Die Regierung hatte sich in Folge der Aufforderung der National=Versammlung mit der Schweiz in Verbindung gesetzt, um die Begnadigung der nach der Affaire von Nancy zur Galeerenstrafe verurtheilten Soldaten des Regiments Châ= teau=vieux zu erlangen. Allein das Directorium von Zürich antwortete, das Vergehen dieser Soldaten sei so schwer, daß es unmöglich in eine Amnestie willigen könne, welche auf die militairische Zucht und Treue nur nachtheilig wirken würde. Die National=Versammlung wußte sich zu helfen. Ihr Mili= tair=Comité erstattete einen Bericht über diese Angelegenheit, welcher sich um den Satz bewegte: „Die französische Nation wird niemals vergessen, daß an dem denkwürdigen 14. Juli die Schweizer von Château=vieux zuerst das Beispiel eines heilsamen Ungehorsams gegen die blutigen Befehle des Despoten gaben." Die lange Debatte, welche diesem Berichte folgte, enthielt fast nur den Nachweis, daß diese Schweizer für die Freiheit und die Constitution gekämpft, und daß die öffentliche Meinung, namentlich seit Bouillé's Verrath, über ihre Unschuld einig sei. „Indem wir die beklagenswerthe Angelegenheit be= trachten, welche uns in diesem Augenblicke beschäftigt," sagte

u. A. Guadet, „sind wir verpflichtet, uns zu gestehen, daß man, wenn diese Verurtheilung gegen Offiziere statt gegen Soldaten gerichtet gewesen wäre, nicht nöthig haben würde, um ihre Begnadigung in dieser Versammlung zu flehen, weil der Hof sie schon längst bewilligt haben würde. (Beifall.) Nur in eurer Mitte können die unglücklichen Soldaten von Château= vieux Beschützer finden. Wenn ihr sie verlaßt, so sind sie ver= loren." Die National=Versammlung erklärte einfach, daß die Amnestie des 14. September auch auf die Schweizer aus= zudehnen sei.

Am 9. April wurde der National=Versammlung an= gekündigt, daß die befreiten Galeerensträflinge um Zulassung zur Sitzung bäten. Es entwickelte sich eine der stürmischsten Debatten jener Zeit, in welcher namentlich die Tribünen mit unbändiger Wildheit tobten, ohne daß der Präsident im Stande gewesen wäre, sie zur Ruhe zu verweisen. „Ich habe längst erkannt," rief Couthon, „daß diese unglücklichen Soldaten das Opfer ihres Patriotismus gewesen sind, in's Verderben gestürzt durch den Wahnwitz eines Menschen, dessen Lob in diesen Räumen einst ertönte. Ich frage, ob es jetzt nicht der Ver= sammlung würdig, ob es nicht ihre Pflicht ist, so viel sie kann, diesen Unglücklichen die Leiden, welche sie erlitten haben, zu vergelten, und in ihnen den Triumph der Freiheit zu ehren. Wenn man ihnen irgend einen Vorwurf zu machen hätte, so müßte man doch ein Sklave der alten Vorurtheile sein, um Menschen entehren zu wollen, deren Unschuld das Gesetz her= gestellt hat." Vergeblich widersetzte sich ein Abgeordneter, dessen Bruder in den Straßen von Nancy im Kampfe gegen die Empörer gefallen war, vergeblich schilderte ein anderer, welcher in jenem Kampfe ein Regiment commandirt hatte, den furchtbaren Eindruck, den die Zulassung der begnadigten Sträf=

linge zur Sitzung auf die Armee machen würde, und die Folgen für die Disciplin; die Tribünen schrieen und drohten, und die Versammlung beschloß fast einstimmig die Zulassung an die Barre, und mit 20 Stimmen Majorität die Einladung zu den Ehrenplätzen, welche für die Ueberbringer von Adressen ꝛc. im Saale reservirt waren. Die Sträflinge erschienen in der Uniform der Pariser Nationalgarde an der Barre, an ihrer Spitze ein Redner, welcher der National=Versammlung eine Lobrede hielt; der Präsident antwortete kalt. Darauf folgte ein feierlicher Triumphzug durch den Saal, im Gefolge der Sträflinge zuerst die Fahnen, welche ihnen auf der Durchreise von den Departements verehrt waren; dann Tausende von Nationalgarden mit Musik=Chören untermischt, Deputationen der Clubs ꝛc., auch einzelne Schweizer=Garden. Am 14. April wurde diesen Märtyrern in Paris ein großartiges Fest gegeben, dessen Arrangement die städtischen Behörden in die Hand genommen hatten. In dem Aufrufe zur Theilnahme an diesem Feste wurde verkündet, es gelte „den Triumph der unterdrückten Unschuld" zu feiern.

### Kriegs-Erklärung und Eröffnung des Feldzuges.

Oestreich verharrte, auch nachdem Ludwig XVI die am 25. Januar von der National-Versammlung decretirte Aufforderung erlassen hatte, bei seiner bisherigen Stellung. Der Kaiser Leopold war am 1. März plötzlich gestorben, und wenn sein jugendlicher Nachfolger Franz II früher auch mehr Neigung zum Kriege gezeigt hatte, so unternahm er doch nach seinem Regierungs-Antritte keinen feindseligen Schritt gegen Frankreich. Das kaiserliche Cabinet verhielt sich zuwartend, es hoffte noch immer auf einen günstigen Umschwung in den inneren Verhältnissen Frankreichs und dachte zum Kriege nur im äußersten Nothfalle zu schreiten. Allein die herrschenden Partheien in Frankreich wollten den Krieg, und deshalb drängte das neue Ministerium der Gironde Ludwig XVI, am 20. April die Kriegserklärung gegen den König von Ungarn und Böhmen bei der National-Versammlung zu beantragen. Der Krieg wurde noch in derselben Sitzung beschlossen.

Oestreich war hierauf nicht vorbereitet. Seine Streitkräfte in den Niederlanden waren sehr schwach im Verhältniß zu denen, welche Frankreich zum Angriffe bereit hatte, sie standen ganz zerstreut und ihre Feld-Ausrüstung war noch sehr mangelhaft.

Auf französischer Seite waren dagegen die Truppen im ersten Drittel des Monats April größtentheils in Lägern nahe der Grenze zusammengezogen und alle Vorbereitungen zu schneller Eröffnung der Campagne getroffen. Die Zahl der Truppen, welche man für Operationen in offenem Felde disponibel behielt, war freilich sehr gering, sie betrug bei den drei Armeen in Summa höchstens 60,000 Mann. Der Rest lag als Besatzung in Festungen, Städten und Flecken, denn jedes Dorf wollte womöglich seine unmittelbare Vertheidigung gegen feindliche Angriffe haben. Immerhin aber war jene Macht der Zahl nach völlig ausreichend, um einen Angriff gegen die schwach besetzten östreichischen Niederlande zu unternehmen.

Der Plan für einen solchen Angriff war in Paris längst vorbereitet; man hoffte durch plötzliches Vordringen in die Niederlande die Vereinigung der östreichischen Truppen zu verhindern, das Land zu insurgiren, den Krieg von der Hauptstadt zu entfernen und die eigene Armee auf Feindes Kosten zu ernähren.

Der König durfte aus politischen Rücksichten nicht daran denken, selbst das Armee-Commando zu übernehmen; es schien überhaupt gefährlich für die Freiheit, das Commando über die ganze Operations-Armee in eine Hand zu legen. Man machte deshalb den gefährlichen Versuch, die Operationen der einzelnen Corps von Paris aus zu leiten, und sandte am 22. April folgende Befehle an die Armeen:

Luckner sollte in seiner rechten Flanke sich schleunigst der zum Bisthum Basel gehörigen Defileen von Porentruy bemächtigen, um ein Eindringen des Feindes von dieser Seite zu verhindern; in seiner linken Flanke aber unter Kellermann an der Saar ein Lager von 8000 Mann formiren, um Luxemburg im Schach zu halten und die Oestreicher auf diesem

Punkte zu beunruhigen, damit sie keine Verstärkungen nach Belgien zu schicken wagten.

Lafayette sollte von Longwy aus mit 6000 Mann gegen Arlon vorrücken, von hier aus ebenfalls Luxemburg bedrohen und die Verbindung dieser Festung mit Namur abschneiden. Den Rest seiner Armee sollte er bei Givet sammeln, von dort spätestens am 1. oder 2. Mai zum Angriff gegen Namur vorgehen und dann eine Position an der Maas nehmen.

Von Rochambeau's Armee sollte der General Biron mit einem Corps von 10,000 Mann überraschend gegen Mons vordringen, diese Stadt angreifen, und im Falle der Angriff gelänge, sich sofort gegen Brüssel wenden und diese Stadt womöglich überrumpeln. Man rechnete darauf, daß der Angriff auf Brüssel gleichzeitig mit dem auf Namur stattfinden würde. Um das Unternehmen des Generals Biron zu erleichtern, sollte der General Dillon von Lille aus mit einem Corps einen Scheinangriff gegen Tournay ausführen, wo man eine starke feindliche Garnison vermuthete. Er sollte hierzu 9—10 Escadrons erhalten, doch gab ihm Rochambeau zur Aufnahme der Cavallerie auch Infanterie mit. Ebenso sollte von Dünkirchen aus unter dem General Elbecq ein Streif-Corps von 1200 Mann gegen Furnes vorgehen, um die Aufmerksamkeit des Feindes zu theilen.

Von den Aufträgen, welche Biron, Dillon und Elbecq ertheilt wurden, erhielt Rochambeau nur Abschrift mit dem Auftrage, diesen Generälen die erforderlichen Truppen zur Verfügung zu stellen. Den Rest seiner Armee sollte Rochambeau vorläufig bei Valenciennes concentriren. Der Grund, weshalb man Rochambeau nicht mit seiner Hauptmacht gegen Mons und Brüssel vorsandte, wie früher verabredet war, lag wieder im Parthei-Interesse; man beging lieber einen groben strategischen Fehler, als daß man einem Generale Triumphe gönnte, der kein Anhänger der Gironde war.

Luckner erfüllte seinen Auftrag, ohne Widerstand zu finden. Biron hatte seine Truppen am 28. April im Lager von Quiévrechain versammelt und rückte, nachdem sie mit Allem reichlich versehen waren, am 29. in drei Colonnen gegen Mons vor. Bei diesem Orte angekommen, machte er Halt, ohne sich zum Angriff entschließen zu können, weil er Mons stark besetzt und verbarrikadirt zu sehen glaubte, es ihm auch schien, als wenn bedeutende feindliche Kräfte hinter Mons ständen, welche Anstalt machten, ihn in seiner rechten Flanke zu bedrohen. In Wirklichkeit betrug die ganze Stärke der Oestreicher in und bei Mons 1800 Mann Infanterie, 1300 Mann Cavallerie und 10 Geschütze unter General Beaulieu. Dazu kam am Abend eine Verstärkung von zwei Bataillonen. Biron beschloß den Rückzug, wollte jedoch zuvor Nachricht von dem für seine Entschließung ganz gleichgültigen Ausgange des Scheinangriffs auf Tournay abwarten, auch seine sehr ermatteten Truppen — es war sehr heiß gewesen — einige Stunden ruhen lassen. Gegen 10 Uhr Abends bemerkte er, daß das 5. und 6. Dragoner-Regiment plötzlich ohne Befehl zu Pferd stiegen und gleich darauf in wilder Flucht unter dem Geschrei „Verrath" davonstürzten. Biron jagte hinterher und nach einer Stunde gelang es ihm endlich, einen kleinen Theil wieder zum Stehen zu bringen, während der Rest in wildester Unordnung bis nach Valenciennes zurückjagte. Bei Tagesanbruch des 30. trat er mit seinen übrigen Truppen unter dem Schutze einer starken Arrieregarde den Rückzug an. Er kam glücklich bis Quiévrain, wohin ihm Rochambeau eine Unterstützung unter dem General Fleury entgegengeschickt hatte. Diese ließ er in dem Dorfe stehen und führte seine Division nach dem Lager von

Quiévrechain zurück, welches unmittelbar neben Quiévrain lag. Die Oestreicher waren mit einer schwachen Abtheilung langsam gefolgt. Das Nationalgarden-Bataillon, mit welchem Fleury Quiévrain besetzt hielt, wurde aus dem Dorfe durch einige feindliche Ulanen mit Pistolenschüssen vertrieben. Sofort begann die ganze Division von Quiévrechain aus in wüstem Durcheinander ein Feuergefecht in's Blaue hinein, ohne auch nur einen Mann vom Feinde zu sehen, denn die Paar Ulanen hatten sich längst wieder zurückgezogen. Inzwischen war eine schwache Abtheilung östreichischer Infanterie in das verlassene Quiévrain eingedrungen. Vergeblich führte Fleury das 68. Infanterie-Regiment vor, um diesen Ort wieder zu besetzen; dasselbe wich zurück, riß die ganze Division mit sich fort, und schreiend stürzte die wüste Masse nach Valenciennes zurück, nur das 49. Infanterie-Regiment bewahrte einige Ordnung und wurde als Arrieregarde durch Biron zurückgeführt. Fünf Geschütze, viele Gefangene, die ganze Bagage und sämmtliches Gepäck fielen in die Hände der Oestreicher. In Valenciennes dauerte die Unordnung und das Verrathgeschrei noch lange Zeit fort, die Ruhe wurde erst allmählig hergestellt, als Luckner dort zu diesem Zwecke eintraf. Biron kam wiederholt in Gefahr, von seinen Soldaten massakrirt zu werden.

Der General Dillon war mit seinem Detachement am Abend des 28. April von Lille aufgebrochen, nachdem seine Truppen nochmals „Freiheit oder Tod" geschworen. Der General Graf Happancourt, welcher östreichischerseits in Tournay commandirte, sandte ihm, sobald er die Nachricht von der Grenz-Ueberschreitung erhielt, den Oberst Vogelsang mit 2 Bataillonen und 2 Escadrons entgegen. Drei Lieues von Lille entfernt stießen die Avantgarden auf einander. Die Oestreicher machten Halt und nahmen eine günstige Flanken-Aufstellung.

Nachdem sie 12 Kanonenschüsse und noch keinen Gewehrschuß gethan — die Cavallerie war noch zurück — ergriffen die Franzosen plötzlich die Flucht und jagten in gänzlicher Auflösung bis nach Lille zurück. Die Oestreicher folgten, ohne einen Mann zu verlieren, tambour battant bis zur Grenze, eroberten sämmtliche Bagage, sowie 4 Geschütze, und machten 40 Gefangene. Von der französischen Heldenschaar waren zwei Mann todt auf dem Platze geblieben. Der Zustand, in welchem die fliehenden Truppen in Lille ankamen, war furchtbar. Unter dem allgemeinen Geschrei „Verrath", mit dem sie ihre Feigheit bemäntelten, langten sie in einzelnen Haufen an, massakrirten Dillon und hingen seinen Adjutanten, mehrere Offiziere, sowie andere Leute, die ihnen verdächtig schienen, an der Laterne auf. Auch in Lille dauerte das Toben mehrere Tage fort. Wir erinnern uns hier der Adresse, welche die Garnison Lille vor sechs Wochen aus Anlaß des neuen Dienst=Reglements an die National=Versammlung richtete, und die dort so lebhaft applaudirt wurde.

Lafayette war es gelungen, sein Corps nach anstrengenden Märschen bei Givet rechtzeitig zu vereinigen; er drang bis halb Weges Namur vor, erhielt aber dann die unglücklichen Nachrichten von der Nord=Armee, verlor den Muth zu weiteren Unternehmungen und kehrte nach Givet zurück.

Rochambeau forderte in Folge dieser Ereignisse seinen Abschied und erhielt einen unbestimmten Urlaub. In seinem Gesuche an den König sagte er: „Ich habe nie etwas Aehnliches gesehen, als das, was ich jetzt erlebe, und ich hoffe, daß Ew. Majestät es mir erlassen werden, dergleichen lange zu sehen. Alle diese Scenen werden das Vertrauen vernichten, man spricht nur noch von Verrath. Was die Disciplin betrifft, so ist davon in diesem Augenblick der Krisis nicht mehr die Rede. Ich habe jetzt, Sire, das Vertrauen der Armee verloren: Ew. Majestät wissen, ob ich verdient habe es zu verlieren. Alle Generäle, welche hier sind, befinden sich in derselben Lage." Eine große Anzahl von Offizieren aller Grade baten um die Erlaubniß, ihre Stelle niederlegen und den Feldzug als Volontairs mitmachen zu dürfen. An Rochambeau's Stelle erhielt Luckner das Commando der Nord-Armee, der jedenfalls richtigere Vorstellungen von der Disciplin hatte, als sein Vorgänger. Das Commando der Rhein-Armee wurde später dem General Lamorlière übertragen.

Die Armee hatte bewiesen, wie erbärmlich sie durch die zerstörenden Einflüsse einer Revolution, der sie sich ganz ergeben hatte, heruntergekommen war. Wie oft hatte man geprahlt, daß von den Helden der Freiheit die Tyrannenknechte wie Spreu vom Winde gejagt werden würden! Und wie verächtlich zeigte sich jetzt die ganze Hohlheit der demokratischen Ideen, welche man in der Armee noch immer weiter durchzuführen gedachte! Um die Partheibestrebungen zu fördern, hatte man unbedenklich Moral und Disciplin in der Armee vernichtet, und in Niederträchtigkeit oder Verblendung das Vaterland an den Rand des Verderbens geführt. Was hätte man einer feindlichen Armee von nur 150,000 Mann noch in den Weg legen wollen, wenn sie jetzt bereit gewesen wäre, um energisch gegen Paris vorzudringen? Und hätte man ihr 500,000 Mann entgegengestellt von dem Schlage, wie sie Biron commandirte, sie würden nur das Verrathgeschrei und das Elend vermehrt haben. Ueber hohle Redensarten von Nationalgefühl und Freiheitsliebe stolpert keine Patrouille. Eine edle und wahre Begeisterung ist die unerläßliche Bedingung zum Siege; aber selbst diese hat einen positiven Werth für die Kriegführung nur in einer gut disciplinirten Truppe, sie ist nie im Stande, die Disciplin zu ersetzen.

Die Nachrichten von dem jammervollen Ausgange der ersten kriegerischen Unternehmungen versetzten die französische Nation in die größte Bestürzung. Wenn man von der Robespierre'schen Faction absieht, so kamen für einen Augenblick alle Partheien zur Besinnung und selbst zum Bewußtsein ihrer Versündigungen, wenigstens so weit sie an der Armee begangen waren. Wer noch den geringsten Zweifel über das hat, was einer Armee in erster Linie Noth thut, der möge Belehrung durch einen Vergleich zwischen der Sprache suchen, welche wir früher in der National-Versammlung kennen gelernt haben, und der, welche jetzt nach den ersten kriegerischen Erfahrungen dort geführt wurde. Als der girondistische Kriegsminister die Berichte von der Nordarmee der National-Versammlung mittheilte, rief er dieser zu: „Möchten diese traurigen Ereignisse die einzigen sein, welche es allen Bürgern vor die Augen führen, daß keine Armee ohne Disciplin bestehen wird, und daß die Disciplin da unmöglich ist, wo die Offiziere ungestraft insultirt werden können, wo Mißtrauen, Verdächtigungen und Verläumdungen sie unabläſſig verfolgen!" Während des Vortrages des Kriegsministers wurde vor den Thüren des Sitzungssaales ein Extrablatt des „Ami du peuple" mit Marat's Unterschrift verbreitet, worin es u. A. hieß: „Seit mehr als sechs Monaten habe ich es vorausgesagt, daß unsere Generäle, lauter gute Bedienten des Hofes, die Nation verrathen, daß sie dem Feinde die Grenzen übergeben würden. Meine Hoffnung geht dahin, daß die Armee die Augen öffnen und erkennen wird, daß ihre nächste That die Ermordung ihrer Generäle sein muß." Wenige Tage früher hatte Marat das Volk in seinem Blatte aufgefordert, die Majorität der National-Versammlung mit Feuer und Schwert zu vernichten. Erschüttert durch den Eindruck, welchen die Berichte des Kriegsministers gemacht hatten, faßte die Versammlung sofort den Beschluß der Anklage gegen den „Ami du peuple".

Am 5. Mai erstattete das Militair=Comité Bericht über die Mittel, welche zur Herstellung der Disciplin zu ergreifen seien. Wir wollen einige Stellen aus diesem Bericht heraus= heben und überlassen dem geneigten Leser den Vergleich zwi= schen der Sprache, welche in der National=Versammlung jetzt und früher geführt wurde:

„Wenn ihr nicht in der Armee eine Form für das Mili= tair=Gerichtsverfahren einführt, welche der Gefahr des Auf= schubes in der Bestrafung der militairischen Vergehen vorbeugt, so ist die moralische Gewalt des Generals vernichtet; und ver= geblich würden ihm die Gesetze das Recht anvertraut haben, Reglements zu erlassen und Strafen auf Vergehen zu setzen — wer würde sie ausführen lassen, wo es keine Subordination mehr giebt? Bedenket, daß das Genie des Generals ein Na= tional=Eigenthum ist; es ist ein Instrument, welchem man sei= nen ganzen Wirkungskreis lassen muß. In dieser schwierigen Kunst, wo die Vereinigung aller menschlichen Kenntnisse und aller Tugenden oft nicht ausreicht zur Beherrschung der Ver= hältnisse, dient der am besten seinem Vaterlande, welcher die wenigsten Fehler begeht und am geschicktesten die seines Geg= ners auszubeuten versteht. Aber bei solcher Vielfältigkeit der Combinationen, welche das geringste Ereigniß abändern kann, würden die Verdächtigungen, wenn man den Vorwand einer unnützen, beleidigenden und destructiven Ueberwachung zuließe, unablässig in unsern Lägern umherirren. Welcher General würde da alle seine Fähigkeiten und Sorgen dem umfassenden Ideengange der Kriegskunst widmen können? Der Charakter des Mißtrauens besteht darin, daß es sich durch seinen eigenen Lärm verstärkt; es fliegt mit reißender Geschwindigkeit, und

indem es sich längs der Grenzen und durch die Armeen ver=
breitet, vergrößert es sich durch die unwahrscheinlichsten Gerüchte;
ein durch einen heimlichen Feind ausgesprengter Verdacht wird in
zweiter Linie eine Wahrscheinlichkeit, in dritter eine Gewißheit.
Wenn das Mißtrauen einen General erdrückt und seinen Nach=
folger in's Verderben gestürzt hat, sucht es noch nach einem
Opfer, dessen Vernichtung es erstrebt. . . . . . .

Fassen wir uns also! Unmöglich kann im Laufe eines für
die Freiheit unternommenen Krieges, inmitten der ehrenwer=
thesten Begeisterung die Armee die Motive verkennen, welche
uns bestimmen, den Willen der Nation entschieden auszu=
sprechen. Die Armee wird die strengsten Gesetze, ich will nicht
sagen mit Unterwürfigkeit, sondern mit Dankbarkeit aufneh=
men. . . . . . Der Gehorsam gegen die Gesetze der Disciplin
ist der wahre Prüfstein für den Patriotismus des französischen
Soldaten. Der soldat-citoyen wird mit Abscheu alle Aus=
saat von Mißtrauen, Unzufriedenheit und Zwietracht, welche
die Feinde der Constitution in unsere Armee geworfen haben,
zurückstoßen. Die tapferen Vertheidiger der Freiheit fordern
von ihren Generälen eine strenge Disciplin, weil sie wissen, daß
diese allein Erfolge versprechen kann und daß sie zugleich die
geheimen Feinde treffen wird, welche immer als die ersten bei
der Hand sind, um die Ordnung in der Armee zu stören.
Zeigen wir doch endlich Europa, dessen Blicke auf unsere An=
strengungen gerichtet sind, daß die Freiheitsliebe ein stärkeres
Band für die Menschen, ein sichereres Unterpfand für die
Treue und den Gehorsam der Truppen ist, als die knechtische
Gewöhnung, mit welcher die Armeen unserer Zeit den Namen
„Disciplin" entehrt haben." Das Militair=Comité führte selbst
unter Applaus den Ausspruch Montesquiou's an, der Einfluß
der Factionen auf die treuen Soldaten müsse gebrochen werden,

und der König müsse als treuer Hüter der Constitution zeigen, daß „der oberste Chef der Armee" durchaus kein leerer Titel sei.

Der Antrag, welchen Albitte von der äußersten Linken zu stellen wagte, man solle sowohl die Militair=Jurys, als auch die Disciplinar=Räthe der Regimenter so umformen, daß in beiden die Stimmen der Gemeinen ein entschiedenes Uebergewicht bekämen, wurde durch einfachen Uebergang zur Tagesordnung beseitigt.

Am 11. und 12. Mai decretirte die National=Versammlung:

In Erwägung, daß der Ungehorsam gegen die Befehle der Generäle und die Insubordination mit um so größerer Strenge unterdrückt werden müssen, als die Niederträchtigkeit und Nichtswürdigkeit solcher Vergehen die nationale Ehre, den Ruhm der wahren Soldaten der Freiheit und den Erfolg ihrer Waffen compromittirt; in Erwägung, daß das erste Zeichen der Genugthuung, welche die Nation den treuen Soldaten geben muß, die schnelle und sichere Bestrafung der Verletzer des Gesetzes ist; in dem Willen, den Wunsch der Nation zu erfüllen und dem obersten Chef der Armee alle Mittel zu geben, um sie vor Verführungen und Mißtrauen zu bewahren, welche das Schicksal des Reiches in Gefahr bringen;

in Erwägung jedoch, daß die Grundlagen der Gleichheit und der individuellen Freiheit sorgfältig in allen Institutionen gewahrt werden müssen, und daß die Gesetze um so wirksamer sind, je mehr sie sich an diese unverletzlichen Principien halten, — beschließt die National=Versammlung auf den Vorschlag des Ministers:

> (Auszug.) 1. Jedes militairische oder gemeine Vergehen, welches während des Krieges bei der Armee von den Individuen, aus denen dieselbe besteht, ohne Unterschied des Ranges, begangen wird, ist durch die Kriegs=

gerichte oder durch die Polizei=Tribunale nach der Schwere des Falles abzuurtheilen. Vor erstere gehören alle Vergehen, die durch Todesstrafe oder Cassation zu ahnden sind. Die Polizei=Tribunale treten an die Stelle der Disciplinar=Räthe und urtheilen über alle Vergehen, für welche die Disciplinarstrafgewalt nicht ausreicht, außer den vorgenannten. Die Militair=Strafgesetze, sowie die Reglements der Generäle sind für die Fest=stellung des Strafmaaßes in allen Fällen entscheidend.

2. Die Zahl der bei jeder Armee zu errichtenden Kriegs=gerichte, sowie die Orte, an welchen sie ihren Sitz nehmen, werden von den commandirenden Generälen bestimmt. Das Verfahren bei denselben bleibt im Wesentlichen so, wie es durch das Gesetz für den Frieden geregelt ist; doch kann gegen das Erkenntniß keine Be=rufung eingelegt werden.

3. Die Polizei=Tribunale bestehen aus einem Auditeur und zwei Kriegs=Commissaren oder Hauptleuten. Das Ver=fahren bei denselben ist ebenso, wie bei den bisherigen Disciplinar=Räthen. Auch gegen ihre Urtheile kann keine Berufung eingelegt werden.

Die Armee wurde also dem Einflusse der Civil=Gerichte entzogen, und die Thätigkeit der Kriegsgerichte durch die aus=gedehnte Befugniß der Polizei=Tribunale, bei denen das Ver=fahren sehr einfach war, beschränkt, so daß die Nachtheile, welche aus ihrer Schwerfälligkeit hervorgingen, um so mehr erleichtert wurden, als sie nicht mehr an feste Orte gebunden waren; sie hatten sogar die ausdrückliche Erlaubniß, unter freiem Himmel zu procediren.

Decret vom 17. Mai:

In Anerkennung der dringenden Nothwendigkeit, die

Disciplin durch Herstellung des Vertrauens zwischen den Soldaten und ihren Führern wieder zu befestigen, die ewigen Hoffnungen der Verräther zu vernichten und das Verbrechen des Eidbruches und der Desertion zu bestrafen, welches sich unter den Offizieren vermehrt hat, decretirt die National-Versammlung:

1. Jeder Militair, welches Grades er auch sei, welcher seinen Truppentheil ohne Erlaubniß verläßt, wird als Deserteur betrachtet.
2. Wenn er zum Feinde übergeht, so wird er zum Tode verurtheilt; desertirte Soldaten, die nicht zum Feinde übergegangen sind, erhalten 10 Jahr, Unteroffiziere 15, Offiziere 20 Jahr Kettenstrafe, die Anstifter von Desertions-Complotts stets Todesstrafe.
3. Jeder Offizier, der ohne als genügend anerkannte Ursache während des Krieges seine Entlassung fordert, verliert die Berechtigung zur Wiederanstellung.

Zur Execution der Urtheile und zur Aufrechterhaltung der Ordnung in den Lägern wurde jeder Armee eine Abtheilung berittener National-Gendarmerie, in der Stärke von 3 Offizieren und 30 Mann, zugetheilt.

Decret vom 11. Mai:

1. Es wird sofort ein Kriegsgericht gegen die Offiziere, Unteroffiziere und Dragoner des 5. und 6. Dragoner-Regiments eingesetzt, welches über die schimpfliche Flucht dieser Regimenter vor Mons abzuurtheilen hat.
2. Wenn die Dragoner beider Regimenter nicht sofort alle Urheber dieser Flucht nennen, so werden die Regimenter cassirt, ihre Standarten öffentlich verbrannt, und die beiden Nummern bleiben für immer in der Armee offen. Durch die Cassation würde das Einschreiten

gegen die einzelnen Schuldigen, sobald solche erkannt werden, nicht ausgeschlossen sein.
3. Der Justizminister wird alle diejenigen energisch verfolgen lassen, welche durch Schrift oder Reden zu den Unordnungen und zu der Insubordination in der Nord-Armee beigetragen haben.

Nach diesem Decret hätte der Justizminister in erster Linie der National-Versammlung den Proceß zu machen gehabt. — Die beiden Regimenter lieferten die Schuldigen aus.

Am 8. Mai erließ die National-Versammlung eine Proclamation an die Armee, in welcher nachdrücklich auf die Nothwendigkeit strenger Disciplin hingewiesen wurde. Petitionaire, welche in jener Zeit an der Barre erschienen, um die alten Klagen über Verrath der Offiziere 2c. vorzutragen, wurden wiederholt unterbrochen und zurückgewiesen.

Die große Majorität der National-Versammlung war durch den erbärmlichen Ausgang der ersten kriegerischen Unternehmungen zu der Ueberzeugung gebracht, daß sie den Weg, welchen sie rücksichtlich der Armee bisher verfolgt hatte, verlassen müsse, wenn sie das Land nicht dem Feinde preisgeben wollte. Die republicanischen Partheien geriethen in einen eigenthümlichen Conflict zwischen ihren politischen Ideen und den militairischen Forderungen, deren volle Berechtigung sie jetzt endlich einsehen mußten. Dieser Conflikt findet einen frappanten Ausdruck in den Erwägungen des Decretes vom 11. Mai, welche strenge Subordination und Gleichheit, Gehorsam und individuelle Freiheit in einem Athemzuge fordern. Wenn es schon an sich unmöglich ist, eine nur leidliche Disciplin mit einem Schlage in einer Armee wieder herzustellen, in welcher durch dreijährige furchtbare Wühlereien alle Grundlagen militairischer Zucht und Ordnung erschüttert sind, so reichten hierzu die Maaßregeln der National-Versammlung keineswegs aus. Sie konnte sich nicht zu der Höhe der Anschauung erheben, daß der Soldat aus Liebe zu seinem Vaterlande seine individuelle Freiheit opfern muß, und daß dieses schwere Opfer, welches die Grundlage aller rechten Disciplin ist, ihn mehr ehrt, als der unbeschränkte Genuß der Bürgerrechte. Für den wahren Soldaten steht der Begriff der **Pflicht** gegen das Vaterland höher, als alles Andere; ihm dieses Bewußtsein rauben, geschehe es, um politische Principien durchzuführen oder aus irgend einem anderen Grunde, heißt die Armee demoralisiren, und daher die Kraft und Sicherheit des Staates gefährden.

Das moralische Leiden der französischen Armee dauerte fort, und ebenso die völlige Ohnmacht ihres Titular-Chefs, dem man natürlich nicht mehr in dem Augenblicke Einfluß und Macht anvertrauen wollte, in welchem man sehr ernstlich an seine gänzliche Beseitigung dachte. Gleichwohl verbesserten die Maaßregeln der National-Versammlung die Zucht in der Armee, zumal diese jetzt auch einigermaßen den Einflüssen der Clubs und der Civil-Behörden, sowie vollständig denen der Civil-Gerichte entzogen wurde. Das aber, was man erreichte, blieb nur ein sehr schwaches Surrogat für die Disciplin, welches seine Kraftlosigkeit bei zahlreichen Veranlassungen hinlänglich zeigte.

Die Beseitigung Rochambeau's war für die Armee ein entschiedener Gewinn. Sein Nachfolger im Commando der Nord-Armee, der Marschall Luckner, trat der herrschenden Unordnung und Zügellosigkeit mit einer für damalige Zeit anerkennenswerthen Energie entgegen. Gleich beim Antritte seines neuen Commando's erklärte er Offizieren und Soldaten, sie hätten sich um Nichts zu kümmern, als um ihren Dienst und um die Disciplin, die er mit aller Strenge wieder hergestellt sehen wolle. Seine Aufgabe war sehr schwierig, zumal gerade in der Nord=Armee, die für die anarchische Parthei so herrliche Eigenschaften gezeigt hatte, mit unermüdlichem Eifer fortgewühlt wurde. Luckner beklagte sich häufig, daß er die Emissaire dieser Parthei trotz aller Sorge und Strenge nicht ganz fern zu halten vermöchte. — Auch der neue commandirende General der Rhein=Armee, Lamorlière, war energisch bemüht, die Mannszucht zu befestigen, so weit dies damals möglich war. Allein die Generäle fanden beim Kriegs=Minister keine Unterstützung. Degraves hatte nach den Ereignissen bei der Nord=Armee gefühlt, daß er seinem Posten nicht gewachsen war, und denselben deshalb am 5. Mai niedergelegt; sein Nachfolger aber, der Oberst Servan, gehörte noch entschiedener zur Parthei der Gironde, als jener, und übte einen in jeder Hinsicht verderblichen Einfluß.

Die Nachrichten von dem kläglichen Ausgange der ersten kriegerischen Ereignisse wirkten sehr demoralisirend auf die Armee. Mochten auch manche Corps für eine strengere Disciplin empfänglicher werden, so ging dieser Gewinn durch die vermehrte Desertion der Offiziere, welche die Hoffnungen der Emigranten gesteigert sahen, wieder verloren. Viele andere Offiziere forderten ihre Entlassung, und es war natürlich völlig unmöglich, solchen Abgang schnell und durch nur leidlich geeignete Persönlichkeiten zu ersetzen. Wie stark der Abgang beim Offizier=Corps war, mag man daraus ersehen, daß die National=Versammlung im Mai die alte Bestimmung aufheben mußte, nach welcher Oberstlieutenants und Obersten nicht avanciren sollten, ehe sie nicht zwei Jahre in ihrer Charge gedient hätten, weil noch fast kein Offizier diese Charge seit zwei Jahren bekleidete. Es blieb aber jetzt nicht bei der

Desertion von Offizieren, ganze Truppentheile gingen zu den Emigranten über; so das 2. und 4. Husaren-Regiment (Bercheny und Saxe) und ein Theil des Cavallerie-Regiments Royal-Allemand. Während man von der einen Seite die Truppen zur Insurrection zu treiben suchte, wurden sie von der anderen zur Desertion ermuntert, und dadurch beständiger Stoff zu neuem Mißtrauen gegeben, der natürlich von den Revolutionairen gründlich ausgebeutet wurde.

Im Laufe des Monats Mai kamen noch zwei bedeutende Insurrectionen vor. Das 67. Infanterie-Regiment (Languedoc) erhielt Befehl, von der Süd-Armee zur Rhein-Armee zu marschieren. Es weigerte jedoch jeden Gehorsam, jagte seinen Oberst und mehrere Offiziere fort, und mußte schließlich in das Innere Frankreichs geschickt werden, weil es sich in so vollständiger Auflösung befand, daß es im Felde nicht gebraucht werden konnte. — Ein Waffen-Transport, welcher, aus dem Auslande kommend, nach der Schweiz bestimmt war, mußte Neu-Breisach passiren. Derselbe war von den Douaniers genau untersucht und hatte, nachdem seine Papiere in Ordnung befunden, den Transit-Zoll entrichtet. In Neu-Breisach und dem bei dieser Stadt befindlichen Lager befanden sich das 13. Infanterie-Regiment, drei Nationalgarden-Bataillone und das 8. Chasseur-Regiment. Die Soldaten, durch schriftliche Benachrichtigung aufgewiegelt, hielten den Transport an und mißhandelten ihre Offiziere, welche im Verein mit der Municipalität sich bemühten, die Ordnung herzustellen. Mit vieler Mühe gelang es dem General Broglie, welcher zur Herstellung der Ordnung in das Lager geschickt wurde, das Chasseur-Regiment und später auch einen Theil des 13. Regiments zu beruhigen. Allein die Nationalgarden-Bataillone de l'Ain und das 6. du Jura erklärten mit großem Tumulte unter den

Waffen, sie würden ihren Willen mit Gewalt durchsetzen, und alle Bemühungen Broglie's waren bei denselben vergeblich; er selbst kam mehrfach in Lebensgefahr. Der Commandeur des ersteren der beiden Bataillone zeichnete sich ganz besonders durch Wildheit aus. Beide Bataillone, sowie eine Compagnie des 13. Regiments mußten von der Grenze entfernt werden. Nachdem sie das Lager verlassen hatten, begann dort derselbe Tumult noch einmal, als ein zweiter Transport passiren wollte, doch gelang es, die Ruhe wieder herzustellen und das 13. Regiment zur Auslieferung seiner Rädelsführer zu bewegen. Das Chasseur-Regiment benahm sich im Ganzen besonnen. — Die National-Versammlung erließ gegen die beiden Nationalgarden-Bataillone der Departements de l'Ain und du Jura dieselben Decrete, welche am 11. Mai gegen die vor Mons geflohenen Dragoner-Regimenter gerichtet wurden.

Man darf sich nicht wundern, daß der Commandirende der Rhein-Armee, Lamorlière, und sein Generalstabs-Chef, Broglie, wegen der Unterdrückung dieser Revolte von der Revolutions-Parthei heftig verfolgt wurden. Aber für unmöglich sollte man es halten, daß diese Parthei bei ihren Angriffen die nachdrücklichste Unterstützung beim Kriegsminister fand. Derselbe nahm mit Eifer die zahllosen vaguen Denunciationen, welche über alle Details des Dienstbetriebes in der Rhein-Armee von Clubs, Privaten und Civil-Behörden bei ihm eingingen, auf, um sie Lamorlière mit dem Bemerken mitzutheilen, er sähe sich durch diese Klagen veranlaßt, ihn an einem geeigneten Zeitpunkte durch Biron in seinem Commando ersetzen zu lassen. Wir können uns nicht wundern, wenn Lamorlière gegen solches Verfahren bei der National-Versammlung appellirte, auf Untersuchung antrug und dem Kriegsminister in der oppositionellsten Weise antwortete. Aber auch Broglie sah sich durch den Brief des Kriegsministers an Lamorlière auf's Tiefste verletzt, da ihm bestimmungsmäßig die Sorge für alle Details des Dienstes und der Disciplin als Generalstabs-Chef oblag. Sein Brief liefert einen traurigen Beweis dafür, wie sehr die politische Parthei-Wirthschaft die Armee aus allen Fugen der Subordination heraushob. „Ich muß dafür sorgen," schrieb er an den Kriegsminister, „daß Niemand darüber im Zweifel ist, ob der Generalstabs-Chef der Rhein-Armee seine Schuldigkeit thut. Man muß wissen, ob der Kriegsminister, welcher sich einen Augenblick durch die Verläumder überraschen lassen konnte, lange durch sie verführt bleiben kann? Ich verlange von Ihnen eine schnelle und kategorische Erklärung. Wie sie auch ausfallen möge, sie wird nichts in meinem Entschlusse ändern, standhaft (opiniâtrement) auf dem Posten auszuharren, welchen ich einnehme. Der zu deutliche Plan, alle Gewalten zu desorganisiren, alle treuen Bürger, alle muthigen Männer aus ihren Stellungen zu verdrängen, indem man ihnen dieselben verleidet und sie durch Mißtrauen quält, bestärkt mich nur in dem Streben, meine Pflicht zu thun; und ich werde in jeder neuen Ungerechtigkeit einen neuen Grund finden, dem Vaterlande Beweise meiner Ergebenheit, meines Vertrauens und meiner Treue zu geben." Die Angelegenheit fand ihre Erledigung durch die bald erfolgende Beseitigung des Kriegs-Ministers Servan. Ein Ober-Commando, welches, wie das der Rhein-Armee, so viel Einsicht und Energie zeigte, daß es die Zulassung von Privatpersonen und von Druckschriften zu den Lägern von seiner ausdrücklichen Genehmigung abhängig machte, zog sich in jener Zeit den ganzen Haß der Revolution und ihrer Minister zu.

Der Aufruf, welchen die National-Versammlung zum

Eintritt in die Armee erlassen hatte, war von so geringem Erfolge gewesen, daß das Manquement bei den Linientruppen am 1. Juni noch 27,000 Mann betrug; die Stärke der Nationalgarden=Bataillone konnte aber auch zu diesem Zeitpunkte höchstens auf 500 Mann berechnet werden.\*) Wir wollen hier einen kurzen Ueberblick über die Streitkräfte Frankreichs am 1. Juni 1792 geben:

|  | Linientruppen. | Davon für den Feldkrieg. | Nationalgarden. |
|---|---|---|---|
| Armee von Luckner.... | 38,624 Mann. | 20,000 Mann. | 42 Bat. ob. 21,000 Mann. |
| Armee von Lafayette... | 38,324 = | 21,000 = | 44 „ = 22,000 „ |
| Armee von Lamorlière.. | 32,573 „ | 19,000 = | 32 = = 16,000 „ |
| Armee von Montesquiou | 35,221 = | 24,000 „ | 50 = = 25,000 = |
| An den Küsten u. im Inneren | 21,375 = | — = | 7 = = 3,500 „ |
| In den Kolon. | 12,371 = | — = | 10 = = 5,000 = |
| Summa | 178,488 Mann. | 84,000 Mann. | 185 Bat. ob. 92,500 Mann. |

Diejenigen Linientruppen, welche nicht für den Feldkrieg disponible waren, standen in den Festungen und Städten. Bei der Infanterie wurden dazu durchweg die zweiten Bataillone der Regimenter abgegeben; ein solches Zerreißen des

---

\*) Wir legen diesen Angaben den Bericht des Militair-Comité's in der Sitzung vom 27. Juni zu Grunde. Dumouriez hatte am 15. Juni die Verhältnisse bei der Armee weit ungünstiger geschildert; nach seiner Berechnung betrug das Manquement bei den Linientruppen 40,000 Mann und 10,000 Pferde, auch sagte er, die Armirung der Festungen und die Ausrüstung der Mannschaften wäre überaus mangelhaft. Sein Memoire war jedenfalls übertrieben, der Bericht des Militair-Comité's wohl etwas zu günstig.

Truppen=Verbandes war jedenfalls höchst tadelnswerth. Von den Nationalgarden=Bataillonen stand der bei Weitem größte Theil gleichfalls in festen Plätzen. Da man nun mit der Süd=Armee im Begriffe stand, den Krieg gegen Savoyen zu eröffnen, so blieben für den Feldkrieg gegen die deutschen Staaten prpr. 70,000 Mann disponible, eine Macht, die natürlich völlig unzureichend war, selbst wenn man von ihrem moralischen Werthe ganz absehen will. Auf den Gedanken, die Feld=Armee durch Verminderung der ganz unverhältniß= mäßig großen Zahl von zerstreuten Vertheidigungsposten zu verstärken, kam in dem damaligen Frankreich kein Mensch; es lag dies einestheils in den herrschenden Ansichten aller mili= tairischen Kreise, für welche ein Vertheidigungskrieg ziemlich gleichbedeutend mit Postenkrieg war, anderentheils würde jede Stadt, welcher man ihre Garnison hätte nehmen wollen, über Verrath geschrieen haben. Jeder verständige Mensch hätte aber doch einsehen müssen, daß die erste Maaßregel, welche man zu treffen hatte, die Complettirung der Linientruppen war; für diese wurde indeß nicht nur nicht gesorgt, sondern sie wurde geradezu unmöglich gemacht. Das Nationalgarden= Institut war nun einmal der demokratische Liebling geworden, und dieser Rücksicht mußte jede andere weichen; man wollte demo= kratische Institutionen, ob man aber durch diese die Sicherheit des Landes und somit der Institutionen selbst gefährdete, das war Nebensache. Es war völlig in den Wind geredet, als Du= mouriez am 13. Juni der National=Versammlung zurief: „Was nützt es, von der Erhebung der ganzen Nation zu sprechen, wenn man nicht einmal Waffen genug für dieselbe hat, und was können solche ungeregelte Massen gegen disci= plinirte Armeen ausrichten!"

Im Mai wurde zunächst die Complettirung der bereits

bestehenden 185 Nationalgarden-Bataillone auf je 800 Köpfe angeordnet, wozu im Ganzen ca. 55,000 Mann erforderlich waren. Diese Aushebung brachte man wenigstens in einigermaaßen geübte und kriegsbrauchbare Rahmen. Gleichzeitig wurde aber die Formation von 31 neuen Bataillonen in derselben Stärke decretirt, welche 25,000 Mann erforderten. Die Stellung dieser Mannschaften sollte ganz in derselben Weise durch die Departements erfolgen, wie bei der ersten Formation von Nationalgarden-Bataillonen. Durch freiwillige Werbung sollten 54 Frei-Compagnieen à 200 Mann, für den leichten Dienst bestimmt, gebildet werden; ebenso drei Frei-Legionen, bestehend aus 18 Compagnieen leichter Infanterie und 8 Compagnieen leichter Cavallerie, jede Compagnie zu 108 Mann. Die Frei-Compagnieen und die Legionen sollten auf die verschiedenen Armeen gleichmäßig vertheilt werden. Die Reste des Husaren-Regiments Saxe und des Cavallerie-Regiments Royal-Allemand wurden zur Formation der Legionen verwandt. Mit der Formation der Frei-Compagnieen und Legionen wurden die commandirenden Generäle betraut; sie durften die Hälfte der Offizier- und Unteroffizier-Stellen bei denselben an Ausländer vergeben.

Nach Ausführung aller dieser Formationen, und wenn gleichzeitig die Complettirung der Linien-Regimenter vollendet worden wäre, würde die französische Kriegsmacht auf die Stärke von 400,000 Mann gekommen sein. Wenn es nun aber auch unzweifelhaft möglich war, für alle Neu-Formationen die erforderlichen Menschen aufzubringen, so stieß doch die an sich schon unendlich schwierige Durchführung der angeordneten Maaßregeln in der allgemeinen Verwirrung auf unüberwindliche Schwierigkeiten. Frankreich war auf solche Verhältnisse so wenig eingerichtet, daß die Einkleidung und Ausrüstung der zur Complettirung bei den Linien-Regimentern eintreffenden Recruten schon viele Schwierigkeiten machte; wie sollten da die Hindernisse bewältigt werden, welche so großartigen Neu-Formationen entgegenstanden! Zumal alle Autoritäten im Lande, welche berufen waren, bei den Formationen mitzuwirken, das Kriegs-Ministerium und das Militair-Comité, die Departements-Directorien und die Kriegs-Commissariate, jetzt in den Händen von unfähigen Parthei-Menschen waren, denen es an den allernothbürftigsten Kenntnissen und Erfahrungen fehlte! Nicht weniger hemmend mußte der allgemeine Geldmangel wirken, der sich überall auf das Empfindlichste fühlbar machte.

## Letzter Kampf des Königthums.

Die Hoffnungen, welche die Revolutions-Partheien für ihre Pläne an den Krieg geknüpft hatten, gingen bald in Erfüllung. Industrie und Handel geriethen noch mehr in's Stocken, wie früher, und dadurch wurde das Proletariat und die Unzufriedenheit vermehrt. Der Krieg steigerte die Aufregung und gab täglich neue Veranlassung zu Verdächtigungen und Verfolgungen, namentlich auch gegen den Hof; es war nicht schwer, den Glauben zu verbreiten, daß am Hofe ein geheimes östreichisches Comité unter der Leitung der Königin bestände; diese Verdächtigung trat im Laufe des Frühjahrs und Sommers mit wachsender Kühnheit auf und endete mit den verbrecherischen Gräueln des Königsmordes. Die Finanznoth des Staates stieg so, daß im Mai die theilweise Einstellung der Staatsschulden-Bezahlung beschlossen werden mußte, während mit der Ausgabe neuer Assignaten fortgefahren wurde; dadurch nahm die Entwerthung dieser letzteren und die allgemeine Geldnoth noch mehr zu. Welche kolossalen Summen der Krieg bei der allgemeinen Verwirrung aller Verhältnisse verschlang, ist gar nicht nachzurechnen, denn man wies dem Kriegsminister die erforderlichen Gelder großentheils unter der Hand zu, um die Wahrheit zu vertuschen.

Der Schrecken über den kläglichen Ausgang der ersten Kriegsunternehmungen verging sehr schnell, als man gewahr wurde, mit welcher Langsamkeit die deutschen Mächte ihre Vorbereitungen für den Krieg trafen. Die Furcht trat bei den großen Massen wieder ganz zurück; die Führer der Revolutions-Partheien aber faßten den Gedanken, ihre weiteren Pläne womöglich noch zur Ausführung zu bringen, ehe die deutschen Heere anrückten; sie sahen, daß die Zeit, welche ihnen von diesen geschenkt wurde, dazu ausreichen würde. Mit verdoppelter Heftigkeit begann daher überall die Agitation, und gleichzeitig eröffnete die Gironde in der National-Versammlung ihre directen Angriffe. Am 29. Mai wurde die Auflösung der Garde des Königs decretirt, weil sie unconstitutionelle Gesinnungen zur Schau trüge, der vorschriebene Etat überschritten wäre und weil bei der Auswahl der Personen die gesetzlichen Bestimmungen nicht überall beobachtet worden wären. Bis zur Bildung einer neuen Garde sollte der Dienst beim Könige durch die Nationalgarde versehen da werden; dieser aber wurde empfohlen, sehr aufmerksam zu sein, der König möglicherweise einen neuen Fluchtversuch beabsichtige. Ludwig XVI ließ sich geduldig wehrlos machen, seine Garde auflösen und deren Waffen auf dem Rathhause deponiren. — Konnte er sich über die Bedeutung dieser Maaßregel täuschen? Da man ihm bisher stillschweigend das Garde-Schweizer-Regiment gelassen hatte, und sein maison militaire allerdings beträchtlich stärker war, als die Etats vorschrieben, so konnte er über 6000 Mann verfügen, die ihn bis auf den letzten Blutstropfen vertheidigt haben würden. War es auch wahrscheinlich, daß er im Kampfe unterlag, zumal noch die aus der besoldeten Nationalgarde formirten Regimenter in Paris standen, so wäre er doch als König gestorben. Jetzt ließ er sich in weibischer Schwachheit die letzten Vertheidigungsmittel nehmen aus Furcht vor dem Widerstande, zu welchem man ihn doch, als er wehrlos war, zu zwingen wußte. Als der Gironde dieser Coup gelungen war, hielt sie es für nöthig, ihre eigenen Streitkräfte in Paris zu verstärken, denn sie konnte nicht erwarten, daß die Nationalgarde mit ihr durch Dick und Dünn gehen würde. Es wurde daher die Errichtung eines Lagers von 20,000 Mann bei Paris decretirt, wozu die Departements am Föderationsfeste, den 14. Juli, die Mannschaften stellen sollten. Dieses Lager sollte angeblich eine Reserve für die Rhein-Armee bilden, in Wirklichkeit aber hoffte die Gironde bei den in den Departements herrschenden Gesinnungen eine schlagfertige Truppe einerseits gegen die Nationalgarde und andererseits gegen Danton's und Robespierre's Banden zu erhalten, da sie in der ersteren ein Hinderniß bei der Durchführung ihrer Pläne, in den letzteren eine Gefahr für sich selbst nach dieser Durchführung erblickte. Ein großer Theil der Nationalgarde von Paris protestirte gegen dieses Decret, die Jacobiner schrieen dagegen, und der König erkannte, daß er rettungslos verloren sei, wenn er seine Einwilligung ertheilte. Er entschloß sich daher, diesem Decrete die Sanctionirung zu versagen, und ebenso einem anderen Decrete, welches bestimmte, daß alle Priester, die nicht sofort den Bürgereid leisteten, über die Grenze transportirt werden sollten. Gleichzeitig entließ der König am 13. Juni die drei entschiedensten Girondisten aus seinem Ministerium, darunter auch den Kriegsminister Servan, und betraute Dumouriez mit der Bildung eines neuen Ministeriums. Dumouriez übernahm für seine Person das Kriegsministerium. Die Aufregung über diese Wendung der Dinge war gewaltig; die National-Versammlung, welcher der König erklärte, er wolle die Constitution, aber auch die Ordnung, sprach ihr Bedauern über das Ausscheiden der Minister aus, welche ihr volles Vertrauen beſeſſen hätten, und ſetzte ſogleich eine Commiſſion ein, um die Gefahren in Erwägung zu ziehen, welche die Freiheit bedrohten. Dagegen erhielt der König jetzt durch Lafayette eine kräftige Unterſtützung. Dieſer General ſchrieb einen energiſchen Brief an die National-Verſammlung. Man ſolle doch, ſagte er, ſich nicht darüber täuſchen, daß alle Unordnungen von den Jacobinern ausgingen, die auch in der Armee Indiſciplin und Mißtrauen verbreiteten. Es wäre die höchſte Zeit geweſen, daß der König den bisherigen Kriegsminiſter entlaſſen. Frankreich könne auf ihn und ſeine Armee rechnen, wenn es die Ligue ſeiner Feinde, der inneren wie der äußeren, brechen wolle. „Sorgt, daß die Rechtspflege in conſtitutionelle Bahnen ein=lenke; daß die bürgerliche Gleichheit und die religiöſe Freiheit ſich der ganzen Anwendung der wahren Principien erfreue; daß die königliche Gewalt unangetaſtet bleibe, denn ſie iſt durch die Conſtitution garantirt; daß ſie unabhängig ſei, denn dieſe Un= abhängigkeit iſt einer der Ausgangspunkte unſerer Freiheit; daß der König geehrt werde, denn er iſt der Träger der National= Majeſtät; daß er einen Miniſter wählen könne, welcher keine Partheifeſſeln trägt, endlich, daß die Herrſchaft der Clubs der der Geſetze Platz mache...... Ich ſchulde dieſe Wahrheiten dem Vaterlande, euch, dem Könige und beſonders mir ſelbſt.“ Dieſer Brief, dem die Majorität der National-Verſammlung ihre Zuſtimmung nicht verſagen konnte, erregte bei den Par= theien der Linken natürlich einen wahren Sturm. Guadet ver= glich Lafayette mit Cromwell. Dumouriez trat der National= Verſammlung mit imponirender Beſtimmtheit gegenüber, er war entſchloſſen, den unvermeidlichen Kampf durchzuführen. Leider war er mit Lafayette perſönlich verfeindet, und dieſer war zu ſchwach, um in dem jetzigen entſcheidenden Augenblicke ſeinen Haß fallen zu laſſen, er arbeitete ſofort auf den Sturz ſeines

Gegners hin. Da nun auch Dumouriez die bedenkliche Idee hatte, der König solle die beiden Decrete der National-Versammlung zur Beruhigung der Gemüther annehmen, um dann seine Macht mit um so größerer Entschiedenheit nach anderer Seite hin zu entwickeln, der König aber zu so gewagtem Unternehmen, besonders durch sein religiöses Gefühl gegen das Priestergesetz erregt, sich nicht entschließen konnte, so forderte und erhielt das Ministerium Dumouriez bereits am 17. Juni seine Entlassung. Dumouriez übernahm das Commando einer Division beim Nordheere. Der König wählte sein neues Ministerium aus Anhängern der Parthei der Feuillans, welche die rechte Seite der National-Versammlung bildeten und in ihren Ansichten jetzt mit Lafayette ganz übereinstimmten. An der Spitze des Ministeriums stand Monciel, Kriegsminister wurde Lajard.

Die Gironde trug Sorge, daß durch Vermittelung der Clubs trotz der Weigerung des Königs die ersehnten Conföderirten aus den Departements nach Paris gesandt würden. Sie fand besonders in Marseille ihre schlagfertige Truppe, welche sich alsbald nach der Hauptstadt in Bewegung setzte. Die Aufregung in Paris aber war in der letzten Zeit auf's Höchste gestiegen; den Jacobinern und den Clubs der Vorstädte, denen die Jacobiner noch zu mäßig und zu anständig waren, schien die Bedächtigkeit, mit welcher die Gironde ihr Ziel verfolgte, ganz unmotivirt. Wenn sie allerdings wußten, daß die Nationalgarde ihren Plänen entgegentreten würde, so hatten sie doch von den städtischen Behörden theils directe Unterstützung zu erwarten, theils keinen energischen Widerstand zu fürchten; denn diejenigen Mitglieder dieser Behörden, welche nicht, wie Danton, der die Hauptstimme im Gemeinderathe hatte, zu jeder äußersten Niederträchtigkeit vorwärts trieben, gehörten wenigstens der Gironde an, wie namentlich der Maire von Paris, Pethion.

Am 20. Juni setzte sich eine bewaffnete Bande aus den Vorstädten in Bewegung, überreichte der National=Versamm= lung eine aufrührerische Adresse, die eine wohlwollende Auf= nahme fand, und defilirte zwei Stunden lang durch den Sit= zungssaal. In der Adresse hieß es: „Wir kommen im Namen der Nation, welche ihre Augen auf diese Stadt gerichtet hält, um Euch zu versichern, daß das Volk auf der Höhe der Si= tuation steht und bereit ist, die beleidigte Majestät der Nation zu rächen. Die Mittel der Gewalt sind gerechtfertigt durch den zweiten Artikel der Menschenrechte: Widerstand gegen Unter= drückung. Welches Unglück indessen für freie Menschen, die euch all' ihre Gewalt übertragen haben, sich in die traurige Nothwendigkeit versetzt zu sehen, ihre Hände in das Blut der Verräther zu tauchen! Es ist nicht mehr Zeit, zu verschwei= gen, daß das Complott entdeckt, die Stunde gekommen ist. Das Blut wird fließen oder der Freiheitsbaum, den wir jetzt pflanzen wollen, wird in Frieden blühn." Die Massen wand= ten sich dann gegen die Tuilerieen. Der Widerstand, welchen die Nationalgarde dem allmählig zu 40,000 Menschen ange= wachsenen Haufen entgegensetzte, wurde durch das Einschreiten der städtischen Beamten beseitigt, der Haufen drang in das Schloß, in das Zimmer des Königs. Ludwig XVI hatte meh= rere Stunden lang die gemeinsten Insulten zu ertragen, er wurde gezwungen, eine Jacobinermütze aufzusetzen, vier Na= tionalgardisten vertheidigten ihn heldenmüthig gegen körperliche Mißhandlung. Der König bewies in dieser schmachvollen Si= tuation eine über alles Lob erhabene Ruhe und Kaltblütigkeit, und rettete wohl nur durch seine imponirende Haltung sein Leben vor den Dolchen, die gegen ihn geschliffen waren. Die

Bande, welche ihn umringte, war ebenso feige, wie gemein; hätte Ludwig XVI nur einmal im Handeln so viel heroischen Muth gezeigt, wie am 20. Juni im Dulden, er würde sicherlich seinen Thron behauptet und sein Land vor namenlosem Elende gerettet haben! Durch das endliche Erscheinen einer Deputation der National-Versammlung und Pethion's, welche den feigen Pöbel aus dem Schlosse herauscomplimentirten, wurde dem scandalösen Auftritte ein Ende gemacht.

Die Empörung über die Ereignisse des 20. Juni war allgemein unter den Menschen im Lande, die noch einen Funken von Sittlichkeit bewahrt hatten. Die Nationalgarde von Paris gab ihren Unwillen in der entschiedensten Weise zu erkennen und hintertrieb durch ihre Haltung in der nächsten Zeit neue revolutionaire Versuche; aus allen Theilen des Landes liefen Adressen voll Entrüstung an den König und die National-Versammlung ein. Uns interessirt es am meisten, daß auch die Armee, an welche der König gleich nach dem 20. Juni eine Proclamation erließ, in der Majorität diese Entrüstung theilte. Schon vor jenem schimpflichen Tage hatten einige Regimenter ihren Unwillen über die zunehmende Unordnung im Innern, welche den Ausgang des Krieges in Zweifel stelle, in Adressen zu erkennen gegeben. Jetzt hat ein großer Theil der Regimenter der Nord-Armee in einer gemeinschaftlichen Adresse den General Luckner, der National-Versammlung und dem Könige mitzutheilen, daß sie im höchsten Grade indignirt wären über die Ereignisse des 20. Juni, daß sie ihrem Eide treu bleiben und nach dem Willen des Königs, nicht aber nach den treulosen Zumuthungen der Partheien handeln würden. Nur wenige Regimenter und ein Theil der freiwilligen Nationalgarden-Bataillone weigerten sich, diese Adresse zu unterschreiben. Sämmtliche Generäle der Rhein-Armee sandten eine Ergebenheits-Adresse an den König. Am Entschiedensten aber zeigte sich Lafayette's Armee. Alle Truppen derselben, mit Ausnahme von neun Nationalgarden-Bataillonen, erklärten Lafayette, daß sie entschlossen wären, die inneren Feinde so gut zu bekämpfen, als die äußeren. Diese Armee würde mit Freuden nach Paris marschirt sein, um dort die Revolutions-Clubs, und wenn Lafayette es gefordert hätte, auch die National-Versammlung zu sprengen. Lafayette entschloß sich zu handeln; aber unsicher und unentschieden, wie er immer war, ergriff er auch jetzt wieder eine halbe Maaßregel. Warum nahm er nicht, da es ihm doch um die Herstellung der Ordnung ernstlich zu thun war, und er einen Angriff von außen noch nicht zu fürchten hatte, einen Theil seiner Armee, die zuverlässigsten Regimenter zusammen, um der Wirthschaft in Paris ein kurzes Ende zu machen, die revolutionairen Behörden und Clubs gewaltsam zu sprengen, den Pöbel zu entwaffnen und der Nationalgarde wieder Muth und Kraft zu geben? Bei der ihm bekannten Gesinnung der letzteren und der Feigheit des Pöbels wäre seine Aufgabe mit Leichtigkeit in wenigen Tagen erfüllt gewesen. In zwei Armee-Befehlen vom 25. und 26. Juni lobte er die Gesinnungen, welche sich in den Adressen der Regimenter aussprächen, verbot aber sehr richtig das Einreichen politischer Adressen, welches mit den militairischen Grundsätzen unvereinbar sei, und theilte seinen Truppen mit, daß er nach Paris reise, um dort seinen Einfluß für die Herstellung der Ordnung mit Nachdruck zur Geltung zu bringen. Am 28. Juni erschien er völlig unerwartet vor der National-Versammlung, um seine frühere Aufforderung zur Herstellung geordneter Zustände nochmals mündlich zu wiederholen, wobei er auf die Gesinnung seiner Armee hinwies. Er berathschlagte dann mit dem Könige und seinen einflußreichen Freunden in Paris über die Maaßregeln, welche zu ergreifen wären; die einzig richtige aber hatte er bereits versäumt. Vor seiner Abreise am 30. Juni sandte er nochmals einen Brief an die National=Versammlung, in welchem er sich darüber beklagte, daß noch immer von ihrer Seite keine entscheidenden Entschlüsse Angesichts der großen Gefahren gefaßt wären. Lafayette richtete durch sein zaghaftes Auftreten wenig aus, ermuthigte vielmehr die Revolutions= Partheien, die ihn fortan mit unerbittlichem Hasse verfolgten; es verging von jetzt an kaum eine Sitzung der National=Ver= sammlung ohne Angriffe und Schmähungen gegen Lafayette. Gleich nach Verlesung seines letzten Briefes erinnerte Delaunay daran, daß Cäsar einst eine ähnliche Sprache gegen den Senat führte, kurz bevor er an der Spitze seiner Armee den Rubicon überschritt; er sei übrigens sehr weit davon entfernt, den jungen General mit dem sieggekrönten Cäsar zu vergleichen.

Es ist erstaunenswerth, mit welchem Eifer jetzt gerade die Gironde das Princip vertrat, die bewaffnete Macht müsse wesentlich gehorchend sein und habe sich um die Politik nicht zu kümmern. Der Sicherheits=Ausschuß mußte Bericht über die Frage erstatten, ob den Generälen nicht das Petitions= Recht zu nehmen wäre. Dieser Bericht enthält manche Wahr= heit, welche man bisher auf das Entschiedenste verläugnet hatte. Es wird aber wohl Niemand auf den Gedanken kommen, daß die Wahrheit um ihrer selbst willen und in richtiger politischer Erkenntniß ausgesprochen wurde; die Idee der Freiheit war ausgenutzt und verbraucht in der Armee, mit Hülfe derselben hatte die Revolution gesiegt; was hätte diese veranlassen sollen, sich noch länger durch kleinliche Principien= Rücksichten fesseln zu lassen? Was sich von Wahrheit in dem Berichte zeigt, das war damals nur der Ausdruck revolutionairer

Tyrannei. Die Verfassung, sagt der Bericht, gewährt zwar jedem Einzelnen das unbeschränkte Petitions=Recht, aber in der Ansicht eines Generals ist nach der Natur seiner Stellung die Ansicht Vieler repräsentirt; da die Armee die physische Gewalt auf ihrer Seite hat, so würde man die Grundsätze der Freiheit und der Gleichheit verletzen, wollte man ihr dieselben politischen Rechte einräumen, wie allen anderen Bürgern. Auch könnte dieses Petitions=Recht die Eintracht und das Vertrauen zwischen den Soldaten und ihren Chefs leicht er=schüttern. „Damit einem General das Vertrauen erhalten werde, welches er zum Besten des Vaterlandes haben muß, ist es nöthig, daß er außerhalb aller Partheien stehe. In Zeiten der Revolution giebt es selten allgemeines Vertrauen und zu wenige Menschen haben den Muth, den Tugenden ihrer Gegner Gerechtigkeit widerfahren zu lassen. Damit daher die bewaffnete Macht wesentlich gehorchend sei, damit der politische Hader die Läger nicht in Unordnung bringe und ent=zweie, ist es nothwendig, daß die Generäle und alle Heer=führer keine andere Discussion kennen, als die der kriegerischen Angelegenheiten, keine andere Parthei, als den Sieg, keinen anderen Ehrgeiz, als die so schöne und rührende Anerkennung eines freien Volkes." Der Ausschuß beantragte daher folgendes Decret:

1. Die Generäle und die Commandanten selbstständiger Detachements oder fester Plätze können an keine der bestehenden Autoritäten Petitionen über Gegenstände richten, welche dem militairischen Dienste oder ihrem Privat=Interesse fremd sind.
2. In keinem Falle können Militairs der Linientruppen oder der freiwilligen Nationalgarden=Bataillone Peti=

tionen in gemeinschaftlichem Namen, von mehr als Einem unterschrieben, erlassen.
3. Generäle und Stabs=Offiziere, welche hiergegen verstoßen, werden abgesetzt; gegen Generäle wird außerdem nach den Gesetzen über Attentate gegen die Sicherheit des Staates gerichtlich vorgegangen, über andere Offiziere urtheilen die Criminal=Gerichtshöfe derjenigen Arondissements, in denen die Behörde ꝛc. ihren Sitz hat, an welche die Petition gerichtet war. Militairs, welche gegen Artikel 2 verstoßen, werden mit 3 bis 14 Tagen Arrest bestraft.

Auf Antrag der Linken wurde die Entscheidung über diesen Vorschlag vertagt, bis die Frage zum Austrage gebracht wäre, ob nicht gegen Lafayette die Untersuchung eingeleitet werden sollte, weil er gegen den Artikel der Verfassung, „die bewaffnete Macht ist wesentlich gehorchend", verstoßen. Die großen Ereignisse der nächsten Zeit haben dann den Antrag des Ausschusses in Vergessenheit gebracht.

Lafayette's Auftreten veranlaßte am 30. Juni einen Bericht des Sicherheits=Ausschusses über die Lage des Staates. Es heißt in demselben in Bezug auf die Armee: „Niemals waren die Verführer und Verläumder gefährlicher als jetzt. Schamlose Literaten suchen selbst heute die Armee zu desorganisiren, wie sie einst das Reich zu vernichten drohten. Verbrecherisch ist es, wenn sie gegen jede Handlung Mißtrauen erwecken, anklagen und verführen. Wenn unsere Armeen siegreich sind, werden sie den Soldaten sagen: zittert, mißtrauet euren Generälen und ihrer Macht; kriegerische Erfolge werden immer einen Schrecken erregenden Einfluß auf die Freiheit der Völker haben. Und wenn die Armeen keine Erfolge haben, so werden sie sagen: zittert, mißtrauet euren Generälen, sie ver=

rathen euch), sie sind den Feinden des Vaterlandes verkauft. Nein, nein, es ist nicht möglich, daß unsere Armeen siegreich sind, trotz allen Eifers und Muthes der Bürger, aus denen sie bestehen, wenn man unaufhörlich Mißtrauen und Verdächtigung unter die Soldaten säet." Dieser Bericht wurde lebhaft applaudirt und seine Versendung an alle Departements beschlossen — damit fand die Sache ihre Erledigung.

Nachdem Lafayette's Angriff abgeschlagen war, glaubte die Gironde, daß die Zeit gekommen sei, wo man den wehrlosen König beseitigen könne und müsse, ohne die Gefahren eines Straßenkampfes, den sie aus Angst vor den Jacobinern zu vermeiden wünschte. Die Zeit drängte, denn man hatte in Kurzem den gefürchteten Angriff der Preußen zu erwarten. Die Gironde führte daher ihre letzten Schläge.

Zunächst erklärte die National-Versammlung einen Befehl, welchen der Minister des Inneren an die Departements erlassen hatte, um die Absendung von Föderirten nach Paris zu verhindern, für ungültig. In schwungvollen Reden ließen die Häupter der Gironde unzweideutig ihre Absichten erkennen, man deutete die Nothwendigkeit einer Suspension des Königs an. Am 3. Juli wurde decretirt, daß aus den Mannschaften der alten französischen Garde, welche bei der Formation der neuen Linien-Regimenter zur Verwendung gekommen waren, eine neue National-Gendarmerie gebildet werden sollte. Es war das Mittel, diese bewährten Revolutions-Helden in Paris zu behalten. Dann wurde am 15. Juli bestimmt, daß die neuen Regimenter, welche aus der früheren besoldeten Nationalgarde von Paris formirt waren, sowie die Schweizer-Garden binnen drei Tagen zur Armee abzusenden seien. Der Commandeur der Schweizer-Garde erklärte, daß nach seiner Capitulation von seinem Regimente nur zwei Bataillone ausrücken könnten, während die beiden anderen zum Schutze des Königs zurückbleiben müßten. Die National=Versammlung entschied, daß wenigstens zwei Bataillone marschieren sollten.

Am 4. Juli wurde bestimmt, was für eine Bedeutung es hätte, wenn erklärt würde, das Vaterland sei in Gefahr. Alle Behörden sollten in diesem Falle Maaßregeln zu strenger Handhabung der Gesetze ergreifen, die Nationalgarden in permanenten Dienst gestellt werden. Den Departements sollte eine Vertheilung zugehen, wie viel Mann Nationalgarde sie aufzustellen hätten, diese würden binnen drei Tagen an den festzustellenden Sammelpunkten in den Departements concentrirt werden und vom Tage des Zusammentritts an in Sold treten, auch sofort mit Munition versehen werden. Diese Bestimmungen hatten einen doppelten Zweck; einerseits waren sie gegen den drohenden Angriff des Auslandes gerichtet; andererseits wollte die Gironde bei den Gewaltthätigkeiten, ohne welche die Durchführung ihrer ferneren Beschlüsse voraussichtlich nicht ablaufen würde, das Heft in den Händen behalten, sei es, um etwaigen Widerstand zu brechen, sei es, um die Jacobiner zu bändigen.

Der Hof war über die verstärkten Angriffe der Gironde ebenso bestürzt, wie die Rechte und das Centrum der National=Versammlung. Ludwig XVI entschloß sich Angesichts der großen Gefahr, einen Annäherungs=Versuch an das Centrum zu machen, ein Versuch, der dort mit großem Jubel aufgenommen wurde. In der Sitzung des 7. Juli wurde aus dem Centrum eine große allgemeine Versöhnungs=Scene veranlaßt, die Gironde durfte sich nicht ausschließen, die Partheien fielen sich um den Hals, die erbittertsten Feinde küßten sich, der König und seine Minister wurden herbeigerufen — und in der allgemeinen Begeisterung erklärte die National=Ver=

sammlung einstimmig, an der Constitution festhalten zu wollen, und weder die Republik noch ein Zwei=Kammer=System auf= kommen zu lassen. Die ganze Scene war eine große Lüge, die Gironde begann an den folgenden Tagen ihre Angriffe mit ungeschwächter Kraft.

Es gab für Ludwig XVI in diesen Gefahren nur eine Rettung: er mußte Paris verlassen, sich zur Armee begeben und von dort eine Contre=Revolution versuchen. Er hätte die große Majorität der Nation und die Armee für sich ge= habt. Lafayette, Luckner und das Ministerium drängten ent= schieden zu diesem Schritte, durch welchen man Ordnung im Inneren und einen ehrenvollen Frieden mit dem Auslande zu erlangen hoffte. Der König gab endlich nach, allein die Königin machte seinen Entschluß wieder rückgängig; obgleich weit davon entfernt, die alten Zustände zurückzuwünschen, wußte sie doch, daß unter Lafayette's Leitung eine ver= ständige Ordnung der Dinge unmöglich wäre. Der König entschloß sich daher, in Paris auszuharren; die einzige Hoff= nung, welche ihm von jetzt an noch blieb, war die Hülfe des Auslandes; das Bewußtsein, daß er diese Hoffnung hegen müsse, steigerte die Wuth der Revolutionaire. Das Ministerium Monciel wurde durch den Entschluß des Königs veranlaßt, am 10. Juli seine Entlassung zu fordern, welche es auch unter der Bedingung erhielt, daß es bis zur Ernennung der neuen Minister die Geschäfte weiter fortführte.

Am 11. Juli erklärte die National=Versammlung, daß das Vaterland in Gefahr sei. Das ganze Land wurde dadurch in die äußerste Aufregung versetzt. In der Proclamation, welche an das Volk gerichtet wurde, hieß es: „Unsere Armeen sind noch nicht auf Kriegsstärke, eine unverständige Sicherheit hat zu schnell den Aufschwung des Patriotismus gemäßigt.

Die angeordneten Recrutirungen haben nicht solchen Erfolg gehabt, wie eure Repräsentanten erwartet hatten. Innere Unordnungen vermehren die Schwierigkeiten unserer Lage, unsere Feinde geben sich thörichten Hoffnungen hin, die für euch eine Beleidigung sind. Herbei, Bürger, rettet die Freiheit und euren Ruhm!" Die Proclamation, welche gleichzeitig an die Armee erlassen wurde, überrascht durch die Entschiedenheit, mit welcher die Nothwendigkeit der Disciplin in diesem Augenblicke betont wurde. „Bei der Erklärung der Gefahr des Vaterlandes," hieß es darin, „fühlt ihr verdoppelten Eifer. Krieger, möge derselbe durch die Disciplin seine Richtung erhalten; sie allein giebt die Gewißheit des Sieges. Zeigt diesen ruhigen und kalten Muth, welchen euch das Bewußtsein eurer Kräfte geben muß. Eine wahre Armee ist eine gewaltige Masse, die durch ein einziges Haupt in Bewegung gesetzt wird. Sie vermag Nichts ohne eine passive Subordination von Grad zu Grad, vom Soldaten bis zum General." Auch der König rief das Volk auf, die Waffen zu ergreifen. Wir werden später im Zusammenhange sehen, wie gering die Verstärkung war, welche die Armee erhielt; die Nation faßte die Erklärung, daß das Vaterland in Gefahr sei, in dem Sinne auf, in welchem sie gegeben war, als einen Aufruf zum Kampf im Inneren so gut, wie gegen die äußeren Feinde.

Die Jacobiner=Clubs entwickelten die äußerste Rührigkeit. Die Theilnahme an dem Föderationsfeste in Paris war nur sehr gering, es waren kaum ein Paar tausend Föderirte aus den Provinzen eingetroffen, deren Zahl bis Ende Juli auf 5350 stieg. Aber es waren lauter Revolutions=Helden vom reinsten Wasser. Von den Tribünen der National=Versammlung herab übten sie die zügelloseste Tyrannei, ihr Treiben in Paris wurde so bedenklich, daß sogar die Gironde anfing zu

stutzen; sie fühlte, welche Gefahr ihr selbst drohte, wenn sie auf der betretenen Bahn weiter fortschritt. In der Mitte des Monats setzte sie sich daher heimlich in Verbindung mit Ludwig XVI und versprach ihm, von weiteren Schritten ab=
zustehen und ihn zu unterstützen, wenn er ein Ministerium aus ihrer Mitte wählen wollte. Der König wies sie jetzt muthig zurück und wählte seine neuen Minister wieder aus den Feuillans; das Kriegsministerium erhielt d'Abancourt, ein entschiedener Royalist. Nichts war geeigneter, jene Menschen mehr zu erbittern, als dieser fehlgeschlagene Versuch, mit Um=
gehung der Gefahren einer neuen Revolution an's Ruder zu kommen. Da nun auch gleichzeitig das Manifest des Herzogs von Braunschweig an die französische Nation erschien, durch welches die Girondisten ebenso sehr bedroht wurden, wie die übrigen Jacobiner, so schwand ihre Furcht vor der Revolution, sie arbeiteten energisch mit ihren republicanischen Gegnern dem letzten Schlage gegen das Königthum entgegen, jetzt wieder blind gegen die Gefahren, vor denen sie so eben noch zurück=
bebten. In Paris wurden alle Vorbereitungen zum Kampfe getroffen. Nachdem Ende Juli das lange ersehnte Marseiller Freiwilligen=Bataillon eingetroffen war, an dessen Kampfes=
muth man große Hoffnungen knüpfte, forderte anfangs August ein großer Theil der Sectionen der Hauptstadt in Petitionen die Suspension des Königs; die Clubs der Vorstädte be=
reiteten sich zum Kampfe vor, wenn die Suspension von der National=Versammlung nicht bis zum 9. August Abends aus=
gesprochen würde.

Am 8. August erstattete der Sicherheits=Ausschuß Bericht über die Frage, ob gegen Lafayette die Hochverraths=Anklage wegen der Absicht bewaffneter Intervention im Inneren ein=
zuleiten sei. Der Ausschuß beantragte die Bejahung, die

Majorität der National=Versammlung aber hatte trotz des Tobens der Galerieen den Muth, die Freisprechung zu erklären. Dafür wurden die Deputirten, welche mit der Majorität gestimmt hatten, beim Verlassen des Sitzungs=Saales von dem Pöbel auf's Gröblichste mißhandelt — verschwunden war schon längst der Traum von der Unfehlbarkeit der National=Versammlung. Der Ausgang dieses Processes ließ keinen Zweifel darüber, daß die Beseitigung des Königs nicht von der National=Versammlung zu erwarten, sondern nur noch durch Gewalt zu erreichen sei. In der folgenden Nacht wurde daher der Angriffsplan festgestellt, und von den Sectionen eine neue Central=Behörde gewählt, welche sich beim Läuten der Sturmglocken nach dem Rathhause begeben sollte, um dort den alten Gemeinderath zu beseitigen und zu ersetzen. Um Mitternacht vom 9. zum 10. August wurden die Sturmglocken gezogen; langsam und zaghaft fanden sich die Angreifer auf den bestimmten Sammelplätzen ein. Erst gegen Morgen wurden die Haufen so stark, daß man sich zum Angriff gegen die Tuilerieen in Bewegung zu setzen wagte.

Dort war man von Allem, was in Paris vorging, vollständig unterrichtet. Der König war ergeben, aber, wie immer, ohne Entschluß; nur Marie Antoinette ermuthigte zu verzweifeltem Kampfe. Im Schloßhofe und auf dem Caroussel= platze waren ca. 1500 Mann Nationalgarde aufgestellt, im Treppenhause der Tuilerieen außerdem das Garde=Schweizer= Regiment. Da der Kriegsminister das Decret der National= Versammlung, nach welchem zwei Bataillone des Regiments an die Grenze geschickt werden sollten, noch nicht ausgeführt — ihm wurde später aus diesem Anlaß der Proceß wegen Hoch= verraths gemacht, — dagegen ein Detachement von 300 Mann nach dem Departement de l'Eure entsandt hatte, so wird man die

Stärke des Regimentes auf prpr. 2000 Mann annehmen können. Der König hielt gegen Morgen eine Revüe über diese Truppen, in der Absicht, sie zu begeistern; allein er war nicht im Stande, seine völlige Abspannung zu beherrschen, und verfehlte daher nicht nur seinen Zweck, sondern entmuthigte sogar die Nationalgarde, von welcher ein Theil schon unschlüssig war, vollständig. Der Commandeur derselben wurde von der neuen städtischen Central-Behörde zum Rathhause beordert, noch ehe er wußte, daß die alte Behörde beseitigt war; er folgte der Aufforderung und wurde im Rathhause vom Pöbel ermordet. Dadurch verlor die Nationalgarde alle Leitung; die Bataillone der Vorstädte befanden sich unter den Insurgenten, an deren Spitze die Conföderirten und die französischen Garden standen. Wenn noch ein Nationalgarden-Bataillon den Kampf für den König zu wagen entschlossen war, so wußten die städtischen Behörden es unschädlich zu machen; die Unsicherheit war so allgemein, daß die Nationalgarde zur Vertheidigung des Königs keinen Schuß that.

Gegen Morgen langten die ersten Haufen Bewaffneter vor dem Schlosse an, sie waren zu schwach und zu feige, um etwas zu unternehmen. Gleichwohl ließ sich der König nach kurzem Widerstreben und troß der Bitten der Königin bereden, im Sitzungs-Saale der National-Versammlung Schutz zu suchen; die königliche Familie erhielt dort einen Platz in der Stenographen-Loge angewiesen. Von wem wollte Ludwig XVI noch die Vertheidigung seiner Sache erwarten, da er sie jetzt abermals bei der ersten Drohung selbst verloren gab? Nochmals, wer für seinen Thron nicht kämpfen und sterben kann, der ist nicht für den Thron geboren! Die Nationalgarde folgte dem Beispiele des Königs und verließ den Kampfplatz; nur die braven Schweizer wankten nicht in ihrem

Entschlusse, für ihre Pflicht zu siegen oder zu sterben. Die Hauptangriffs-Kolonne der Antons-Vorstadt hatte sich endlich nach langem Zaudern in Bewegung gesetzt. Als sie vor den Tuilerieen anlangte, mochte die Zahl der Angreifer auf 15,000 bis 20,000 Mann angewachsen sein. Man entschloß sich nun zu dem entscheidenden Angriffe auf das Schloß. Die Schweizer nahmen den Kampf auf; sie begrüßten die andringende Masse mit einigen wohlgezielten Salven, brachen dann muthig mit dem Bayonnette aus dem Schloßraume hervor und warfen die bestürzte Masse im ersten Anlaufe über den ganzen Carousselplatz zurück. Es ist sehr wahrscheinlich, daß sie die Sieger geblieben wären; denn die Angreifer waren feige, waren von Anfang an unentschlossen gewesen, und würden den Sturm kaum zu erneuern gewagt haben, da sie bei der völligen Abspannung, welche sich in Paris bei der großen Masse des Volkes in eclatantester Weise zeigte, schwerlich eine Verstärkung zu erwarten hatten. Allein die jammervolle Schwäche des Königs gab wieder den Ausschlag zu Gunsten der Revolution: er sandte den Schweizern mitten in ihrem Siegeslaufe den Befehl, das Feuer einzustellen. So entwaffnete er selbst seine letzten Getreuen und überlieferte das brave Regiment der meuterischen Bande. Der größte Theil desselben wurde in den Räumen und in dem Garten des Schlosses niedergemacht, nur ein kleiner Theil erhielt Pardon und wurde in die Gefängnisse geschleppt, um dort bei den grauenvollen September-Morden sein Ende zu finden. Die Tuilerieen wurden geplündert und ein Theil der Gebäude niedergebrannt.

Die National-Versammlung, in welcher seit dem Lafayette'schen Processe nur die Partheien der Linken noch erschienen, decretirte am 10. August die Suspension des Königs, der mit seiner Familie im Tempelthurme gefangen gesetzt und unter den Schutz der städtischen Behörde gestellt wurde. Für den Kronprinzen wurde ein Erzieher ernannt, dem Könige ein vorläufiges Gehalt bewilligt. Die Decrete der National-Versammlung sollten ohne Sanctionirung Gesetzeskraft haben. Das Ministerium wurde entlassen und die National-Versammlung ernannte ein neues, zur Hälfte aus Girondisten, zur Hälfte aus Jacobinern. Das Kriegs-Ministerium erhielt Servan wieder.

Die Abschaffung des Königthums wurde beim Zusammentritt des neu gewählten National-Conventes am 21. September definitiv ausgesprochen.

Wir sind an dem traurigen Ende der Regierung Ludwig's XVI angelangt. Das Schicksal dieses Fürsten erweckt Mitleid, aber seine klägliche Schwäche Entrüstung. Ehe die Revolution begann, war er zu schwach, um das als gut und nothwendig Erkannte durchzuführen; während der Revolution hatte er nicht die Kraft und den Muth, sein Vaterland durch Vertheidigung seiner Krone von namenlosem Elende zu erretten! Die Schuld des tiefen Unglückes, von welchem Frankreich und Europa am Ende des vorigen und im Anfange des jetzigen Jahrhunderts heimgesucht wurde, fällt auf ihn zum großen Theile zurück!

Wir wenden uns jetzt wieder zur Armee, um zu sehen, was die Pariser Revolution dort für einen Eindruck hervorrief. Von der Armee hätte die einzige Rettung ausgehen können, denn das ermattete Land fügte sich fast willenlos den vollendeten Thatsachen; wo sich hier noch politisches Leben zeigte, wurde es von den Jacobiner-Clubs gelenkt oder war gegen das Ausland gerichtet, denn von fremder Einmischung wollten auch die entschiedensten Royalisten nichts wissen.

Die Armee war weder ganz republicanisch noch ganz

royalistisch gesinnt. Es waren alle Partheien in derselben vertreten; allein die große Mehrheit war in den letzten Monaten dem politischen Treiben durch die nahe Aussicht größerer kriegerischer Ereignisse entfremdet worden; ihr waren die inneren Unordnungen zuwider, weil sie einsah, daß der Ausgang des Krieges durch dieselben in Zweifel gestellt wurde, aber es war auch in ihr jedes rege Interesse für die Sache des Königs, jede Anhänglichkeit an die Person desselben systematisch abgetödtet. Die nahe Kriegsgefahr, die kriegerische Beschäftigung und das Lagerleben, sowie die Lehre, welche der erbärmliche Ausgang der ersten Unternehmungen gegeben, hatten trotz der fortgesetzten Wühlereien zu wesentlicher Verbesserung der Disciplin geführt. Allein man kann es schon in jener Zeit ganz genau erkennen, wie die Disciplin, welche diese zerrütteten Massen erlangten, fast keinen anderen Halt hatte, als die Hingebung an die Person des Heerführers. Mit jedem Wechsel im Ober-Commando wurde sie in Frage gestellt; nur der General erlangte noch strenge Disciplin, dem die Soldaten so unbedingt ergeben waren, daß sie ihm für jeden Zweck, und wäre er verbrecherisch gewesen, mit ihrer vollen Begeisterung zur Verfügung standen. Die wahre Disciplin, welche eine tiefere moralische Unterlage in der Heiligkeit des Fahneneides, in dem Ehrgefühle und in einer hohen Auffassung der militairischen Pflichten hat, kann und muß wesentlich gestärkt werden durch die Achtung und Liebe für die Person des Befehlenden; aber sie ist nicht von dieser Person allein abhängig.

Bevor wir die einzelnen Corps der Armee betrachten, müssen wir erwähnen, daß durch Befehl des Königs vom 8. Juli dem Marschall Luckner der Oberbefehl über sämmtliche Armeen und der specielle Befehl über die Armee des

Centrums übertragen worden war. Dagegen erhielt Lafayette das Commando der Nord=Armee, Biron das der Rhein=Armee. Luckner und Lafayette wurde bei ihrem Commando=Wechsel gestattet, diejenigen Truppentheile, welche sie zu behalten wünschten, zwischen beiden Armeen auszutauschen, ein Verfahren, welches seine Rechtfertigung nur durch die vorerwähnten Disciplinar=Verhältnisse erhalten kann, denn es stehen einem solchen Austausche unter allen Verhältnissen bedeutende Bedenken entgegen. Dem Commando=Wechsel lag wohl theilweise Lafayette's Abneigung, gegen die gefürchteten Preußen zu kämpfen, zu Grunde; wesentlich bestimmend dürfte aber der Wunsch gewesen sein, ihn etwas näher bei Paris zu haben. Diese politische Rücksicht hat natürlich auch bei Genehmigung des Truppenwechsels mitgewirkt. Lafayette nahm fast seine ganze Armee mit nach dem Norden, und Luckner mußte diesem Verfahren entsprechen. Dumouriez, welcher demnach auch mit seiner Division zur Armee des Centrums abmarschieren sollte, weigerte sich jedoch unter ganz nichtigem Vorwande, dem Befehle nachzukommen; dieses politische Chamäleon war jetzt Jacobiner vom reinsten Wasser, seine Division lebte ganz in seinen Ansichten, und so blieb er in seiner alten Stellung im Lager von Maulde stehen, um ein Gegengewicht gegen Lafayette zu bilden; seine politischen Freunde in Paris machten alle Versuche, gegen seinen Ungehorsam einzuschreiten, zu nichte.

Sofort nachdem die Suspension des Königs am 10. August ausgesprochen war, entsandte die National=Versammlung an die verschiedenen Armeen Commissare, um sich der bewaffneten Macht zu vergewissern. Diese Commissare hatten den Auftrag, die Truppen über die letzten Ereignisse aufzuklären, ihnen einen neuen Eid „Freiheit oder Tod" abzunehmen, und wo es nöthig erschiene, Generäle, Offiziere und Civil-Behörden zu suspendiren.

In der Süd-Armee hatte Montesquiou bereits alles gethan, um seine Truppen für die neuen republicanischen Verhältnisse vorzubereiten. Er empfing die Commissare der National-Versammlung mit königlichen Ehren. Seine Truppen leisteten ohne Zögern und ohne Ausnahme den Eid, die Commissare fanden die Fahnen überall mit der Jacobiner-Mütze geschmückt. Vom 101. Infanterie-Regiment (Royal-Liégeois) hatte der größte Theil der Soldaten, „lauter Freunde der Gesetze der französischen Neugeburt", wie es in dem Berichte der Commissare heißt, die Fahnen verlassen und sich nach Lyon und Grénoble begeben, indem sie erklärten, lieber in den Gefängnissen sterben zu wollen, als in einem so contre-revolutionairen Regimente zu dienen. Die Stabs-Offiziere dieses Regiments wurden deshalb abgesetzt, ebenso eine große Zahl anderer Generäle und Offiziere der Süd-Armee.

Die Rhein-Armee nahm die Mittheilungen der Commissare größtentheils ziemlich gleichgültig auf, leistete aber auch den Eid. Was Lamorlière hier früher Gutes gewirkt hatte, war zum Theil schon durch Biron, einen alten Orleanisten, wieder verdorben worden. Biron und Dumouriez waren die beiden ersten Generäle, welche sich beeilten, der National-Versammlung nach dem 10. August ihre volle Zustimmung auszusprechen.

Die Commissare, welche an die Armee des Centrums gesandt waren, wurden in Sedan durch die Behörden in Verbindung mit Lafayette's Soldaten angehalten und gefangen gesetzt. — Dieser General hatte die erste Nachricht von den Ereignissen des 10. August bereits am 12. erhalten. Er überlegte sogleich die Schritte, welche er zur Rettung des Königs und der Verfassung zu thun hätte. Die preußische Armee stand an diesem Tage noch bei Trier; wenn es Lafayette bedenklich schien, im Angesichte derselben mit einem Theile seiner Armee eine Unternehmung gegen Paris zu wagen, so würde eine Benachrichtigung des Königs von Preußen von seinem Vorhaben wahrscheinlich genügt haben, um den preußischen Angriff aufzuschieben. Wir haben gesehen, über wie geringe Kräfte die Revolution zu verfügen hatte. Lafayette wäre im Stande gewesen, mit 10,000 Mann zuverlässiger Truppen, wenn er mit ihnen in Eilmärschen gegen Paris marschierte, welches er in 4 Tagen erreichen konnte, die Revolution vollständig niederzuwerfen, die National-Versammlung und die Clubs zu sprengen, die Hauptstadt zu säubern und der Nationalgarde wieder Muth zu geben, die dann, vielleicht durch einige Regimenter unterstützt, jedem neuen revolutionairen Versuche die Stirn geboten hätte. Er würde die große Mehrheit der Nation, deren Retter er gewesen wäre, auf seiner Seite gehabt haben, und im ganzen Lande, welches sich von Paris völlig abhängig zeigte, hätte die Sache der Ordnung gesiegt. Der Rest seiner Armee hätte genügt, um Dumouriez, wenn es nöthig wurde, im Schach zu halten und den Feind zu beobachten. Aber nur unter einer Bedingung konnte ein solches Unternehmen gelingen: Entschluß und Ausführung mußten mit der ersten Pariser Nachricht zusammentreffen.

Leider war Lafayette durchaus nicht der Mann, um mit einem entschlossenen Schlage seine ganze frühere politische Thätigkeit zu verläugnen. Er, der bisher an der Spitze des Umsturzes gestanden hatte, zeigte sich unfähig und unsicher, als die Aufforderung an ihn herantrat, in entgegengesetztem Sinne thätig zu werden; er hatte die Fähigkeit hierzu verloren. Er wollte jetzt die Jacobiner bekämpfen, aber mit dem ersten Zögern gab er die Waffen aus der Hand. Am 13. August theilte er seiner Armee in einem Tagesbefehle die Ereignisse des 10. mit und erklärte, die National-Versammlung sei in ihren Berathungen am 10. und 11. nicht frei gewesen. Er wollte jetzt erst die Disposition seiner Armee kennen lernen. Am 15. August ließ er die Truppen im Lager bei Sedan ihren constitutionellen Eid erneuern, und erhielt eine Weigerung nur von einigen Nationalgarden-Bataillonen und einem Theile der Artillerie; der Rest war zu Allem entschlossen. Aus den anderen Lägern kamen Anerbietungen der Truppen, überall hin zu marschieren, wohin er sie führen würde, selbst ein Nationalgarden-Bataillon von Paris im Lager von Vaud schloß sich dieser Erklärung an.

Allein der Augenblick zum Handeln war bereits verstrichen. Die Nachrichten liefen ein, daß das ganze Land und die anderen Armeen sich der Revolution fügten, die Jacobiner bearbeiteten die Soldaten mit äußerster Anstrengung, um sie von ihrem Vorhaben abzubringen. Alle wurden wieder unschlüssig und besonders Lafayette selbst. Schon am 16. entschied das Ministerium seine Absetzung und übertrug das Commando der Nord-Armee dem General Dumouriez. Am 19. erließ die National-Versammlung das Anklage-Decret gegen Lafayette; dasselbe traf ihn jedoch nicht mehr, da er mit seinem Generalstabe und anderen Offizieren schon in der Nacht vom 19. zum 20. August über die Grenze entflohen war, nachdem er eingesehen hatte, daß die Ausführung seines Planes unmöglich geworden war. Wenn seine Armee in den letzten Tagen wankend geworden war, so verlor in ihr mit seiner Flucht das Wenige, was von Königstreue noch übrig geblieben war, den letzten Halt. Die Nord-Armee erkannte die Revolution an und ebenso die Armee des Centrums, welche größtentheils Lafayette freudig zugestimmt haben würde, wenn er rechtzeitig gegen Paris marschiert wäre.

Ein großer Theil der Generäle und Offiziere in beiden Armeen wurde beseitigt. Luckner leistete zwar den neuen Eid; da er sich indeß der Revolution gegenüber lau zeigte, wurde er am 21. August ebenfalls abgesetzt und das Commando der Mittel-Armee dem General Kellermann übertragen. Auf den Wunsch des letzteren wurde Luckner nachträglich wieder zum Generalissimus der ganzen Armee ernannt; er sollte in dieser Eigenschaft den Generälen mit seinem Rathe zur Seite stehen und seinen Sitz in Chalons nehmen.

Der Zustand, in welchen die Armee nach der Katastrophe des 10. August und der Lafayette'schen Flucht verfiel, war traurig. Ein großer Theil der Offiziere war abgesetzt oder entfloh über die Grenze. Die Armee würde sich völlig aufgelöst haben, hätte sie nicht gerade in diesem Augenblicke den gefürchteten Angriff der Preußen zu erwarten gehabt. Wie alle Partheien im Lande in ihrer Begeisterung für die Vertheidigung des Vaterlandes gegen das Ausland fest zusammenstanden, so fand auch die Armee in dieser Gesinnung noch ein letztes Band, welches sie gegen die völlige Auflösung schützte; im Augenblicke unmittelbarer Gefahr suchen die Menschen sich stets inniger an einander anzuschließen. Disciplin ist dieses Aneinanderschließen aber nicht zu nennen; wenn durch eine Niederlage die Begeisterung in Schrecken verwandelt wurde, so hatte Frankreich keine Armee mehr — dieser Ausspruch ist in der vollsten Bedeutung des Wortes zu nehmen!

Dem allgemeinen Hasse gegen das Ausland ist es allein zuzuschreiben, wenn in jener Zeit die Desertion zum Feinde sehr gering war, wenn nicht ein Theil der Truppen dem Beispiele Lafayette's folgte. Nach dem Inneren Frankreich's waren Tausende von Soldaten im Laufe des Sommers entwichen;

bei den deutschen Heeren trafen verhältnißmäßig nur wenige ein. Das einzige Beispiel des Ueberganges einer größeren Abtheilung gab nach der Katastrophe des 10. August das Husaren=Regiment de Lauzun, welches fast ganz zum Feinde desertirte.

Die Entlassung des gesammten Offizier=Corps und die Neuwahl durch die Soldaten wurde bereits am 11. August in der National=Versammlung von der Commission der Zwölfe beantragt, und am folgenden Tage die Forderung zugesetzt, daß in Zukunft stets alle Offiziere durch die Soldaten ernannt werden sollten. Doch faßte die National=Versammlung darüber noch keinen Entschluß, diese Frage ist erst später durch den National=Convent entschieden worden. Wir kommen darauf zurück.

Die Richtung, welche in Frankreich fortan in Bezug auf die militairischen Angelegenheiten verfolgt werden sollte, kann nicht besser gekennzeichnet werden, als durch folgendes Decret der National=Versammlung vom 23. August 1792:

„In Erwägung, daß die Menschlichkeit und die Gerechtig= keit zu Gunsten derjenigen Militairs sprechen, welche in Fesseln gehalten werden unter dem Vorwande von Dis= ciplinar=Vergehen, Ungehorsam und Drohungen durch Worte oder Geberden gegen die Vorgesetzten, welche, nachdem sie Alles angewandt haben, um jene zur Verzweiflung zu treiben und zu Opfern ihrer Freiheitsliebe zu machen, endlich ihre Verworfenheit gezeigt haben, indem sie zu den Feinden des Vaterlandes übergegangen sind, decretirt die National=Ver= sammlung:

1. Alle Processe und Urtheile, welche gegen Militairs unter dem Vorwande des Verstoßes gegen die Disciplin, des

Ungehorsams und der Drohungen durch Worte oder Geberden gegen Vorgesetzte seit dem 15. September 1791 eingeleitet oder gefällt sind, werden annullirt.
2. Die Executive wird die nöthigen Befehle erlassen, um die genannten Militairs, welche gegenwärtig in Arrest oder auf Festung sind, sofort in Freiheit zu setzen."

### Der Feldzug in der Champagne 1792.

Als die Gefahr der feindlichen Invasion sich für Frankreich in unmittelbarster Nähe zeigte, täuschte man sich hier nicht länger über die völlige Unzulänglichkeit der eigenen Streitkräfte. Am Tage, bevor die Gefahr des Vaterlandes erklärt wurde, erstattete der Kriegsminister Bericht über die vorhandenen Vertheidigungsmittel. Er berechnete die Gesammtstärke der Armee auf 271,000 Mann, von denen 23,000 Mann in den Colonieen und im Inneren des Landes unentbehrlich waren. Nach den bisher getroffenen Anordnungen würde die Nord-Armee bis Ende Juli 45,000 Mann, die Mittel-Armee 50,000, die Rhein-Armee 55,000, die Süd-Armee 40,000 Mann stark sein. Nur die drei ersteren Armeen waren bestimmt, den Angriff der deutschen Mächte zu pariren; ihre Gesammtstärke würde nach der Berechnung des Kriegsministers 150,000 Mann betragen haben, wobei jedoch der Erfolg der zur Complettirung getroffenen Anordnungen viel zu hoch angeschlagen war. Nach Abzug der in den festen Plätzen und in den Garnisonen zurückzulassenden Truppen betrug die Gesammtstärke der für das Feld disponiblen Truppen der drei Armeen in Wirklichkeit auch jetzt erst ca. 70,000 Mann.\*) Luckner hatte zu einem zweiten Offensiv-Versuche in den Niederlanden, welchen er mit den Truppen der Nord-Armee im Juni unternahm, aber sogleich wieder aufgab, nur 20,000 Mann verwenden können.

Nachdem die Gefahr des Vaterlandes erklärt war, decretirte die National-Versammlung am 12. und 17. Juli:

1. Die Gesammtstärke der Armee wird in kürzester Zeit von 240,000 auf 450,000 Mann gebracht.
2. Die 83 Departements werden 50,000 Recruten nach einer festen Repartition zur Complettirung der Linien-Regimenter stellen.
3. Die Departements, welche die durch die früheren Decrete geforderten Bataillone noch nicht gestellt oder völlig complettirt haben, werden das Versäumte schleunigst nachholen.
4. Die Veteranen-Compagnieen werden behufs Verwendung in den festen Plätzen zur Verfügung der Executive gestellt.
5. Die Complettirung der Linientruppen, wie der Nationalgarden-Bataillone wird nach wie vor durch freiwillige Anwerbung bewirkt. In allen Districten werden zu diesem Zwecke Listen ausgelegt.
6. Die Engagements-Bedingungen für die Linientruppen sind dieselben, wie die im Decrete vom 23. Januar 1792 festgestellten, nur wird auch bei der Cavallerie und Artillerie die Engagementsdauer von 4 auf 3 Jahre

---

\*) Bericht des Marschall Luckner an die National-Versammlung am 17. Juli. Er sagt, alle Regimenter hätten Werbe-Commando's ausgeschickt, es wäre aber in den letzten 2 Monaten nicht die Anwerbung von 20 Mann gelungen.

herabgesetzt. Für die Nationalgarden-Bataillone werden die Engagements-Bedingungen nicht verändert.
7. Es werden 33 neue Nationalgarden-Bataillone formirt, aus denen eine Reserve-Armee zu bilden ist; zu dieser Armee stoßen auch die Föderirten, welche sich nach dem Föderations-Feste in Paris melden. Alle Freiwilligen dieser Kategorie erhalten Bekleidung und Ausrüstung an den von der Executive zu bestimmenden Sammelpunkten der Reserve-Armee.
8. Diejenigen Departements, welche mehr Bataillone oder Compagnieen liefern, als ihnen aufgegeben, machen sich um das Vaterland verdient.
9. Die National-Gendarmerie wird 1800 Mann zur Formation einer Reserve-Cavallerie abgeben. (Später wurde die gesammte National-Gendarmerie nach Chalons beordert.)

Den commandirenden Generälen wurde das Recht gegeben, ein Viertel bis die Hälfte der Nationalgarden des Reiches zur Verstärkung ihrer Armeen, wenn die Umstände es erheischten, direct zu requiriren, und wurden die Departements zu diesem Zwecke den verschiedenen Armeen zugetheilt.

Durch Decret vom 26. Juli wurde die Formation einer Fremden-Legion in der Stärke von 2800 Mann genehmigt und die Soldaten der fremden Armeen im August zur Desertion unter die Fahnen der Freiheit eingeladen. Ein Abdruck der Menschenrechte wurde in vielen tausend Exemplaren unter die feindlichen Armeen geschleudert.

Endlich wurde Ende August die Anlegung eines befestigten Lagers bei Paris zum Schutze der Hauptstadt befohlen. Die Besatzung desselben sollte gebildet werden:
1. Aus Pariser Nationalgarden; jede der 48 Sectionen sollte

wenigstens 2 Compagnieen à 126 Mann stellen, die von 4 zu 4 Tagen abzulösen wären.
2. Aus 6 Freiwilligen=Bataillonen der Stadt Paris.
3. Aus den Föderirten, die noch in Paris waren, und anderen Freiwilligen=Bataillonen, die aus dem Lande herbeieilen würden.
4. Aus freiwilliger National=Cavallerie, welche errichtet werden sollte.
5. Durch 2 Divisionen berittener National=Gendarmerie.

Dieses Lager ist jedoch nie zu einiger Bedeutung gekommen. Für die Arbeiten erhielten Tausende von Menschen täglich Löhnung, ohne daß das Geringste geleistet wurde. Als später die Gefahr schwand, ließ man das Project wieder ganz fallen.

Wenn die vorstehenden Decrete alle durchgeführt worden wären, so hätte Frankreich zur Vertheidigung seiner Grenzen weit über eine Million Streiter disponibel gehabt, wobei wir nur diejenigen Nationalgarden mit einrechnen wollen, welche die Generäle aus den ihnen zunächst gelegenen Departements requiriren konnten. Der Aufschwung, welchen die Nation zur Vertheidigung des Vaterlandes nahm, nachdem die Gefahr desselben verkündet worden, war in der That ganz außerordentlich, das ganze Land befand sich in einem fieberhaften Zustande. Um so überraschender ist der geringe reelle Nutzen, welchen die allgemeine Erhebung für die Kriegführung gewährte, denn am 20. September, also $2^{1}/_{3}$ Monat nach dem Aufrufe, vermochte Frankreich der Invasions=Armee doch erst 70,000 Mann bei Valmy entgegenzustellen!

Wenn wir nachforschen, welche Gründe den Erfolg so gering machten, so müssen wir zunächst die Wahrheit hervorheben, daß man keine Armeen aus der Erde stampfen kann, selbst wenn man von aller militairischen Tüchtigkeit derselben ganz absehen will. Am allerwenigsten ist dies aber in einer so grenzenlosen Unordnung und Verwirrung möglich, wie sie damals in allen Verhältnissen herrschte. Die bereits formirten Armeen hatten nicht nur eine schwere moralische, sondern auch materielle Einbuße zu erleiden; in den beiden Monaten Juli und August hatte die Nord=Armee einen Abgang von 8000, die Mittel=Armee von 5000, die Süd=Armee von 4000 Mann, ohne daß dieser Abgang hätte nachgewiesen werden können. Der Gesundheitszustand war vortrefflich gewesen, Strapazen oder Gefechte waren gar nicht vorgekommen; die Mannschaften hatten sich größtentheils nach dem Inneren verlaufen, um sich dort neu anwerben zu lassen. Wer konnte das damals con= trolliren?

Die auch jetzt wieder angeordnete Complettirung der Linientruppen kam nicht zur Ausführung, und zwar aus den= selben Gründen, aus welchen dieselbe früher verhindert wurde; wer eintreten wollte, ging zu den Nationalgarden=Bataillonen, weil er dort ein bequemeres Leben und bessere Löhnung fand. Daß den Departements eine bestimmte für die Linien=Regi= menter zu stellende Quote zugewiesen wurde, hatte gar keine Bedeutung; denn die Departements wurden wieder auf frei= willige Anmeldungen angewiesen, und es meldete sich eben Niemand. Auch die Complettirung der bereits gestellten Na= tionalgarden=Bataillone wurde nur in beschränktem Maaße ausgeführt; es war viel bequemer, nach Soissons zu laufen, wo der Staat Bekleidung und Ausrüstung liefern mußte. In welchem Grade die politischen Wirren hemmend auf die Organisation der Streitkräfte wirkten, mag man daraus er= sehen, daß Paris mit 100,000 Activbürgern, welches nach den früheren Bestimmungen 6 freiwillige Nationalgarden=Bataillone aufbringen sollte, am 19. Juli erst drei geliefert hatte, während das Jura-Departement mit 42,000 Activbürgern, welches von der Partheiwirthschaft verhältnißmäßig wenig heimgesucht worden war, in 6 Wochen 7 Bataillone gestellt und stets complett erhalten hatte.

Nachdem die Gefahr des Vaterlandes verkündet war, fehlte es nicht mehr an Menschen. In der ersten Aufregung liefen viele Tausende direct nach den Grenzen ohne Waffen und Ausrüstung; dort fielen sie den Armeen auf's Aeußerste zur Last, verursachten die größte Unordnung, verlangten Verpflegung, ohne daß sie irgend welchen Nutzen gewährten, denn der größte Theil dachte gar nicht daran, sich einstellen zu lassen. Von allen Seiten gingen Klagen ein über diese wilden Banden, welche die gröbsten Excesse begingen und die Lebensmittel aufzehrten. Nachdem dann die Organisation der Freiwilligen durch die einzelnen Decrete der National-Versammlung einigermaaßen geregelt worden war, sandten die Departements diese Mannschaften compagnieweise zusammengestellt nach Soissons. Dort sollten sie in Bataillonen formirt und ausgerüstet werden. Allein mit der Ausrüstung und Verpflegung dieser Massen sah es sehr traurig aus; woher und wie sollte das Material so eilig beschafft werden, da Frankreich auf solche Verhältnisse gar nicht vorbereitet war? Zwar schleppte man alle Waffen aus dem ganzen Lande zusammen und goß Kanonen aus den Kirchenglocken und Kunstdenkmälern. Aber so großartige Unternehmungen kosten Geld, und an Geld fehlte es trotz aller Assignaten; sie erfordern Zeit, und davon wollten die Freiwilligen nichts wissen; sie können nur bei großer Ordnung und Pünktlichkeit im Geschäftsgange aller betheiligten Behörden mit einiger Sicherheit und Schnelligkeit ausgeführt werden, und die ganze Verwaltung lag schwer danieder. So häuften sich Klagen, Verrathgeschrei und Excesse in dem Lager, wodurch alle Uebelstände unendlich verschlimmert und die ankommenden Freiwilligen noch völlig verdorben wurden.

Sobald die einzelnen Bataillone einigermaaßen organisirt und ausgerüstet waren, wurden sie von Soissons in der ersten Zeit direct zur Armee, dann aber zuvor in das Lager von Chalons gesandt; von hier aus überwies sie Luckner den verschiedenen Corps. Es ist schwer nachzuweisen, wie stark der Zuwachs war, welchen die Armee aus diesen Lägern erhalten hat; doch wird er bis zum 15. October zwischen 50,000 und 60,000 Mann betragen haben; die meisten Freiwilligen trafen im Laufe des September ein.

Ist dieser Zuwachs der Zahl noch immerhin beträchtlich, so war er doch nach der Qualität erbärmlich. Es fehlte den Bataillonen materiell am Nothwendigsten, und ihre Zuchtlosigkeit überstieg alle Grenzen. Das Proletariat und alle ächt revolutionairen Elemente waren unter ihnen viel stärker vertreten, als unter den früher aufgestellten Nationalgarden-Bataillonen. Es gingen fast täglich in Paris Klagen über die gröbsten Excesse dieser neuen Truppen ein, die wiederholt ihrer Neigung zum Plündern im eigenen Lande nicht widerstehen konnten. In Sedan ermordeten am 6. October zwei Pariser Nationalgarden-Bataillone vier preußische Deserteure und machten Anstalt, den General Chazot zu massakriren, als er sich ihnen entgegenstellen wollte, so daß er sich nur durch die Flucht retten konnte. Dumouriez, welcher diesen Banden überhaupt mit ausgezeichneter Energie entgegentrat, ließ beide Bataillone entwaffnen und die Rädelsführer geschlossen nach Paris führen; er fand auch bei dem National-Convent in jener Zeit, nachdem dieser durch die zahllosen Klagen über Excesse der Freiwilligen erbittert war, Unterstützung; die beiden Bataillone wurden in Folge Decretes vom 12. October nach einer Citadelle im Inneren Frankreichs abgeführt. Die schlimmsten Truppen — und das ist gewiß charakteristisch für die allgemeinen Zustände — waren die aus der National-Gendarmerie formirten Divisionen. Zwei derselben kamen am 9. und 10. October auf dem Marsche von Chalons nach Douai durch Cambrai. In dieser Stadt stürmten sie die Gefängnisse, befreiten alle Gefangenen und mordeten Jeden, der sich ihnen entgegenzustellen versuchte. Den Kopf eines von ihnen ermordeten Capitaines trugen sie auf der Bayonnetspitze im Triumphe durch die Straßen.

Es versteht sich von selbst, daß die Parthei, der es in dem damaligen Frankreich noch viel zu ruhig und anständig herging, ihre Hauptthätigkeit auf die Bearbeitung der Freiwilligen richtete. Zwei marseiller Freiwilligen-Bataillone beklagten sich beim National-Convent über Marat, der sie nicht nur gegen ihre Offiziere, sondern auch gegen einander zu hetzen suche.

Um ein klares Bild von der Zusammensetzung der französischen Armee im Sommer 1792 zu behalten, müssen wir uns erinnern, daß die Linien-Infanterie der ganzen Armee aus 222 Bataillonen bestand, daß aber, bereits ehe die Erklärung von der Gefahr des Vaterlandes erlassen wurde, die Aufstellung von 215 Nationalgarden-Bataillonen und 54 Frei-Compagnieen angeordnet war, so daß also die Infanterie schon damals zur Hälfte aus Nationalgarden bestand, von denen ca. vier Fünftel bereits seit einem Jahre im Dienste an der Grenze standen.

Am 20. August decretirte die National-Versammlung die sofortige Auflösung und Entlassung der noch vorhandenen

10 Schweizer-Regimenter und schwächte dadurch im Augenblicke der Eröffnung des Krieges die Linien-Armee um 20 der kriegstüchtigsten Bataillone. Erkennen wir auch das Princip, daß das Vaterland durch seine eigenen Söhne vertheidigt werden müsse, als rühmlich an, so war doch die Durchführung der erwähnten Maaßregel in jenem Augenblicke ein krankhafter, das Vaterland gefährdender Entschluß der Revolution. Die 10,000 Mann Schweizertruppen wogen 30,000 Mann Nationalgarden reichlich auf. — Durch die nach dem 11. Juli angeordneten Neu-Formationen erhielten die Nationalgarden ein sehr entschiedenes numerisches Uebergewicht in der Armee.

Wenden wir uns nun zu den Vorbereitungen, welche die deutschen Mächte für den Feldzug trafen. Der Feldzugsplan wurde im Mai zwischen Preußen und Oestreich in Sanssouci verabredet. Preußen verpflichtete sich, ein Heer von 42,000 Mann zu stellen, um den Hauptangriff in der Richtung Longwy, Verdun und Chalons auszuführen. Zu diesem Heere wollte Oestreich aus Belgien von der 56,000 Mann starken Armee, welche dort stand, ein Corps schon vor dem Einrücken in Frankreich stoßen lassen, während die Hauptmacht dieser Armee, nachdem sie noch ein Corps zur Deckung Brüssels zurückgelassen, die Maas aufwärts operiren sollte, um sich später mit der Haupt-Armee zu vereinigen. Im Breisgau wollte Oestreich 50,000 Mann concentriren, von denen 27,000 Mann zur Deckung des Oberrheins verwandt werden sollten, während der Fürst Hohenlohe mit 23,000 Oestreichern die Operationen der Hauptarmee unterstützen würde. Außerdem wollte Hessen zur Hauptarmee 6000 Mann, die Emigranten 8000 Mann stellen, und Mainz das Deckungs-Corps des Oberrheins verstärken. Die Hauptarmee würde hiernach bis zum Vordringen an die Maas 94,000 Mann stark gewesen und dort nach Vereinigung mit der aus Belgien die Maas aufwärts operirenden Kolonne auf 115,000 Mann gekommen sein.

Das Ziel, welches sich die deutschen Mächte setzen mußten, war Paris. Wir haben die französische Armee kennen gelernt, und kein Militair wird bezweifeln, daß die deutschen Armeen auf dem Wege nach Paris keinen erwähnenswerthen Widerstand mehr gefunden haben würden, nachdem sie die feindliche Hauptmacht in einer entscheidenden Schlacht geschlagen hätten. Die französische Armee wäre nach der ersten Niederlage vollständig aufgelöst gewesen, und die Trümmer derselben hätten das ganze Land mit panischem Schrecken erfüllt. Allein der erste Schrecken mußte auch zu unaufhaltsamem Vordringen bis nach Paris benutzt werden. Die deutschen Armeen kannten nur die Magazin=Verpflegung; sie mußten daher bei ihrem schnellen Vordringen sehr bedeutende Streitkräfte auf die Sicherung ihrer Operationslinie verwenden. Longwy und Verdun mußten genommen, Montmedy, Thionville, Metz und Sedan unschädlich gemacht sein, ehe man mit einiger Sicherheit über die Maas vordringen konnte. Dann war die Maas als neue Operations=Basis zu sichern, als dritte Basis die Linie Rheims, Chalons, Vitry, und endlich für die Beherrschung der Communication auf der Marne nach Maaßgabe des weiteren Vorschreitens zu sorgen. Nur wenn solche Sicherheits=Maaßregeln getroffen wurden, konnte in jener Zeit eine Armee es mit Zuversicht wagen, in das Innere eines auf's Aeußerste feindseligen und erregten Landes vorzudringen. Endlich meinen wir, daß die Operations=Armee noch bei Paris in der Stärke von 100,000 Mann anlangen mußte, um jeden Gedanken an ferneren Widerstand zu brechen. Hiernach hätte die ursprüngliche Stärke der Hauptarmee auf 180,000 Mann berechnet werden müssen. Hätten sich Oestreich und Preußen ein geringeres Ziel setzen wollen, als Paris, so konnten sie ein Jahr früher vielleicht einen Umschlag der Verhältnisse in Frankreich erzielen, im Jahre 1792 nicht mehr. Es handelte sich jetzt darum, mit eiserner Hand den Revolutionsheerd in Paris zu zerschmettern, und wenn die Mächte zu diesem Zwecke nicht ihre ganze Kraft aufbieten wollten, so wäre es weiser gewesen, sich mit der Sicherung der Grenzen gegen das Ueberfluthen der Revolution zu begnügen. Mit halben Maaßregeln stärkte man diese und forderte sie zur Offensive heraus. Einen Feldzug, dessen Ziel Paris war, mußte man freilich auch früher beginnen, als im Spätsommer; der preußische Wunsch einer früheren Eröffnung der Campagne scheiterte aber an der mangelhaften Vorbereitung Oestreich's, welches seine Friedenshoffnungen nicht eher fallen ließ, als bis Frankreich den Krieg erklärte. Daß Preußen nicht für die Aufstellung einer bedeutenderen Armee sorgte, hatte einen doppelten Grund. Der König traute nämlich dem Gerede der Emigranten, die französischen Truppen würden beim Erscheinen der deutschen an der Grenze übergehen, und das ganze Land sich den Befreiern in die Arme werfen, so daß eine militairische Promenade nach Paris bevorstände; der zum Oberfeldherrn ernannte Herzog von Braunschweig aber gedachte überhaupt in diesem Jahre nur bis zur Maas vorzudringen, um im nächsten Jahre die Operationen mit verstärkten Kräften fortzusetzen. Er hatte eine sehr hohe, ganz irrige Meinung von den Vertheidigungsmitteln der Revolution, durch welche er unsicher und unentschlossen wurde; außerdem war ihm der ganze Krieg wegen der Verbindung mit Oestreich, welches er haßte, zuwider.

Ende Juli war die preußische Armee in der vollen Stärke von 42,000 Mann an der Mosel versammelt. Allein Oestreich hatte in Belgien nur 40,000 Mann, von denen 15,000 Mann unter General Clerfait zur Hauptarmee abgegeben wurden, und vom Oberrhein, wo nur 32,000 Mann versammelt waren, konnten nicht mehr als 15,000 Mann unter Hohenlohe zur Hauptarmee stoßen; die Emigranten konnte man aber höchstens zu 5000 Mann berechnen. Hiernach betrug die Gesammtstärke der Hauptarmee nur 83,000 Mann.

Mit äußerster Langsamkeit marschierte die preußische Armee von Coblenz nach der französischen Grenze und vereinigte sich am 16. August mit Clerfait; Hohenlohe stand bei Schwetzingen, um von hier aus zur Sicherung der linken Flanke der Hauptarmee gegen Thionville und Metz vorzugehen. Am 20. langte die Hauptarmee vor der Grenzfestung Longwy an, welche eine Besatzung von 4000 Mann hatte und reichlich mit Proviant versehen war. Die Festung capitulirte am 23. August nach einem 15stündigen Bombardement, bei welchem im Ganzen 300 Bomben geworfen und 15 Mann getödtet oder verwundet waren. Dieser schnelle Verlust von Longwy versetzte ganz Frankreich und besonders die Armee in große Bestürzung. Die National-Versammlung forderte am 26. August das Departement von Paris und die angrenzenden Departements auf, unverzüglich 30,000 Mann wohl ausgerüstet und bewaffnet zur Unterstützung der Armee abzusenden. Man erkennt daraus den Schrecken, welchen die Nachricht von Longwy's Fall verbreitete; die National-Versammlung suchte sich durch ein Decret zu beruhigen, welches natürlich völlig wirkungslos sein mußte. Ferner wurde bestimmt, daß jeder Bürger einer belagerten Festung, welcher von Uebergabe spräche, mit dem Tode zu bestrafen wäre; jeder Commandant erhielt das Recht, das Haus eines solchen Bürgers sofort demoliren zu lassen. Alle Privathäuser in Longwy sollten zerstört werden, wenn die Festung wieder in französische Hände käme, und den Einwohnern wurde das Bürgerrecht auf 10 Jahre abgesprochen.

Der Herzog von Braunschweig blieb bis zum 29. bei Longwy stehen und war dort mit der Anlegung von Magazinen ꝛc. beschäftigt. Dann brach er endlich auf und traf am folgenden Tage vor Verdun ein, während der Graf Clerfait zur Sicherung der rechten Flanke nach Stenay entsandt wurde. Am 31. wurde Verdun zur Uebergabe aufgefordert; der Commandant verweigerte dieselbe jedoch und leistete mit seinen Truppen den Eid, sich lieber in die Luft sprengen zu lassen, als an Uebergabe zu denken. Allein schon am 2. September ergab sich die Festung, nachdem einige Bomben in die Stadt geworfen waren und der Commandant sich erschossen hatte. Die Besatzung war 4000 Mann stark ohne das zahlreiche Gesindel, welches herbeigelaufen war. Verdun hatte eine Citadelle, war aber übrigens schwach und keiner langen Vertheidigung fähig.

Hohenlohe war inzwischen, nachdem er eine erfolglose Demonstration gegen Landau und Saarlouis unternommen, gegen die Mosel vorgerückt, hatte die französische Mittel-Armee beobachtet und begann dann die Blokade von Thionville und die Beobachtung von Metz.

Wenn schon der Verlust von Longwy in Frankreich großen Schrecken hervorrief, so mußte die Aufregung durch die Uebergabe von Verdun den höchsten Grad erreichen. Als die Nachricht nach Paris kam, die Preußen ständen vor Verdun, wurden alle Sturmglocken gezogen, der Stadtrath erließ einen Aufruf an die Bürger, sie möchten sich sofort auf dem Marsfelde versammeln, um gegen den Feind zu marschieren, und sandte Couriere an alle benachbarten Gemeinden mit der Aufforderung, sich dem Zuge anzuschließen. Es geschah dies am 2. September;

dem Feinde entgegen marschierte kein Mann, aber am Nachmittage und in der darauf folgenden Nacht wurden in Paris die durch zahlreiche Verhaftungen der letzten Zeit überfüllten Gefängnisse gestürmt und mehrere tausend Gefangene auf die niederträchtigste Weise niedergemetzelt! Immer wieder sehen wir, wie die kriegerische Erregtheit der Nation entweder verhältnißmäßig resultatlos bleibt oder, wie in dem vorliegenden Falle, in verruchte Bahnen geleitet wird. Die Gräuel der Gefängnißmorde wurden fast gleichzeitig in allen größeren Städten des Landes verübt.

Der Verlust von Verdun berechtigte übrigens vollkommen zu großer Sorge, denn das preußische Heer stand jetzt in der Mitte zwischen der Nord=Armee und der Armee des Centrums, und war jeder einzelnen derselben weit überlegen. Es wurde der preußischen Armee ein Moment zu Erfolgen gegeben, welche bei entschlossener Benutzung der Verhältnisse vielleicht ihres Gleichen in der Kriegsgeschichte vergeblich gesucht hätten. Dumouriez nämlich stand am 31. August — also an dem Tage, an welchem die preußische Armee bereits ihre Vorbereitungen zum Bombardement von Verdun traf und Clerfait vor Stenay anlangte — mit der Hauptmacht der Nord=Armee, 19,000 Mann, noch im Lager vor Sedan. Er hatte sich von seinem Lieblingsplane, der Offensive gegen Belgien, nicht losreißen können. Erst die gemessensten Befehle von Paris, so wie die nicht mehr zu verkennende Gefahr, welche ihn bei weiterem Vorrücken der Preußen bedrohte, vermochte ihn endlich am 2. September zum Abmarsch nach Süden, um die Argonnenpässe zu decken. Der General Beurnonville erhielt den Befehl, mit 11,000 Mann aus den Lägern von Maulde und Maubeuge schleunigst nach Chalons aufzubrechen. Der General Kellermann war durch das Vorgehen der Preußen gegen die Maas und durch Hohenlohe's Bewegungen nach Süden abgedrängt, und war dann bemüht, im weiten Bogen ebenfalls die Argonnenpässe zu erreichen. Er sollte sich bei St. Menehould den Preußen, wenn sie gegen Chalons vordringen wollten, in den Weg legen, stand aber am 5. September mit 16,000 Mann noch bei Bar=le=Duc; eine Verstärkung von 4000 Mann, welche ihm Biron zusandte, war im Anmarsche.

Dumouriez erreichte am 4. glücklich den Paß von Grand=Pré und detachirte am 5. Dillon mit 7000 Mann nach St. Menehould. Er erhielt in dieser Stellung ca. 7000 Mann Verstärkungen aus Chalons und Soissons, während von der Sambre her der General Duval 5000 Mann herbeiführte, mit welchen er den nördlichsten Argonnen=Paß bei Chene=le=Populeux besetzte.

Verdun hatte sich am 2. ergeben, das Hinderniß der Maas war damit für die preußische Armee beseitigt. Der Herzog von Braunschweig hätte diese überaus günstige Lage benutzen müssen, um möglichst schnell die getrennten feindlichen Corps aufzusuchen und einzeln zu schlagen. In richtiger Einsicht drängte der König von Preußen hierzu unabläffig vorwärts. Es war dies der einzige Weg, auf welchem man bedeutende Erfolge erzielen konnte, und je schwächer die Operations=Armee war, um so mehr hätte man in so günstigem Augenblicke diese Schwäche durch entschlossenes Handeln aufwiegen müssen. Nur durch große kriegerische Erfolge durfte man hoffen, einen Umschlag der Stimmung in Frankreich hervorzurufen, wenn man daran überhaupt noch denken konnte. Der König rechnete darauf und hoffte mit Hülfe dieses Umschlages nach Paris zu kommen. Wir wissen jetzt, daß diese Hoffnung falsch war, und daß die Operations=Armee, selbst wenn sie die feindlichen Corps schlug, nicht zu einem Vorbringen gegen die Hauptstadt ausgereicht hätte; aber auch wenn der Herzog von Braunschweig dies erwog, so hatte er als Feldherr doch den größtmöglichen Erfolg zu erstreben. Satt dessen blieb er bei Verdun stehen, beschäftigte sich mit der Anlegung von Magazinen und Bäckereien,\*) und wollte nicht eher vorschreiten, als bis die Verstärkungen eingetroffen wären, die er heranbeordert. Von seiner ursprünglich 83,000 Mann starken Armee stand nämlich Hohenlohe mit ca. 16,000 Mann an der Mosel bei Thionville; die 6000 Mann Hessen waren noch nicht herangekommen; 4000 Mann mochte der Abgang an Kranken betragen, da in Folge des schlechten Wetters gastrische Krankheiten grassirten; etwa 10,000 Mann mochten zur Besetzung von Longwy, Verdun und den Zwischenpunkten erforderlich sein, so daß der Herzog für die weiteren Operationen nur über ca. 45,000 Mann verfügen konnte. Am 8. September trafen die Hessen bei Verdun ein, und Hohenlohe war mit etwa 8000 Mann von der Mosel so im Anmarsch, daß er am 13. bei Verdun die Maas passiren konnte.

Am 10. entschloß sich daher der Herzog endlich, von Verdun aufzubrechen, um Dumouriez anzugreifen und aus den Argonnenpässen herauszuwerfen. Hätte der Herzog seine Gedanken stets auf eine entschiedene Offensive gerichtet gehabt, so würde er bereits spätestens am 2. oder 3. den schwierigen Paß von Clermont und St. Menehould besetzt haben, in welchem Dillon nun seit dem 5. Zeit gehabt hatte, sich ein-

---

\*) Die preußische Armee lebte ausschließlich aus den Magazinen und diese wurden von Preußen aus gefüllt. Dadurch wurde natürlich die Armee in ihren Bewegungen sehr gehemmt. Man vermied nicht nur alle Requisitionen, sondern auch die Abschließung von Lieferungs-Contracten in Frankreich, in der irrigen Hoffnung, sich dadurch die Bevölkerung gewogener zu machen.

zuniſten. Allein die preußiſche Armee hätte, obgleich dies verſäumt war, auch jetzt noch in dieſer Richtung vordringen müſſen. Statt deſſen wurde Hohenlohe mit ſeinem Corps und den Heſſen gegen Clermont vorgeſandt, um Dillon in Schach zu halten, während die Haupt-Armee ſich gegen die nördlicheren Päſſe wandte. Am 12. gelang es dem General Clerfait, ſich des Paſſes bei la Croix aux Bois, welcher ſchwach beſetzt war, zu bemächtigen; am 13. wurde er zwar durch den General Chazot mit 6 Bataillonen wieder zurückgedrängt, ſchlug dieſen aber am 14. vollſtändig und drängte ihn nördlich ab. Darauf mußte Dumouriez die Päſſe von Chene-le-Populeux und von Grand-Pré mit ſeinem Corps räumen. Er entſchloß ſich, jetzt nach St. Menehould zu marſchieren, den Preußen den Weg nach Chalons und Rheims preiszugeben, ſich mit Kellermann zu vereinigen und dann die feindliche Armee im Rücken zu beunruhigen. In der Nacht vom 14. zum 15. brach er nach Süden auf, ohne beläſtigt zu werden. Der Herzog von Braunſchweig ließ ihm volle Zeit zu ruhigem Rückzuge, ſtatt entſchloſſen nachzudrängen, ſo daß ſogar Chazot ſich wieder zu ſeinem Corps heranziehen konnte.

Chazot war am 15. nahe an die Arrieregarde von Dumouriez bereits herangekommen, als ſeine Leute in einiger Entfernung zwei preußiſche Huſaren-Regimenter gewahr wurden. Ein paniſcher Schrecken ergriff ſie bei dieſem Anblicke, ſie ſtürzten ſich in wilder Flucht auf die 10,000 Mann ſtarke Arrieregarde und riſſen dieſe, da die Huſaren nachfolgten, in vollſtändiger Auflöſung mit ſich fort. Die Kanonen wurden im Stich gelaſſen, viele Leute warfen ihre Gewehre fort, 2000 Mann zerſtreuten ſich in wilder Haſt und verbreiteten den Schrecken nach allen Richtungen. Dumouriez's Gros gerieth in ſolche Unordnung, daß der General mit ſeinem Stabe auf die Flüchtlinge scharf einhauen mußte, um sie zum Stehen zu bringen, und erst im Laufe der Nacht gelang es ihm, die Gemüther einigermaßen zu beruhigen. Das Corps von Beurnonville, welches an diesem Tage auf dem Marsche von Rhetel nach Chalons war, wurde durch die Flüchtlinge in die größte Bestürzung versetzt, ebenso das Kellermann'sche Corps, welches im Anmarsche war, und das Lager von Chalons. Als Luckner in Folge der eingehenden Nachrichten von einer Niederlage dem General Dumouriez drei Bataillone Verstärkung entgegenschicken wollte, weigerten sich zwei derselben entschieden, zu marschieren. Dumouriez berichtete über jenes Ereigniß nach Paris: „Wir haben gesehen, welches die Folgen eines panischen Schreckens sein können. Es war kein Kampf, aber eine Flucht von 10,000 Menschen vor 1500. Wenn der Feind weiter nachgefolgt wäre, so hätte er die ganze Armee zerstreuen können. Ich habe alle wegjagen lassen, die ihre Gewehre fortgeworfen haben. Vierzehn Flüchtlinge sind arretirt und geknebelt; auf dieselbe Weise werde ich einige Offiziere behandeln c." Und einige Tage später: „Der kleine Echec, den meine Armee erlitten hat, findet seinen Ursprung in der Vernachlässigung, die bei einer Armee sehr natürlich ist, in welcher alle Bande der militairischen Disciplin zerrissen und vernichtet waren." Der Herzog von Braunschweig drängte nicht nach, Dumouriez kam am 17. bei St. Menehould an und brachte seine Trupen wieder in Ordnung. Wenn freilich die Wege sehr schlecht waren, so waren sie doch für die entweichenden Franzosen nicht besser, als für die Preußen. Das Hauptbedenken war wieder für den Herzog die Regulirung der Zufuhr, und man muß zu einiger Entschuldigung für ihn anerkennen, daß diese allerdings durch die grundlosen Wege sehr erschwert wurde.

Für uns hat der kritische Augenblick des Dumouriez'schen Corps auf dem Rückzuge nach St. Menehould ein ganz besonderes Interesse, weil wir durch denselben einen neuen Einblick in die grenzenlose Verwilderung und Verkommenheit der damaligen französischen Armee erhalten. Es wird nach solcher Erfahrung wohl Niemand mehr bestreiten, daß eine Schlacht genügt hätte, um die deutschen Heere nach Paris zu führen, wenn sie nur in solcher Stärke aufgetreten wären, daß sie mit einiger Zuversicht weiter vordringen konnten. Hätte man damals das Requisitions-System gekannt und daher weniger Sorge für seine Verbindung mit Deutschland zu haben brauchen, so würde ein kühner Feldherr sogar mit der preußischen Armee in ihrer damaligen Stärke die französische Revolution trotz aller National-Begeisterung bezwungen haben.

Dumouriez nahm am 17. eine Aufstellung bei St. Menehould, Front gegen Chalons, Rücken an Rücken mit Dillon, den linken Flügel gegen die von St. Menehould nach Chalons führende Straße vorgeschoben. Sein Corps lagerte in einer starken Stellung auf Anhöhen, vor deren Front sich ein durchschnittenes, sumpfiges Terrain befand. Kellermann war nach vielem Hin- und Herziehen am 17. von Vitry aus bis auf 6 Lieues an Dumouriez herangerückt, nahm am 18. eine Aufstellung südlich der Straße von St. Menehould-Chalons in Dumouriez's linker Flanke, und bezog in Folge eines Mißverständnisses am 19. ein Lager drei Viertel-Meilen vor der Front des Dumouriez'schen Corps, in welches er seine gesammte Bagage mitnahm. Beurnonville langte am 18. Abends mit seinem Corps, welches durch 7 Freiwilligen-Bataillone noch verstärkt war, von Chalons aus ungehindert an, und vereinigte sich mit Kellermann. Die Armee des letzteren stand also am 20. auf den Höhen von Valmy, den rechten Flügel an die

Bionne, den linken an die Auve gelehnt; über letzteren Bach führte nach Süden nur eine kleine Brücke. Die einzige Verbindung mit Dumouriez's Armee, welche parallel mit Kellermann's Corps ³/₄ Meilen rückwärts stand, bildete die Straße von Chalons nach St. Menehould, da das übrige zwischenliegende Terrain unwegsam war. Diese Straße aber war durch Kellermann's Fuhrwerk schon theilweise verstopft. Wurde Kellermann in dieser Stellung angegriffen, so konnte Dumouriez ihn nur mangelhaft unterstützen; wurde er aber geschlagen, so war seine Armee und mit ihr die von Dumouriez, welche hinter sich die Defileen der Argonnen hatte, rettungslos verloren. Kellermann mochte mit Beurnonville zusammen etwa 34,000, Dumouriez ohne Dillon, welcher noch in den Isletten, Front gegen Osten, stand, 25,000 Mann stark sein.

Der Herzog von Braunschweig tastete bis zum 19. unsicher in den Argonnen umher und ließ Dumouriez die Zeit, seine Truppen wieder in Fassung zu bringen, sowie Beurnonville und Kellermann an sich heranzuziehen. Am 19. endlich befahl der König von Preußen den sofortigen Abmarsch in die Ebene, um Dumouriez mit umgewandter Front anzugreifen. Am 20. marschierte die preußische Armee vor Valmy auf, die Truppen brannten von Kampfbegierde und Siegesgewißheit. Es entwickelte sich eine heftige Kanonade, welche den ganzen Tag anhielt und in welcher von beiden Seiten zusammen 40,000 Geschosse geschleudert wurden, aber — die Preußen griffen nicht an. Die Bedenklichkeit des Herzogs trug den Sieg davon, Kellermann gewann Zeit, sich am Abend auf Dumouriez's linken Flügel zu setzen und dadurch die Verbindung nach Süden zu sichern, und der 20. September blieb im Uebrigen tactisch resultatlos.

Für die französische Armee aber war dieser Ausgang von

ganz unberechenbarem moralischen Einflusse. So groß bisher die Furcht vor der preußischen Armee gewesen war, so hoch stieg jetzt das Selbstgefühl der Soldaten und das Vertrauen zu ihren Führern, nachdem sie gesehen hatten, daß der gefürchtete Feind den Angriff gegen sie nicht wagte. Mit ängstlicher Spannung hatten sie diesem Angriffe entgegengesehen, mehr bereit, das Heil in der Flucht, als im Kampfe zu suchen. Fragen wir, wie die Haltung der französischen Truppen am 20. war, so zeigte sich die Artillerie allerdings standhaft im Feuer. Allein diese kann gar keinen Maaßstab für die übrigen Truppen abgeben. Sie hatte im Allgemeinen mehr als alle anderen Truppen den zersetzenden Einflüssen der Revolution widerstanden, und obgleich sie größtentheils demokratische Gesinnungen zeigte, haben wir keine Nachricht von einer Emeute unter Truppentheilen der Artillerie gefunden. Dagegen überreichte z. B. das in Straßburg stehende Artillerie-Regiment in der Zeit, als überall die Offizier-Vertreibungen an der Tagesordnung waren, seinem Offizier-Corps eine energische Vertrauens-Adresse. Die Artillerie hatte daher mehr alte und tüchtige Offiziere behalten, als die übrigen Waffen. Sie bestand aber auch fast nur aus alten Soldaten; als die freiwillige Recrutirung sich für die Complettirung der Linientruppen ganz erfolglos zeigte, wurden im Frühjahr 1792 3200 Mann von der Linien-Infanterie und Cavallerie zur Complettirung der Artillerie abgegeben, so daß diese in der letzten Zeit fast gar keine Recruten erhalten und doch die Kriegsstärke erreicht hatte. Die übrigen Truppen haben bei Valmy, mit Ausnahme etwa der Kellermann'schen Cuirassiere, so wenig vom Artillerie-Feuer gelitten, daß ihre Festigkeit dadurch in keiner Weise auf die Probe gestellt wurde. Der ganze Verlust der Kellermann'schen Armee an Todten und

Verwundeten betrug 200 Mann. Dagegen zeigten die Truppen in zwei Momenten sehr unzweideutig ihre Neigung zur Flucht. Einmal kam Kellermann's ganzes Gros in vollständige Unordnung und theilweise Flucht, als bei Valmy auf dem Windmühlenberge ein Pulverwagen in die Luft flog. Dann wich das auf dem linken Flügel bei la Lune vorgeschobene Detachement bei einer unbedeutenden Demonstration der Preußen, ohne einen Angriff abzuwarten, und jagte in voller Auflösung bis nach Dommartin, also ca. ³/₄ Meilen weit, zurück.

Auf der anderen Seite wirkte die erfolglose Kanonade natürlich in der preußischen Armee niederdrückend. Der Herzog von Braunschweig hatte den letzten günstigen Moment zu großen Erfolgen verpaßt, die französische Armee entging durch die Zaghaftigkeit ihres Gegners der gerechten Züchtigung, für welche sie im Bewußtsein ihrer Versunkenheit und Gehaltlosigkeit schon halb den Rücken hinhielt. Mit Recht konnte Kellermann nach dem Gefecht bei Valmy den Kriegsminister um die Erlaubniß bitten, ein Tedeum singen zu lassen; er erhielt die Antwort, die Marseillaise sei das Tedeum der Republik.

Nachdem die preußische Armee den Augenblick zum Schlagen verpaßt hatte, wurde ihre Lage höchst bedenklich. Zwar befand sich auch die feindliche Armee in einer sehr bedrängten Situation, von dem größten Theile ihrer Hülfsquellen abgeschnitten; allein sie hatte noch die Verbindung nach Süden offen, von wo sie Zufuhr und beträchtliche Verstärkungen erhielt; von Chalons aus wurden am 24. allein 10,000 Mann an die Armee abgesandt. Dagegen herrschte bei der preußischen Armee der äußerste Mangel an dem Nothwendigsten; die Wege wurden durch den anhaltenden Regen grundlos, so daß die an sich schon auf den Umwegen schwierige Zufuhr immer mehr in's Stocken kam, und in der Champagne war von den Einwohnern aller Mundvorrath vernichtet oder fortgeschleppt. In dem Lager herrschte die Ruhr in solchem Grade, daß die Armee sehr bedenklich geschwächt wurde.

Es kam Dumouriez, welchem jetzt der Oberbefehl über die vereinigte Armee übertragen wurde, Alles darauf an, den Feind in seiner verderbenbringenden Stellung möglichst lange zu fesseln und von jeder anderen Unternehmung abzuhalten. Er knüpfte zu diesem Zwecke mit dem Könige von Preußen Unterhandlungen an, die ja, wie er meinte, vielleicht sogar zu einer Sprengung der Coalition führen konnten. Die Unterhandlungen blieben erfolglos, aber die Lage der Invasions-Armee verschlimmerte sich inzwischen so, daß der Rückzug endlich unbedingt nothwendig wurde. In der Nacht vom 29. zum 30. September brach die Armee auf und marschierte in größter Ordnung und Sicherheit, unter dem Schutze der zum Scheine noch fortgesetzten Unterhandlungen, durch die Pässe des Argonnenwaldes zurück. Dumouriez aber nahm jetzt seinen Lieblingsplan energisch auf, sandte der feindlichen Armee ein schwaches Corps nach und wandte sich mit der Hauptmacht gegen Belgien. Da auch Custine mit einem Corps der Rhein-Armee inzwischen in Deutschland eingefallen war, so beriefen Oestreich und Hessen ihre sämmtlichen Truppen zur Sicherung ihrer Grenzen aus Frankreich zurück, so daß dem Herzoge von Braunschweig nur noch die auf 30,000 Mann zusammengeschmolzene preußische Armee verblieb. Mit so schwachen Kräften konnte man sich in Frankreich nicht halten, der Rückzug wurde bis zur Grenze fortgesetzt und am 23. October räumten die letzten preußischen Truppen den französischen Boden.

### Kurzer Blick auf die weitere Entwickelung der Revolution und ihrer Armee.

Die Revolution hatte Frankreich gegen jeden energischen Angriff wehrlos gemacht, nachdem durch ihr unabläſſiges Wühlen die Armee bis auf den tiefſten Grund erſchüttert und zerſetzt worden war. Wie oft war verſichert worden, daß die Armee, welche die Freiheit lieben gelernt hätte, die Tyrannenknechte wie Spreu vor ſich hertreiben würde; und wie erbärmlich zeigte ſich dieſe Armee in jeder Feuerprobe! Nichts als Schein und Lug und Trug aber war die Drohung, daß Millionen in den Kampf ziehen würden gegen die Armee, welche es wagte, den franzöſiſchen Boden zu betreten. Man ſah wohl Millionen in furchtbarer Aufregung, man hörte überall den Eid „Freiheit oder Tod" erneuern; aber für die Vertheidigung des Landes wurde dadurch faſt nichts gewonnen, wie viel Zeit auch die feindlichen Mächte für die Organiſation der Maſſen-Erhebung gewähren mochten.

Frankreich wurde im Jahre 1792 nur durch die Schwäche und Zaghaftigkeit ſeiner Gegner vor der Unterjochung gerettet. Der erſte Sieg gegen das Ausland wurde der Revolution gewaltſam aufgedrängt, und er war entſcheidend. Denn während in dem revolutionairen Frankreich mit dem Rückzuge des Invasionsheeres die bisherige Furcht in Siegeszuversicht und Uebermuth umschlug, verbreitete sich in allen anderen Ländern ein panischer Schrecken vor einer inneren Gewalt der Revolution, welche dieser in Wirklichkeit ganz fehlte. Sie erschien nur stark durch die Schwäche ihrer Gegner.

So wie die Revolution im Inneren immer kühner vorwärts schritt, so begann sie auch ihre gierigen Finger nach den Nachbarländern auszustrecken. Als die National=Versammlung im Jahre 1790 die Stärke der Armee feststellte, berechnete sie diese mit ängstlicher Sorgfalt nach rein defensiven Rücksichten, weil Offensiv=Kriege mit dem Princip der wahren Freiheit unvereinbar wären. Am Ende des Jahres 1791 sprach sich schon laut und offen die Neigung aus, die Nachbarländer mit der neuen Freiheit zu beglücken. Im Jahre 1792 aber begann die Revolution den Völkern ihr wahres Streben zu zeigen. Die Raublust der Jacobiner hatte keine Hoffnung, im Inneren noch lange Stoff zu gewaltthätigen Rechtsverletzungen zu finden; die Revolution aber brauchte Mittel, und deshalb mußte man diese im Auslande suchen. So begannen die französischen Heere schon im Herbste des Jahres 1792, als sie über die Grenzen von Belgien, Deutschland und Italien vordrangen, die Nachbarstaaten auszusaugen; und die Generäle, welche, wie Montesquiou in Italien, das System der Erpressungen nicht mit der gewünschten Rücksichtslosigkeit handhabten, wurden durch die herrschende Parthei gestürzt.

Die Revolution sah sich durch das Bedürfniß des Eroberungskrieges in eine eigenthümliche Lage versetzt. Zur Durchführung ihrer Raubpläne mußte sie starke Armeen unterhalten; in diesen Armeen erblickte sie aber wiederum die größten Gefahren für sich selbst; sie bedurfte militairischer

17*

Triumphe und zitterte in dem Gedanken an ein siegreiches Heer und dessen Führer. Sie brauchte Armeen zur Kriegführung und Krieg, um die Armeen zu beschäftigen. Diese wechselseitige Rücksicht war fortan wesentlich bestimmend für die äußere Politik und durchdrang das französische Kriegswesen nach allen Richtungen. Man muß sich diese Erscheinung beständig vergegenwärtigen, um die gewaltige Umwälzung zu begreifen, welche durch die französische Revolution in Kriegführung und Heerwesen bewirkt worden ist.

Die Revolution hatte von 1789—92 mit unermüdlichem Eifer an dem Sturze des alten Heerwesens gearbeitet, denn sie wußte, daß sie in Frankreich nicht zu siegen und ihre weiteren Pläne ungehindert zu verfolgen vermochte, so lange eine Armee mit militairischen Tugenden existirte. Mit verwegenem Muthe hatte sie in diesem Bewußtsein die Gefahren mißachtet, durch welche sie von Außen bedroht wurde. Frankreich war in den Jahren 1791 und 1792 schwächer, als jemals vorher und nachher, denn es konnte einem feindlichen Angriffe nur die Trümmer der alten Armee und die ersten Anfänge eines neuen Heerwesens entgegensetzen. Aber nach dem erbärmlichen Verlaufe des ersten deutschen Angriffes begann das militairische Uebergewicht sich auf die Seite Frankreichs zu neigen. Man kann das Wesen der großen Umwälzung, welche sich in der französischen Kriegsmacht in den Jahren 1793—94 vollzog, in wenigen Worten aussprechen: Verschlechterung der Qualität, aber Vermehrung der Quantität der Streitmittel bis zur Unerschöpflichkeit. Die Revolution wollte keinen soldatischen Geist in ihren Heeren dulden; aber vermöge ihrer Tyrannei verfügte sie über unermeßliche Hülfsmittel, gegen deren Nachhaltigkeit die Feinde nichts vermochten, so lange sie ihr System nicht entsprechend änderten. Und als dann im weiteren Ver=

laufe diese Hülfsmittel durch geschickte Hände auch in ihrer Qualität gebessert wurden, stürzte das Heer die Revolution, durch welche es geschaffen war, und machte Frankreich's Gewalt unwiderstehlich.

Im October 1792 kam das Kriegsministerium in die Hände eines Mannes, der in der innigsten Verbindung mit den extremsten Jacobinern stand, der in seiner Gesinnung noch mehr mit Marat, als mit Robespierre und Danton übereinstimmte. Was von einer solchen obersten Leitung der Militair-Angelegenheiten zu erwarten stand, darüber konnte kein Zweifel herrschen. Der Kriegsminister Pache begann seine Thätigkeit damit, daß er seine Büreaur von allen aristokratischen Elementen reinigte, d. h. er füllte sie mit braven Sansculotten, mit dem Pöbel und dessen Führern. Die Schnapsflasche spielte im Kriegsministerium eine nicht unbedeutende Rolle; was brauchten seine Räthe von militärischen Verhältnissen und von Geschäften zu wissen, wenn sie nur gesinnungstüchtig waren? Es trat eine Verwilderung in der Militair-Verwaltung ein, für welche alles bisher Geschilderte nur ein schwaches Vorspiel war.

Wenn die Armee in der glücklichen Campagne einige Disciplin und Vertrauen zu ihren Führern wiedergefunden hatte, so durfte der Kriegsminister doch die Gefahren nicht übersehen, welche unter solchen Umständen die Freiheit bedrohten. Man suchte daher auf alle Weise Mißtrauen zwischen den Truppen und ihren Führern zu säen. Regierungs- und Convents-Commissare waren in dieser Richtung bei den Armeen unablässig thätig. In Folge der unsinnigen Verwaltung litten die Truppen an dem Nothwendigsten Mangel; dadurch wurde ihnen Grund zur Unzufriedenheit, zu Plünderungen und Excessen aller Art gegeben, bei denen an eine Befestigung der Disciplin nicht zu denken war. Die Raub- und Plünderungssucht, welche, wie wir sahen, so ganz zu dem Wesen der Revolution gehörte, wurde unter den französischen Truppen von Paris aus planmäßig geschürt.

Um sich eine Vorstellung von der Militair-Verwaltung jener Zeit zu machen, braucht man nur zu hören, daß der Kriegsminister monatlich über 160 Millionen liv. verfügte, daß trotzdem die Armee an dem Nothwendigsten Mangel litt, und daß Pache nach viermonatlicher Amtsführung wegen eines Kassen-Defectes von mehr als 150 Millionen endlich abgesetzt wurde!

Unter den Linientruppen herrschten noch immer sehr viele alte Vorurtheile, sie standen durchaus nicht auf der Höhe der Zeit. Von der Nothwendigkeit der Disciplin, hieß es, haben die Aristokraten zu allen Zeiten gesprochen. In der That war in den Linientruppen doch noch so viel von dem alten Geiste sitzen geblieben, daß der größte Theil das Treiben der Jacobiner jener Zeit verabscheute, und daß sie zu den zügellosen Freiwilligen-Bataillonen fast überall in gespanntem Verhältnisse standen. Dieses letzte Aufflackern des militairischen Geistes mußte erstickt werden. Im Anfange des Jahres 1793 wurde daher bestimmt, daß die alten Regiments-Verbände auseinandergerissen und je ein Linien-Bataillon mit zwei Freiwilligen-Bataillonen in Halbbrigaden formirt werden sollten. Die Linientruppen sollten ihre weißen Uniformen verlieren und die blauen Röcke der Freiwilligen erhalten. In den Halbbrigaden sollten zwei Drittel der Offizierstellen durch die Wahl der Soldaten besetzt, ein Drittel aber, ohne Rücksicht auf die bisherige Charge, an diejenigen Militairs vergeben werden, welche das höchste Dienstalter erreicht hatten. Es kam der Fall vor, daß auf diese Weise ein alter Troßknecht Stabsoffizier wurde.

— Die Durchführung dieser Umformung wurde aus Rücksicht auf die nahe bevorstehende Eröffnung der Campagne vorläufig verschoben; sie erfolgte in ihrem ganzen Umfange erst am Ende des Jahres 1793 und Anfangs 1794. Aber schon im Laufe des Jahres 1793 wurde fast das ganze bisherige Offizier= Corps beseitigt.

Daß die Armee durch die immer weiterschreitende Demo= kratisirung nicht gestärkt wurde, darüber konnten sich wohl nur Wenige noch täuschen. Schon 1791 und 92 war man be= müht, den Mangel inneren Werthes durch Vergrößerung der Masse auszugleichen. Allein das freiwillige Aufgebot hatte, wie wir gesehen haben, kein solches Resultat geliefert, daß die Revolution hoffen durfte, auf diesem Wege die Streitmittel zusammenzutreiben, deren sie zur Durchführung ihrer um= fassenden Kriegs= und Eroberungspläne bedurfte. So erhielt Frankreich von der Revolution das erste Gesetz über ge= zwungenen Waffendienst. Im Februar 1793 wurde eine Recrutirung von 300,000 Mann decretirt. So weit die Com= munen das ihnen in Folge dieser Verfügung aufgegebene Con= tingent nicht durch freiwillige Werbung stellen konnten, sollten sie es durch Wahl aus den Mannschaften der Nationalgarde ergänzen.

Diese erste Aushebung wollte anfänglich nicht recht von Statten gehen, es zeigte sich damals noch immer verhältniß= mäßig wenig kriegerischer Sinn in der Nation. Erst als durch die in den Departements tyrannisch waltenden Convents=Com= missare die Durchführung des Decretes ernstlich angefaßt wurde, als sich die Ueberzeugung Bahn brach, daß das Sträuben gegen den Kriegsdienst doch nichts helfen würde, griff Alles zu den Waffen, und seit jener Zeit entwickelte sich in der großen Masse der Nation der kriegerische Sinn, welcher später Frankreich's Macht unwiderstehlich machte. Schon im August 1793 folgte eine neue Recrutirung, welche alle Bürger des Reiches vom 18. bis zum 25. Lebensjahre umfaßte. Im Herbste desselben Jahres erreichten die französischen Heere eine Gesammtstärke von 600,000 Mann.

Die Recruten wurden in Depots oberflächlich zusammengestellt, ausgerüstet und dann an die Armee abgesandt. Es waren allerdings erbärmliche Truppen, welche der Armee auf diese Weise zugeführt wurden, und die französischen Revolutionsheere gaben in den nächsten Campagnen bei jeder Veranlassung die handgreiflichsten Beweise ihres kläglichen Zustandes. Aber was kümmerte es jetzt Frankreich, ob seine Freiwilligen=Bataillone den geschulten feindlichen Armeeen gegenüber oft nur als Kanonenfutter verwerthet werden konnten? Es hatte in der allgemeinen Wehrpflicht und in der Tyrannei der Revolution unerschöpfliche Mittel zum Ersatz jedes Verlustes gefunden. Wurden heute 50,000 Franzosen durch 20,000 Deutsche geschlagen, so schmolzen die Sieger auf 15,000 Mann zusammen, während Frankreich ihnen auf's Neue 100,000 Mann entgegenstellte. Die Zahlen=Unterschiede wurden zu gewaltig.

Trotzdem hätte Frankreich in den Jahren 1793 und 1794 unterliegen müssen, wäre es nicht, wie in dem Feldzuge von 1792, durch die klägliche Schwäche seiner Gegner gerettet worden. Der Egoismus und die Eifersucht, welche unter diesen herrschten, und welche beständig neue Nahrung, besonders durch die polnischen Wirren, erhielten, lähmten die Kriegführung mehr und mehr. Die Kräfte, welche auf die Bekämpfung der Revolution verwandt wurden, entsprachen um so weniger der großen Aufgabe, als es ihnen an einheitlichem Zusammenwirken fehlte: In der Kriegführung vermißt man durchweg die Verfolgung großer Ziele, nirgends macht sich das allein erfolgreiche Streben bemerkbar, den Gegner mit rastloser Energie zu vernichten. Die französischen Heere gewannen Zeit, sich von jeder Schlappe zu erholen und ihr numerisches Uebergewicht, die Unerschöpflichkeit ihrer Hülfsquellen immer auf's Neue zur Geltung zu bringen.

Nachdem es Frankreich gelungen war, in den kritischen Jahren des ungeregelten Heersystemwechsels gegen alle Angriffe Stand zu halten, entwickelte sich seine verderbenbringende militairische Ueberlegenheit. Die rohen französischen Massen wurden allmählig durch die kriegerischen Erfahrungen und durch geistvolle Generäle in feste Formen gebracht und gewannen an innerem Gehalte. Wenn das Kolonnen= und Tirailleur= Gefecht zuerst nur als ein Nothbehelf der ungeschulten Recruten= Bataillone aufgetreten war, so entwickelte sich daraus nach und nach eine neue, überlegene Taktik. Die revolutionaire Rücksichtslosigkeit hatte die Heere gelehrt, sich von der schwerfälligen Magazin=Verpflegung frei zu machen; das Requisitions=System aber gab ihnen eine Freiheit der Bewegung, welche auf die Kriegführung einen gewaltigen Einfluß ausübte. Die numerische Ueberlegenheit der Heere und die Freiheit, welche in der Bewegung derselben erlangt wurde, mußten einen genialen Feldherrn unwillkürlich zum Verlassen der bisherigen systematischen Kriegführung, wie wir sie bei den Verbündeten in den Revolutionskriegen finden, zur Verfolgung großer strategischer Ziele durch entscheidende taktische Schläge drängen. —

Die Revolution mußte ihre Armee beständig vergrößern, obgleich sie ihre Heere nur mit größtem Mißtrauen betrachten konnte. Mit bangem Eifer durchwühlte sie die Truppen, um diese mehr an sich zu fesseln, als an ihre Führer. Während die Convents-Commissare tyrannisch für sich den unbedingtesten Gehorsam erzwangen, suchten sie stets gleichzeitig jede andere Autorität in der Armee zu untergraben. Die Männer der Revolution, und vielleicht keiner von ihnen mehr als Robespierre, wurden Tag und Nacht von der Ahnung gefoltert, daß die Armee früher oder später ihrem verbrecherischen Treiben ein Ziel setzen würde. Die Herrschaft der Revolution stützte sich auf die Gewalt; die stärkste Gewalt aber ist bei der Armee! Durch Demokratisirung und Wühlerei konnte das Heer wohl vorübergehend in das Interesse der Revolution hineingezogen werden; allein je mehr man die Armee in das politische Parthei=Treiben verwickelte, um so näher rückte der Augenblick, wo sie im Bewußtsein ihrer Macht selbstbestimmend in die Politik eingriff.

Wir haben bereits Lafayette's verunglückten Versuch kennen gelernt, seine politische Ueberzeugung mit Hülfe der Armee zur Geltung zu bringen. Einen ganz ähnlichen Versuch machte Dumouriez im Frühjahr 1793.

Der rastlose Ehrgeiz hatte Dumouriez zur Demagogie fortgerissen. Als er aber mit Hülfe derselben den Feldherrnstab errungen hatte, erwachte in ihm der Soldat, und er verabscheute die niedrige Jacobiner=Wirthschaft. Durch seine Energie und die kriegerischen Erfolge — nach der glücklichen Beendigung des Feldzuges in der Champagne hatte er Belgien erobert — wußte er die Soldaten an sich zu fesseln, und namentlich die Linientruppen hingen bald mit unbegrenzter Verehrung an seiner Person. In gleichem Grade aber wuchs auch das Mißtrauen der Jacobiner gegen ihn und reifte der Plan bei diesen, ihn zu verderben. Seine Armee wurde daher in Belgien in Allem planmäßig so vernachlässigt, daß ihm bald die Mittel fehlten, seine siegreichen Operationen weiter fortzuſetzen. Er mußte zurückweichen und endlich nach der unglücklichen Schlacht von Neerwinden Belgien wieder völlig aufgeben.

Sein Mißgeſchick erbitterte ihn auf's Aeußerſte gegen die Urheber deſſelben in Paris, die er namentlich ſeit der gräuel= vollen That des Königsmordes aus tiefſter Seele haßte. Das Bewußtſein, daß jene ihn verderben würden, wenn er ihnen nicht zuvorkäme, drängte ihn jetzt zu dem Entſchluſſe, der Jacobiner=Wirthſchaft mit bewaffnetem Arme ein Ziel zu ſetzen und das Königthum mit Ludwig XVII wieder herzuſtellen. Die Linientruppen waren ihm trotz des Unglücks der letzten Zeit unbedingt ergeben; die Ausſicht, daß ſie nach beendeter Cam= pagne ganz in eine Kategorie mit den verachteten Freiwilligen geſtellt werden ſollten, hatte ſie den Plänen Dumouriez's nur zugänglicher gemacht. Dagegen hatte deſſen perſönliche Ueber= legenheit noch nicht ausgereicht, um den mit Sorgfalt ge= nährten revolutionairen Taumel der unbändigen Freiwilligen= Bataillone zu bewältigen; es hätte noch einer ernſten Campagne, noch einiger Siege bedurft, um auch ſie an ihren Führer zu feſſeln. Dumouriez hätte ſie jetzt, bevor er gegen Paris mar= ſchierte, gewaltſam durch die Linientruppen entwaffnen müſſen. Allein als der Augenblick der Ausführung ſeines Planes heran= nahte, ſchrak er vor dem unvermeidlichen Blutvergießen klein= müthig zurück. Es ging Dumouriez, wie einſt Lafayette; gewandt und ſeit Jahren thätig im Unterwühlen und In= triguiren, verſagten ihm die Kräfte, als er in entgegengeſetzter Richtung einen männlichen Streich führen wollte. Er zögerte mit der Ausführung des Planes, brachte ſeine Linientruppen dadurch in's Schwanken und ſuchte endlich ſein Heil in der Flucht.

Noch mehr als Dumouriez gelang es dem General Cuſtine,

welcher im Mai 1793 das Commando des Nordheeres erhielt, seine Truppen an sich zu fesseln. Custine war viel zu sehr Soldat, als daß er das Unwesen der Jacobiner nicht hätte verabscheuen müssen; diese Gesinnung erschien den Machthabern um so gefährlicher, als der General sich von jeher mit größter Lebhaftigkeit an allen politischen Fragen betheiligt und sogar im April ein Schreiben an den Convent gerichtet hatte, in welchem er die Nothwendigkeit einer Dictatur in sehr nachdrücklicher Weise betonte. Seine Gegner bemühten sich daher eifrigst, den anarchischen Geist wenigstens unter seinen Freiwilligen rege zu halten; als er aber einige Regierungs-Commissare, welche bei seiner Armee in dieser Richtung thätig waren, ohne Weiteres einsperren ließ, schwand bei den Jacobinern jedes längere Bedenken, sein Sturz wurde beschlossen. Die Anhänglichkeit seiner Truppen war schon so groß, daß man nicht offen gegen ihn vorzugehen wagte. Er wurde zu einer Berathung nach Paris eingeladen, ging in die Falle und endete auf der Guillotine.

Die Frucht war noch nicht reif, und Dumouriez und Custine waren noch nicht die rechten Schnitter. Aber der Mann, dem es fortan gelang, sich vor dem Feinde den unbedingten Gehorsam einer französischen Armee zu erobern, der General, welcher die Begeisterung der bewaffneten Massen auf seine Person zu lenken wußte, errang mit seinen Siegen gegen den äußeren Feind unwiderruflich den Anspruch auf den Thron des Reiches, welches ihn als den Erretter aus den Klauen der gräuelvollsten aller Revolutionen begrüßen mußte. Diese Aufgabe war Napoleon Bonaparte vorbehalten.

Die Revolution siegte in Frankreich, weil die lebens=
schwache und verkommene Armee in dem Augenblicke ausein=
anderfiel, in welchem sie berufen war, zur Rettung des Thrones
und des Vaterlandes das Schwert zu ziehen. Hätte das
Heer Stand gehalten gegen den Andrang des Umsturzes, so
wäre Frankreich vor namenlosem Elende bewahrt worden, und
die allerdings bringend nothwendige Reorganisation des
Staatslebens würde sich dennoch vollzogen haben. Denn die
Armee, welche feststeht gegen jeden Versuch gewaltsamer Re=
volution, sichert den Staat vor unheilbringender Ueberstürzung,
sie ist aber kein Hinderniß für einen gesunden Fortschritt des
Staatslebens, der sich nur auf geistigem Wege entwickeln
kann. Nur wer der gewaltsamen Revolution eine Hinterthüre
öffnen möchte, kann in Angelegenheiten der Armee die Rücksicht
auf die militairische Zweckmäßigkeit dem politischen Parthei=
Interesse hintenansetzen. Das wahre Interesse des Staates
fordert, daß die Armee mit den vorhandenen Mitteln so stark,
so kernig und so zuverläſſig gemacht werde, als irgend möglich,
und gegen dieses große Interesse muß jede andere Rücksicht
schweigen.

Für jeden Schritt, den die französische Nation auf dem
abschüssigen Wege der Revolution vorwärts that, wurde die

Armee systematisch bearbeitet. Die revolutionairen Partheien entwickelten unausgesetzt die äußerste Thätigkeit, um die Disciplin immer tiefer zu untergraben und die Armee immer mehr in das politische Partheitreiben zu verwickeln. Die Revolutionszeit zeigt, daß eine Armee ohne Disciplin eine kostspielige Calamität ist; eine solche Armee gefährdet mehr als alles Andere die Ordnung, Sicherheit und Freiheit im Staate, zu deren Schutze sie dienen soll, und entbehrt jeder Widerstandskraft gegen feindlichen Angriff. Erinnern wir uns nur der furchtbaren Militair-Emeuten in Nancy, Metz und vielen anderen Garnisonen, der Revolte von St. Domingo und ihrer Folgen; dann der erbärmlichen Scenen beim ersten Einfall in Belgien und der feigen Flucht von Dumouriez's Arrieregarde vor 1500 preußischen Husaren auf dem Rückzuge von Grand-Pré! Wir haben ein trauriges Bild von den Zuständen der französischen Armee jener Zeit aufrollen müssen!

Die Revolutionshelden glaubten, die Armee im Kampfe gegen das Ausland entbehren zu können. „24 Millionen Franzosen werden aufstehen zum Kampfe gegen die Tyrannenknechte, denn die Weiber und Kinder haben auch patriotische Herzen!" Man schlägt aber eine disciplinirte Armee nicht mit Gefühlen und nicht mit leeren Redensarten, auch nicht mit tobenden Volkshaufen, sondern mit gehörig organisirten und disciplinirten Truppen, die von wahrhaft männlicher Begeisterung beseelt sind. Das freiwillige Aufgebot der Massen machte vollständig Fiasco, an seine Stelle trat die gezwungene Wehrpflicht.

Indem die Armee in das politische Partheitreiben hineingezogen wurde, bahnten sich die revolutionairen Factionen den Weg für ihre Ziele; doch nur für kurze Zeit. Jede politisirende

Armee ergreift früher oder später die Herrschaft und verläßt den Kampfplatz der Politik sobald nicht wieder.

In jedem monarchischen Staate muß die Armee unabhängig gehalten werden von allem politischen Partheitreiben, sie hält treu zu ihrem Könige, der über den Partheien herrscht. Wo Fürst und Heer in dieser Weise treu zu einander stehn, da brechen sich die Wogen der Revolution wie an einem Felsen schäumend, nur da kann wahre Sicherheit und Freiheit gedeihn!